IT
システム開発
「契約」の
教科書
第2版

弁護士 池田 聡・著

SE
SHOEISHA

本書内容に関するお問い合わせについて

このたびは翔泳社の書籍をお買い上げいただき、誠にありがとうございます。弊社では、読者の皆様からのお問い合わせに適切に対応させていただくため、以下のガイドラインへのご協力をお願い致しております。下記項目をお読みいただき、手順に従ってお問い合わせください。

●ご質問される前に

弊社Webサイトの「正誤表」をご参照ください。これまでに判明した正誤や追加情報を掲載しています。

正誤表　https://www.shoeisha.co.jp/book/errata/

●ご質問方法

弊社Webサイトの「書籍に関するお問い合わせ」をご利用ください。

書籍に関するお問い合わせ　https://www.shoeisha.co.jp/book/qa/

インターネットをご利用でない場合は、FAXまたは郵便にて、下記"翔泳社 愛読者サービスセンター"までお問い合わせください。
電話でのご質問は、お受けしておりません。

●回答について

回答は、ご質問いただいた手段によってご返事申し上げます。ご質問の内容によっては、回答に数日ないしはそれ以上の期間を要する場合があります。

●ご質問に際してのご注意

本書の対象を越えるもの、記述個所を特定されないもの、また読者固有の環境に起因するご質問等にはお答えできませんので、予めご了承ください。

●郵便物送付先およびFAX番号

送付先住所　〒160-0006　東京都新宿区舟町5
FAX番号　03-5362-3818
宛先　　　（株）翔泳社 愛読者サービスセンター

はじめに

　本書は、システム開発会社で契約実務に携わる方、およびユーザー企業でシステム開発に関する契約を締結しようとする方を主な対象としています。

　大手ベンダーやユーザー企業は、法務部が契約書のリーガルチェックを行っていますが、法律・契約に対する知識はあるがシステム内容やユーザー事情に詳しくない法務部と、その逆のシステム開発部門間の情報ギャップから、重要事項が抜け落ちてしまうリスクがあります。

　また、中堅以下のシステム開発会社には法務部門がなく、何が法的なリスクなのかをわからないまま、発注者側から提示された契約書を丸飲みしているケースが目立ちます。さらに、そのような企業が再委託をする場合、各条項の法的な意味を精査することなく、他の契約書を参考に適当に我流で作成した契約書で発注している場合がよく見られます。確かに、システム開発を巡る紛争で訴訟になるケースは限られ、一方で、弁護士に意見を求めてもコストがかかるので、そのような対応を一部のシステム開発会社がとることは理解できなくはありませんが、リスクが大きすぎ適切な対応とは評価できません。

　さらに、ユーザー企業も、システム関連の契約には慣れていないため、システム開発会社が作ってきた契約書をそのまま受入れてしまうケースが多いように思われます。

　加えて、一般の弁護士の場合、システム開発の実情を知らないため、システム開発に特有の法律問題や、システム開発を巡るトラブルがどうして起きるのかを理解しておらず、アドバイスを求められても、自信を持ってアドバイスできないのが実情といえるでしょう。

　しかし、契約は、一方当事者にとって有利である条項は、他方当事者にとっては不利な条項です。受託者側が作ってきた契約書は、ほぼ間違いなく、委託者側に不利な内容です。したがって、相手方がもってきた契約書案は、必ず内容を精査して、自社に不利な条項は修正するように交渉しなければなりません。しかし、その交渉には、知識がないと挑めません。

　そこで、システム開発会社で契約実務に携わる方、およびユーザー企業でシ

ステム開発に関する契約を締結しようとする方が、契約書案の各条項の背景や目的を理解し、自己に有利な契約とすべく相手方と交渉するための知識を得ていただければと思い、本書を執筆しました。

　最近、システム関係の紛争を扱った本は、それなりに出版されていますが、そのような本に興味を持たれるのは、何らかのトラブルに見舞われた場合だと思われます。また、法律に詳しくない方がこのような本を読んでも、書かれている法律問題が契約書のどの条項と関連するのかの理解が難しいため、契約書の条項に関連付けて理解することは難しいと思います。

　システム開発は、紛争になったら、委託者側、受託者側双方にとって良いことはありません。したがって、紛争になったらどうなるかよりも、どういう契約書を作っておけば紛争にならないかという知識の方が実務上は遥かに重要です。

　そこで、本書は、紛争を予防するための契約書の作成を指南することを目的にしています。

　システム開発に関する契約に携わる方向けのハンドブックとして、発注側・受注側、大手・中小、開発担当者・調達部員・法務部員・弁護士を問わず、座右の書として、本書を活用いただき、適切な契約書の作成により、システム開発に関連する紛争を未然に防ぐことに微力ながら力添えできたら幸甚です。

KOWA 法律事務所

弁護士 池田聡

読者特典ダウンロードのご案内

　本書の読者特典として、第2部で紹介した契約書例1～11を、使いやすい Microsoft Word 形式（.docx）で提供いたします。これらのファイルは、契約書のテンプレートとしてご利用いただくことができます。

- ・契約書例1　ソフトウェア開発基本契約書（多段階契約）
- ・契約書例2　ソフトウェア開発契約書（一括請負型）
- ・契約書例3　業務委託契約書（要件定義・準委任契約）
- ・契約書例4　業務委託基本契約書
- ・契約書例5　ソフトウェア開発基本契約書（アジャイル）
- ・契約書例6　コンサルティング業務委託契約書
- ・契約書例7　システム保守委託契約書
- ・契約書例8　SES 基本契約書
- ・契約書例9　ソフトウェア使用許諾契約書
- ・契約書例10　派遣基本契約書
- ・契約書例11　秘密保持契約書

　本書の読者特典を提供する Web サイトは下記のとおりです。ダウンロードする際には、アクセスキーの入力を求められます。アクセスキーは本書のいずれかのページに記載されています。

提供サイト

https://www.shoeisha.co.jp/book/download/9784798177380

アクセスキー：本書のいずれかのページに記載されています（Web サイト参照）

　ファイルをダウンロードする際には、SHOEISHA iD への会員登録が必要です。詳しくは、Web サイトをご覧ください。

※契約書例は令和4年10月31日現在の法令をもとに執筆しています。
※契約書例の作成にあたっては正確な記述に努めましたが、著者および出版社のいずれも、契約書例の内容に対してなんらかの保証をするものではなく、内容に基づくいかなる運用結果に関してもいっさいの責任を負いません。
※コンテンツの配布は予告なく終了することがあります。

Contents

契約書例5 ソフトウェア開発基本契約書（アジャイル）‥‥223

契約書例6 コンサルティング業務委託契約書 ‥‥‥‥‥241

コラム一覧

第 **1** 部

システム開発に関する
契約の基礎知識

アクセスキー **t**
（小文字のティー）

第1章

契約とは

　本書は、システム開発に関連する契約書について解説する本です。その前提として、「契約とは何か」について、まず説明いたします。少し堅苦しい話ですが、大事な内容ですので、ぜひ理解してください。

（1）契約とは

　契約とは、民法に規定がある法的な概念です。しかし、民法には残念ながら「契約の定義」は明記されていません。そこで、契約とは「合意のうち、法的な拘束力を持つことを期待して行われるもの」と理解しておけば良いでしょう。

　契約は、不動産売買やシステム開発のように、通常契約書を作るものに限られません。書店で本を買うのも立派な売買“契約”です。

法律余話　**公法と私法**

　民法という言葉が出てきました。ところで、よく聞く“六法”が何を指すか、ご存知でしょうか。六法とは、憲法、民法、商法、刑法、民事訴訟法、刑事訴訟法のことです。

　公権力同士ないし公権力と私人の関係を規律する法律を“公法”といい、私人間同士の関係を規律する法律を“私法”といいます。六法の中で、憲法や刑法は公法の代表です。

　一方、私法の代表格は民法です。商法は、商事取引や会社関係に適用される民法の特別法です。なお、民事訴訟法は、民事という文字が付きますが、民事裁判を規律する法律ですから、裁判所という公権力と私人間の関係を規律する法律であり、公法です。

（2）契約自由の原則

システム開発契約と契約自由の原則

システム開発をめぐる契約には、様々なものがあります。ぱっと思い浮かぶものでも、

- ソフトウェアの開発
- ソフトウェアの利用許諾
- ソフトウェアの保守
- ハードウェアの売買
- ハードウェアのリース、レンタル
- ハードウェアの保守
- クラウド・サービス

などがあります。

一方で、民法に規定がある契約は、贈与、売買、交換、消費貸借、使用貸借、賃貸借、雇用、請負、委任、寄託、組合、終身定期金、和解の13種類です。これと見比べると「売買」以外は上記の契約にぴったり一致するものがないように見えます。

民法には、13種類の契約が規定されていますが、これは典型的な契約について規定したに過ぎません。契約自由の原則により、民法の規定と異なる内容の契約をすることも自由ですし、民法が全く想定していない契約を締結することも自由です。

法律余話 **典型契約と非典型契約**

民法に規定されている13種類の契約を典型契約といい、それ以外、つまり民法に直接規定がない契約を非典型契約といいます。例えば、リース契約やフランチャイズ契約が非典型契約です。契約自由の原則によ

り、自由に非典型契約を作り出すことができます。民法は、明治31年に施行されたものです。典型契約は、明治時代の代表的な契約にすぎません。

そもそも民法が制定されたのは明治31年です。明治の時代にシステム開発は全く想定されていなかったので、民法には、システム開発にピタッとあてはまる規定がないのは致し方ありません。そこで、システム開発をめぐる契約においては、契約書が極めて重要なのです。

強行規定と任意規定

強行規定は、国家や社会などの一般的な秩序を守るための規定です。このため、行為の当事者が強行規定と異なる意思表示を行ったとしても、強行規定が優先されます。つまり、強行規定に反する契約を締結しても無効です。

一方、任意規定は、国家や社会などの一般的な秩序とは関係のない規定です。このため、任意規定と異なる当事者の意思表示は、任意規定よりも優先されます。つまり、任意規定よりも契約書の定めが優先されます。逆にいえば、契約で定めがない時にはじめて適用されるのが任意規定です。民法の契約に関する条文は、ほとんどが任意規定です。一方、借地借家法のように弱者保護を目的に立法された法律には、強行規定が多く存在します。条文で強行規定である旨が明示されていれば明確ですが、そうでない場合は強行規定なのか任意規定なのか議論になることがあります。

民法の契約に関する規定は、基本的に任意規定です。そこで、民法の規定と異なる契約をすれば、民法の規定より契約が優先されます。つまり、契約当事者は、民法の規定にとらわれず、自由に契約をすることができるのが原則です。

では、民法の規定を調べなくて自由に契約をして良いのかというと決してそうではありません。契約書に書いていないことは、民法の規定が適用されるからです。契約の効果は、まずは契約の合意で決まり、合意にない事項については、補充的に民法が適用されて決まります。

図 1.1　強行規定・任意規定と契約書の関係

（3）契約と契約書

　繰返しになりますが、契約とは、「合意のうち、法的な拘束力を持つことを期待して行われるもの」です。合意は口頭でできますので、契約書がなくても契約は成立します。

　ただし、口頭だと合意をした証拠がありません。例えば、A さんが "自分の車を 50 万円で B さんに売りたい" と言い、B さんが "その車を 50 万円で買う" と言えば、売買契約が成立します。しかし、いざ車を引渡す段階になって、A さんが "確かに自分の車を売ると言ったがその値段は 100 万円の約束だった" と言い出した場合、契約書がないと B さんは "代金 50 万円で売買する合意が成立していること" を証明できません。

　このように、口頭でも契約は成立しますが、その事実上の拘束力は弱いのも事実です。きっちり相手方に契約を守らせるためには、契約内容を紙（電子的な記録でも可）に残しておく必要があります。そこで契約書という書面が重要になるのです。

第 2 章

契約書の目的

　契約書を作る目的は、一言で言えば“証拠化”です。システム開発に関連する契約において契約書を作るより具体的な目的として、（1）債権・債務を明確化する、（2）紛争発生時の拠り所を作る、（3）システム開発プロセスを規定し開発の円滑化を図る、（4）著作権の所在を明確化することが考えられます。

（1）債権・債務を明確化する

　契約書を作る目的は、その契約で“相手に対して求めることができる権利”すなわち債権と、“自分がしなければいけない義務”すなわち債務を明確化することが第1に挙げられます。

　さらに分類すると、「契約書に書かないと債権・債務が特定されない事項」と、「契約書に書いていなければ、民法の規定が適用される事項」との2つに分類できます。正確には、口頭で合意していれば一応特定できますが、口頭だと言った言わないで揉めるので契約書に書くべき事項です。

　契約書に書かないと債権・債務が特定されない事項の代表例は、「どのような機能のシステムを作るのか」「金額はいくらか」「納期はいつか」などといった項目です。これらの項目を契約書に書き忘れることはないでしょう。

　契約書に書いていなければ民法の規定が適用される事項の代表例は、「支払時期」「損害賠償金額」「契約解除」など、契約書に規定しなければ、民法の規定が適用される項目です。

分割払いの支払時期の例

　請負契約でシステムの開発を行う場合、着手金、中間金、最終金といったように分割支払にすることが多いです。このとき契約書に、着手金、中間金、最終金という項目の記載があってはじめて、発注者であればそのように支払義務

が、受注者であれば支払を受ける権利が発生します。

　契約書に何も書いていなければ民法の規定が適用されます。民法633条本文は「報酬は、仕事の目的物の引渡と同時に、支払わなければならない。」と規定しています。したがって、民法の規定によれば、完成したシステムの引渡と同時に、請負代金全額を支払うことになります。

　前者の分類にしろ、後者の分類にしろ、契約書に書いてはじめて、この契約では、"こうしなければいけないんだ"ということを、契約当事者間で共通認識として持つことができるのです。

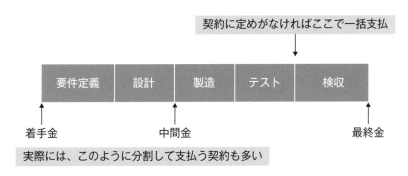

図2.1　契約書に支払時期を記載する意味

（2）紛争発生時の拠り所を作る

　契約書の目的の第1は（1）で述べたとおり、契約当事者が債権・債務を認識することにありますが、契約書の目的の第2は、紛争発生時の拠り所となることです。

　システム開発が順調に進んでいる間は、あまり問題はありません。しかし、例えばシステム開発が遅延して、予定の時期にリリースできない場合、発注者としては、どうすれば良いでしょうか。もちろん、早くシステムを完成させてくれと言うことは大事です。しかし、もうその受注者は信頼できないので契約を解除したいと思うこともあるでしょう。そう思ったら解除できるのでしょうか。また解除した上で、損害賠償を請求することができるのでしょうか。この

答えは契約書の内容次第です。

　このように、契約書には、仮に紛争になった場合に備えた項目を規定しておきます。そして、最悪の場合は裁判となりますが、裁判官が判決を書くときの最大の拠り所は契約書なのです。

　裁判沙汰になんて滅多にならないし…と思われるかもしれません。確かに、システム開発をめぐる紛争は裁判にはならず、裁判外の交渉で決着する場合が多いです。しかし、紛争になってしまえば裁判外で交渉する場合も、基準となるのは"仮に裁判となったらどうなるのか"です。裁判となった場合に予想される判決と比べて、大きく不利な条件で妥協するケースは滅多にありません。したがって、裁判にまでなる可能性は低いと思っても、紛争に備えた手当てを契約書でしておくことは極めて大事なことです。

コラム　SLAは契約か

SLAとは「サービス・レベル・アグリーメント（Service Level Agreement）」の略語です。日本語では「サービス品質保証」あるいは「サービスレベル合意書」などと呼ばれます。

通信サービスやクラウドサービス、レンタルサーバーなどで使われることが多いですが、ソフトウェアの使用許諾契約で使われることもあります。これは契約書ないし利用規約とは独立した文書なので、法的義務を負うものではないと思っている方もおりますが、それは誤解です。

合意書である以上、原則、契約としての法的義務が生じます。ただし、その内容として「目標」等の記載がある項目についてはあくまで目標に過ぎず、それが達成できなかったとしても法的責任を負うものではありません。

（3）システム開発プロセスを規定し開発の円滑化を図る

　システム開発の契約書では、何を規定しなければいけないのでしょうか。やはり一番重要なことは、債権・債務を明確化するため、開発の対象、金額、納期でしょう。また、紛争に備えて、契約解除、損害賠償、管轄裁判所等も当然規定します。しかし、システム開発の契約書で忘れてはならないのは、「体制」「作成物」およびその「承認方法」に関する条項です。

　契約書を"紛争が発生した場合に備えるためのもの"としか考えないのはあまりに寂しくありませんか。確かに、お金を貸す契約、法律的にいえば金銭消費貸借契約であれば、紛争に備えることしか目的はないかもしれません。しかし、システム開発の契約書の中には、"開発を成功に導くために有効な条項"が存在します。それが、「体制」、「作成物」およびその「承認方法」に関する条項です。

コラム　スクラッチ開発とパッケージ開発

スクラッチ開発とは、システム開発のひな形であるパッケージなどを利用せず、1からオリジナルのシステムを開発することです。すなわち完全なオーダーメイド開発です。

それに対して、パッケージ開発とは、市販されているアプリケーション・ソフトウェア（これを「パッケージ」といいます。）をユーザーのニーズにあわせてカスタマイズする開発のことをいいます。

パッケージ開発は、既存のパッケージを利用するので、開発が早く、安いというメリットがあります。しかし、カスタマイズが多すぎると、却って工数が膨らみ、パッケージ開発の長所が失われてしまいます。

一方、パッケージ開発の短所は、システムの寿命をパッケージベンダーに握られてしまう点にあります。パッケージベンダーが新しいパッケージを開発したので、既存のパッケージの保守は行わないと宣言をしたら、ユー

ザーとしては、新しいパッケージに移行せざるを得ません。その際、カスタマイズ工数が大きければ大きいほどコストが嵩みます。

パッケージ開発のメリット・デメリット

メリット	デメリット
安い（開発、保守）	権利（著作権）がベンダーに留保される
早い	システムの寿命をベンダーに決められてしまう
安定している	カスタマイズが大きいとトータルでは高価になる場合も

責任者や主任担当者の役割を明文化する

　システム開発は、しっかりとした管理体制がなければ成功できないと言って間違いないでしょう。例えば、契約書に責任者や主任担当者の指名を義務付ける条項を設け、その責任者や主任担当者の役割を明文化します。契約書に書かれた役割を果たさない場合に契約違反になってしまうので、指名された責任者や主任担当者は自ずと責任を持った行動をとるようになります。

　契約書に責任者や主任担当者の役割を明記する主な目的は、システム開発が失敗した時に責任を追及し損害賠償を得ることではありません（もちろんそのような効果もあります）。責任者や主任担当者を機能させ、開発を成功させることが真の目的です。

　ユーザーもシステム開発会社もサラリーマンの集合体です。サラリーマンが一番嫌がるのは責任をとらされることです。そこで責任を明確化することにより、仕事（やるべきこと）から逃げないようにするのです。

案件によっては管理・調整専担チームを明記する

　また、プロジェクト全体を管理・調整する専担チームを作るのが大きな開発では有効です。私の経験でも、甘い要件定義で設計フェーズに進んだため、設計フェーズで頓挫しそうになったことがあります。その際、急きょユーザーとシステム開発会社協働の管理・調整専担チームを立ち上げました。その旗振り

により、設計フェーズに入っているにもかかわらず、2ヶ月間要件定義を見直すための特別フェーズを設けました。甘い要件は詰め、必要性の低い要件はカットして、その後再度設計に戻し、最終的には当初の予定時期にリリースさせることができました。このように、管理・調整専担チームの存在はプロジェクトマネジメントにおいて有効です。ユーザー・ベンダーとの契約当初から、この管理・調整専担チームの組成を契約書に明記しておくことにより、より円滑なプロジェクトマネジメントが期待できます。

承認方法を決めておく

　この例もそうですが、システム開発の失敗事例の過半は要件定義に問題があったと言われています。要件を出すことはユーザーの役目ですが、ユーザーはシステム開発のプロではないので、どの程度詳細に要件を出せば良いのかわからないことが多いと思います。そこで、要件定義書の承認には"システム開発会社の承認も必要"と契約書に明記しておきます。これなら、開発が失敗したときでも、システム開発会社は"要件定義が甘かったのが原因だ"と言ってユーザーに責任を押し付けにくくなります。その結果、システム開発会社のマネージャーは要件定義書を承認する時に、要件定義書がそれをもとに設計できるレベルのものか十分にチェックするようになります。そのようなチェック機能が働くことにより、充実した要件定義書が作成され、開発の失敗を防げるのです。

　承認の方法は、従前は押印が一般的でしたが、押印に拘る必要はありません。電子的な方法で結構ですが、承認権者の意思により承認されたことが証明できる仕組みが望まれます。

（4）著作権の所在を明確化する

　あまり気がついていない方も多いようですが、システム開発の契約書の目的には、著作権の所在の明確化もあります。

　著作権とは何かとの説明は、第5章（8）（74頁）を参照してください。こ

こでは著作権の所在を契約書で明確化する必要性についてのみ述べさせていただきます。

所有権と著作権

作ったプログラムの法的な権利は何かと言えば、著作権です。小規模のシステム開発会社が作った契約書では、「プログラムの所有権は甲に帰属する」と記載されているものを見かけます。所有権とは物を支配する権利です。そして、民法では物とは"有体物"をいいます。しかし、プログラムは有体物ではありません。有体物はプログラムが収録されているハードディスクや CD-ROM です。プログラムは、その有体物に記録されている無体物なのです。音楽 CD を考えてください。みなさんが音楽 CD を買えば、CD の所有権を得ますが、音楽の著作権は得ません。放送局が音楽 CD を買ったときも、CD の所有権は得ても音楽の著作権は得ないので、その音楽を放送する際には著作権料を歌手や作詞家、作曲家に支払わなければなりません。プログラムもこれと同じで、著作権で保護されるものであり、所有権で保護されるものではありません。

無方式主義

著作権は、何も申請や登録なしに発生します。これを、無方式主義といいます。創作的なプログラム（創作性の要件）を作れば、何もしないで著作権が発生するのです。創作性の要件といっても、特別すごいプログラムである必要はありません。例えば、幼稚園児が描いた絵にも著作権は発生します。誰が書いても同じになるような凡庸なプログラムでなければ、創作性の要件は満たされます。一般に、ユーザーの要件定義に従って設計し、オーダーメイドのプログラムを作れば、著作権が発生すると思っていただいて結構です。

著作権の帰属

無方式主義なので、著作権は原始的にそのプログラムを書いた人に帰属するのが原則です。しかし、職務著作といって「法人等の発意に基づきその法人等の業務に従事する者が職務上作成するプログラムの著作物の著作者は、その作

成の時における契約、勤務規則その他に別段の定めがない限り、その法人等とする。」という規定が著作権法15条2項にあります。つまり、契約等で何も規定しないでプログラムを作ると、その著作権はプログラムを作った会社が有することになります。

　ユーザー企業が大手システム開発会社に発注して、中堅のシステム開発会社が2次請けとなり、さらに小規模のシステム開発会社が3次請けとなり、実際のプログラム作成（コーディング）は3次請けの会社が行うような場合、契約で著作権の帰属を何も決めないと著作権は3次請けの会社が有することになります。これを1次請けの会社ないしユーザー（発注者）に契約で移転させるのが一般的です。

契約書を交わさなかった例

　小さい開発だからと言って、契約で規定しないと後で痛い目に遭うかもしれません。私が体験した事例では、A社とB社が合弁してC社を作り、新しいシステムをC社で作成し売り出すビジネスをすることにしました。C社の代表取締役には、A社の代表取締役が就任しました。そのシステムのアイデアはA社の代表取締役が出し、プログラムはB社が無償で受託して作成しました。無償ということもあり、委託元のC社と委託先であるB社の間ではシステム開発に関する契約書を交わしませんでした。ところが、ビジネス化の手前でA社とB社の関係が悪化し、合弁を解消することになりました。A社の代表取締役は自分のアイデアに思い入れがあるため、合弁を解消してもこのビジネスを実現したいと思っていました。そこで、A社の代表取締役は、最初はB社が保有するC社の株式をA社が買い取れば済むと思っていました。しかし、そうは問屋が卸しませんでした。このA社の代表取締役がアイデアを出したシステムのプログラムの著作権が、契約書がないために、原始的にプログラムを作ったB社に帰属していたからです。そこで、B社は合弁を解消するにあたり、C社の株式だけでなくプログラムの著作権の買い取りもA社に迫ったのです。A社の代表取締役は、どうしても自分のアイデアを実現したかったので、泣く泣くC社の株式だけでなく、余計な対価を払ってプログラムの著作

権もＢ社から買い取る羽目になりました。

著作権と特許権

　この話を聞いて、"アイデアを出したのはＡ社の代表取締役なのに、何でＡ社には著作権が帰属しないのだろうか"と疑問に思った方もいるかもしれません。それは、著作権は、表現を保護する権利であり、アイデアを保護する権利ではないからです。アイデアを保護するのは特許権です。そして、特許権は特許庁の審査を通らないと権利を得られません（正確には申請中の特許も、仮実施権として保護されます）。つまり、特許権は方式主義です。

　著作権と特許権は、無方式主義と方式主義の違いがありますから、その権利の帰属を定める契約書の条文も分けて書かないと正確に規定できません。しかし、知的財産権として、著作権も特許権も一括して規定している契約書が散見されますが、それは好ましくありません。

第3章 契約に関する基礎知識

本章では、契約書に関する基本事項について説明します。具体的には、(1) 契約の成立とは、(2) 口頭合意やメールの問題点、(3) 見積書・発注書・請書と契約書の違い、(4) 見積書・発注書・請書で良い場合と契約書が必要な場合、(5) 基本契約書は必要か、(6) 押印の意味、(7) 電子契約、(8) 契約の成立に至る過程と契約内容の認定、(9) RFP と提案書、(10) 契約締結前の作業着手、(11) 契約書なしにシステムが完成してしまった場合、(12) 利用規約・約款、について説明します。

(1) 契約の成立とは

前述のとおり、契約とは「合意のうち、法的な拘束力を持つことを期待して行われるもの」です。法的には図 3.1 のように、一方当事者の①申込の意思表示に対し、他方当事者が②承諾の意思表示をすることによって成立する法律行為のことをいいます。民法 522 条 1 項に「契約は、契約の内容を示してその締結を申し入れる意思表示（以下「申込」という。）に対して相手方が承諾をしたときに成立する。」と規定してあります。

①と②が合致すると契約が成立

①申込

②承諾

図 3.1　契約の成立

「申込」には契約の内容を示す必要があります。当事者の一方が〇〇の内容の契約をしたいという申出をし、それに対して他方当事者がその申出を受入れ

ることを承諾すると、その内容の契約が成立します。契約というと何か大きな取引をイメージされるかもしれませんが、小さな日常的な取引、例えばスーパーマーケットで食料品を買うというような行為でも、売買という契約にあたります。

したがって、大きな取引ばかりではなく日常的な行為においても、実は契約が成立し、それによる拘束力が発生しているのです。契約の成立には、申込と承諾の意思表示の合致があればよく、何ら特別な方式はいりません。口頭で合意すれば、それで契約は成立したことになります。民法522条2項に「契約の成立には、法令に特別の定めがある場合を除き、書面の作成その他の方式を具備することを要しない。」と規定されています。

（2）口頭合意やメールの問題点

口頭の合意だけでは証拠が残らない

それでは、なぜ契約書を作るのでしょうか。それは、証拠化する必要があるからです。

例えば、魚屋さんで鮪の刺身を買うとき、証拠はいりません。現金と引換えに鮪の刺身を渡されるからです。しかし、システム開発の契約には証拠が必要です。

あるシステムを1億円でシステム開発会社が構築する契約をユーザーとしたとします。そして、システム開発会社はシステムを完成・納品し、ユーザーに「1億円支払ってください」と言います。それに対してユーザーが「このシステムは5000万円の約束だった」と言って5000万円しか支払ってくれなかったらどうなるでしょうか。システム開発会社は1億円の契約だったと言っても証拠がなければ、誰も認めてくれません。このように口頭の合意だけでは証拠が残らないので、合意内容を書面化しておく必要があるのです。

では、証拠化という観点からは、メールではダメなのでしょうか。このことについては、①一般にメールで契約をするかという当事者意思の問題と、②メールでは会社として稟議決裁がとれていることが確認できないという問題があ

りります。

メールだけでは契約成立と判断されない

　まず①についてです。大きな金額の契約をする場合は、契約書という書面を作成するのが社会通念上一般であると思われています。現在の取引社会では、契約成立に至る交渉にはメールが多用されます。しかし、メールで条件が折り合った後に、契約書を交わし、それを契約成立の意思とすることが一般です。

　つまり、メールで申込と承諾の意思表示の合致があるようにみえても、それは契約準備段階の行為であり、当事者意思としては、あくまで契約書を交わしてから契約が成立という意思を持っているのが通常です。

　次に②についてです。システム開発契約の場合、発注者も受注者も会社であることが通常です。会社であれば、業務執行の意思決定権を持っているのは原則的には代表取締役です（社内の規定で下位者に権限委譲されていることもあります）。すなわち代表取締役等決裁権限者が「契約をする」と判断をしないと、会社として契約意思が無いこととなります。通常の取引形態では、担当者間のメールのやりとりにより内々に合意をした後、稟議決裁を上げます。そこで、証拠として担当者間のメールしかないと会社として稟議決裁がまだとれていないと疑われてしまいます。したがって、裁判に証拠としてメールが出されても、それだけではシステム開発契約が成立したとは判断されないことが多いようです。ただし、これは絶対ではありません。

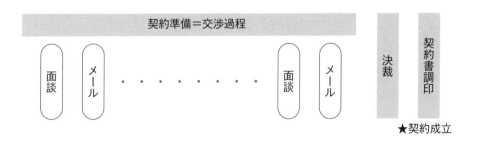

図3.2　システム開発の契約成立に至るプロセスと契約成立のタイミング

(3) 見積書・発注書・請書と契約書の違い

　合意内容を書面化しておく必要があるとしても、それが見積書と発注書で書面化されていれば良いのではないか、何も形式ばった契約書ではなくても…とお考えの方もいるかもしれません。実際に、FIT & GAP*¹を含めたパッケージシステムを、見積書・発注書・請書で納入している会社をみたことがあります。確かに、見積書・発注書・請書も書面です。

　では、契約書と、見積書・発注書・請書は何が違うのでしょうか。それは、"文字数"です。発注書などに書くことのできる文字数＝情報量は、一般的には限りがあります。したがって、見積書・発注書・請書で証拠化できる内容には、どうしても制約が出てきてしまいます。

　したがって、見積書・発注書・請書だけでも契約は成立しますが、その内容は簡素なものとなってしまいます。

(4) 見積書・発注書・請書で良い場合と契約書が必要な場合

　では、見積書・発注書・請書に書いていないことが問題になった場合にどうなるのでしょうか。システム開発の契約書にあって見積書・発注書・請書にない項目は、大きく分けて2つのジャンルに分類することができます（図3.3）。1つ目は法律的な項目です。2つ目は開発体制に関する項目です。

＊1　パッケージシステムを導入する際に、導入企業のビジネスプロセスやシステム化要求とパッケージシステムの機能が、どれだけ適合（FIT）しどれだけズレ（GAP）があるかを調査、分析、評価すること。

法律的な項目

・損害賠償

・解除 ── 契約書に規定がなければ民法が適用される

・契約不適合責任 等

開発体制に関する項目

・責任者

・連絡協議会 ── 契約書に規定がなければルールが存在しない

・要件定義書の承認

図 3.3　法律的な項目と開発体制に関する項目

法律的な項目

　法律的な項目には、損害賠償条項、解除条項、契約不適合責任条項等があります。これらの項目の記載がない場合は、民法の規定が適用されることになります。したがって、契約当事者が民法等の法律の規定どおりで良いと考えれば、これらの規定を書面化する必要はありません。なお、一般のシステム開発の契約書には、これらの条項が規定されていますが、多くの場合は民法の規定よりも大手のシステム開発会社側に有利な内容になっているようです。

開発体制に関する項目

　開発体制に関する項目とは、責任者、連絡協議会、要件定義書の承認といった項目です。システム開発の成否は、体制にかかっていると言っても過言ではありません。そこで、システム開発の契約書にこのような体制に関する条項を規定し、当事者を縛ることにより開発を成功させるための項目です。これらの規定は民法に規定がある訳ではありませんので、これらの項目を設けない場合に何かの基準が適用される訳ではありません。これらの条項がない場合、開発当事者が易きに流れ、開発が上手く進まないリスク、それに対する責任の所在が曖昧となるリスクにつながります。

リスクへの対処

　結論から言えば、ハードウェアを売買する場合は、見積書・発注書・請書に書かない規定は、民法等の法律の規定どおりでよければ、見積書・発注書・請書で良いでしょう。しかし、ユーザーのオーダーに従ってシステムを構築する場合、そこには予期できない様々なリスクがあり、法的な対処についても民法だけでは不十分であり、加えて、開発を成功させるためには、開発体制に関する項目も必要です。ユーザーのオーダーに従ってシステムを構築する場合は、必ず、契約書を取り交わすべきです。

（5）基本契約書は必要か

　基本契約とは、一般的には「企業間で反復・継続して行われる商取引に、共通的に適用される事項をまとめてあらかじめ定めたもの」です。

一般的な基本契約書

　企業間の取引では、例えば継続的に商品を売買する場合のように、ある特定の取引先と反復・継続的に取引を行うことがよくあります。こうした取引では、すべての取引に共通する基本的な取り決めを「基本契約書」として定めておき、個々の取引については、注文書や受注書のやり取りで行ったり、簡単な契約書のみを作成したりするといったことがよく行われます。

　例えば、小売店やスーパーが、問屋、商社、メーカー等から商品を仕入れる毎に、詳細な契約書を作っていたら大変なので、基本契約書を締結しておき、個々の仕入、すなわち売買契約時には、注文書や受注書のやり取りで行います。このように、基本契約書は、反復・継続して行われる取引に用いられることが一般的です。

システム開発契約における基本契約書

　一方、システム開発の場合には、2種類の基本契約書があります。1つは、反復・継続して行われる取引に用いられる、取引横断型の契約書です。2つ目

は、取引全体に適用される基本的なルールを最初に基本契約で決めておき、フェーズ毎等に個別契約を締結する、フェーズ横断型の契約書です。

取引横断型の基本契約書

このタイプの契約書は、ユーザーとシステム開発会社との間で使われるよりも、元請のシステム開発会社と下請のシステム開発会社との間で使われることが多いようです。

システム開発は、多層の外注関係でなされることが極めて多いです（図3.4）。例えば、システムのユーザーが大企業の場合、まずグループ企業のシステム会社に発注します。この開発を受注するのが大手システム開発会社です。そして、大手システム開発会社は中堅システム開発会社に下請けに出し、中堅システム開発会社は小規模なシステム開発会社に孫請けに出します。業界では、協力会社とか、パートナー企業と呼んでいるものです。

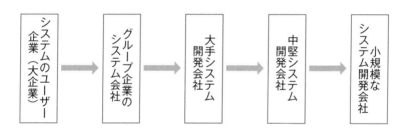

図3.4　システム開発は多層の外注関係でなされる

この、大手システム開発会社と中堅システム開発会社、中堅システム開発会社と小規模なシステム開発会社は、協力関係にありますから、その受発注は、繰返し発生します。

そこで、特定の大手システム開発会社と中堅システム開発会社間、あるいは、中堅システム開発会社と小規模なシステム開発会社間で両者間で取引を行う場合のルールを基本契約書であらかじめ定めておきます。ただし、作るシステム、金額や納期は案件毎に異なりますから、案件毎に個別契約を締結します。個別契約のエビデンスは個別契約書ではなく、注文書・請書の場合も多いです。

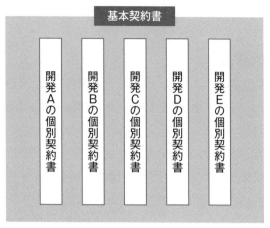

図 3.5　取引横断型の基本契約書と個別契約書

フェーズ横断型の基本契約書

　システム開発には、要件定義、設計、プログラミング、単体テスト、結合テスト、総合テスト、運用テストといった工程（フェーズ）があります。これらのフェーズを一括して契約する場合も多いですが、規模が大きい開発の場合は要件定義前に金額を確定することはリスクが大きいので、フェーズ毎に契約する場合があります。この場合、基本契約書で基本事項を当初から合意しておき、フェーズ毎には個別契約を締結します（図3.6）。

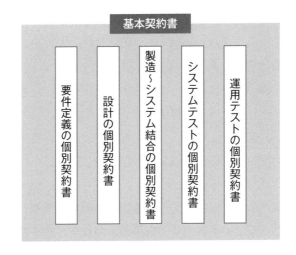

図3.6 フェーズ横断型の基本契約書と個別契約書

　同じ基本契約書という標題であっても、取引横断型とフェーズ横断型では、機能が違うので注意が必要です。

（6）押印の意味

　契約書には、押印を行うことが一般的です。では、なぜ押印を行うのでしょうか。その法的な目的は、文書（契約書）の「成立の真正」の推定を受けるためです。

　すなわち、裁判所に契約書を証拠として提出しても、相手方から、「それはそっちが勝手に作ったものだ。こっちは承認していない」と言われるリスクを排除するためです。

　民事訴訟法228条1項は「文書は、その成立が真正であることを証明しなければならない。」と規定しています。成立が真正とは、特定人の意思に基づいて作られたものであることをいいます。

　しかし、相手方が成立の真正を争わなければ問題にはなりません。

相手方が成立の真正を争った場合、例えば、相手方が偽造文書だと主張した場合、文書を証拠提出した側で成立の真正を立証しないといけません。

これに対し民事訴訟法228条4項は「私文書は、本人又はその代理人の署名又は押印があるときは、真正に成立したものと推定する。」と規定しています。意思に基づく押印があれば、その文書は真正に成立したものと推定されるため、相手方が「それはそっちが勝手に作ったものだ。こっちは承認していない」と言うには、文書の成立の真正の推定を覆す立証が必要であり、それはかなり難しいため、押印があるとその文書が証拠として認められる可能性が極めて高くなります。

すなわち、押印がなくても相手方が文書の成立の真正を争わなければ問題がありません。また、仮に文書の成立の真正が争われたとしても、押印以外の方法でそれを立証できれば問題ありません。とはいっても、押印以外の方法で成立の真正を立証することは大変なので、押印が行われてきました。

（7）電子契約

電子契約と電子署名

電子契約には、以下のメリットがあります。

表3.1　電子契約のメリット

印紙代削減	印税税法上の課税文書に該当しない
即時化	決裁がとれた日に契約書を交わせる
効率化	郵送や保管の手間が不要
偽造・変造の防止	他人の印鑑と同じ印影の印鑑を作ることは容易い
情報漏えいの防止	紙だと誰でもコピーを持ち出せる
BCP	遠隔地にバックアップ保管すれば災害での消失も防げる

そこで、最近はシステム開発に関する契約も電子契約を利用することが増えてきました。電子契約には電子署名を利用します。電子署名は、電子署名法の第2条1項で以下のように定義されています。

　　この法律において「電子署名」とは、電磁的記録（電子的方式、磁気的方式その他人の知覚によっては認識することができない方式で作られる記録であって、電子計算機による情報処理の用に供されるものをいう。以下同じ。）に記録することができる情報について行われる措置であって、次の要件のいずれにも該当するものをいう。

一　当該情報が当該措置を行った者の作成に係るものであることを示すためのものであること。

二　当該情報について改変が行われていないかどうかを確認することができるものであること。

　1号は本人性の確認を、2号は非改ざん性を要件としています。そして、これを担保するため、公開鍵暗号方式という仕組みが一般に利用されています。これは、暗号化に用いる秘密鍵と、復号化に用いる公開鍵という2つの鍵を用いる方式です。

　この電子署名のフローは以下のとおりです。

①署名をする送信者Aは認証事業者に対して証明書の発行申請を行う。その際に認証事業者は送信者Aの本人確認を行う

②本人確認が完了すると、認証事業者は電子証明書を発行する。このときに、送信者Aの秘密鍵を生成しICカード等に搭載して本人に渡す

③送信者Aは、ICカード等を利用して電子署名を生成し、契約書等の文書に電子署名を付して受信者Bに電子証明書とともに送る

　これを図にすると、以下のようになります。

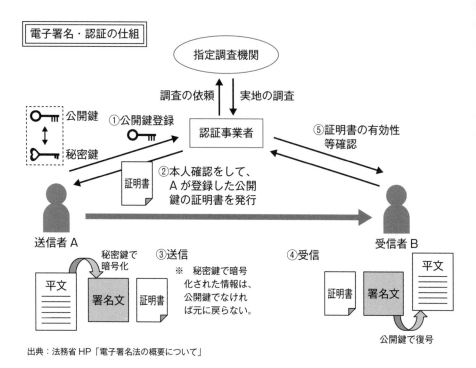

出典：法務省 HP「電子署名法の概要について」

図 3.7　電子署名のフロー

当事者電子署名型サービス

　当事者電子署名型の電子署名とは、当事者双方が認証事業者（認証局）とやり取りをする方法です。上の図のとおりの形態です。この方式は堅確な方法であるものの、双方が同じ認証事業者と契約をする必要があります。すなわち、契約相手が異なれば、認証事業者が異なることとなり、契約相手に、認証事業者との契約という、手間と費用を求めるようになってしまいます。

立会人電子署名型サービス

　立会人電子署名型は、契約当事者双方は電子署名をせず、電子契約サービスの提供者が立会人として電子証明書と秘密鍵を用いて電子署名する方式です。

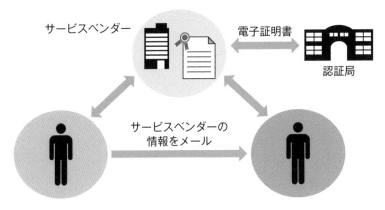

図3.8　立会人電子署名型サービス

　この方法が電子署名法の要件を満たすのか、疑義がありましたが、令和2年に総務省・法務省・経産省連名で出されたQ&Aにより、その問題は解決しました。

　現在利用されている電子契約は、この立会人電子署名型サービスが主流です。

　しかし、立会人電子署名型サービスの場合、一方当事者から相手方へのサービスベンダーの情報に関するメール送信が起点となるため、メール受信者が、社内決裁を経ていないにもかかわらず電子署名をしてしまうリスクがあります。

　会社の実印（代表者印）や役職印を押印する場合、その印鑑は社内で厳格に管理をされ、決裁された稟議書を確認しないと押印できないようなフローに一般的にはなっています。

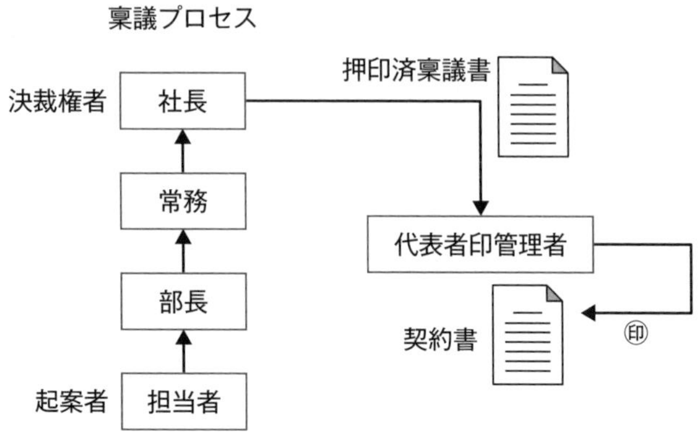

図 3.9　押印する場合のフロー

　しかし、立会人電子署名型サービスの場合、サービスベンダーの情報のメールを受けた担当者が、稟議決裁を確認しないで（場合によっては稟議を上げていないにもかかわらず）、電子署名をしてしまうリスクがあります。

　このリスクを避けるためには、稟議決裁を受けたものだけ電子署名できるようになっているか、相手方社内のワークフローを確認する必要があります。

　そこで、実務的には、重要性やリスクが小さい契約、メールの送信先に明らかに署名権限がある場合等に限定をして、立会人電子署名型サービスによる電子契約を利用している企業が多いようです。

（8）契約の成立に至る過程と契約内容の認定

　筆者は以前、システム開発に関する裁判で、始まって間もない期日で裁判官から、「システム開発の契約なんて、契約書をみても中身はわからない。だから議事録、メール、担当者のノートなどをすべて証拠提出しなさい」と言われたことがあります。

　システム開発の契約書は比較的定型の文言で作られます。そこには、契約不適合責任や解除など法律的な合意事項は盛り込まれていますが、肝心の「どのようなシステムを作るのか」という合意については、ほとんど記載されていま

せん。

　しかし、紛争になった場合は、「どのようなシステム」を「どのような役割分担で作るのか」という合意が極めて重要ですし、そのような合意は、たとえ契約書には書かれていなくても、システム開発契約の内容となっています。

　システム開発契約は、何回も交渉を重ねて合意に至り契約書を調印します。さらに契約後もどのようなシステムを作るのか検討を重ねるのが通常です。このような契約を練り上げ型の契約といい、契約の解釈においては、契約締結に至る交渉過程も重視されます。

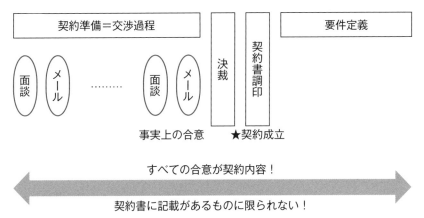

図 3.10　契約の成立に至る過程と契約内容の認定

　システム開発契約の内容は契約書の記載のみで決まるのではなく、契約書締結前・後の合意も契約内容となります。したがって、以下の書面も契約内容の特定に使われます。

①契約書

　契約書に添付されている開発項目の一覧表や見積もり仕様書も重要です（東京地裁平成 23 年 4 月 6 日判決）。

②提案書

提案書も契約書と一体をなすものとして、その記載内容も契約に取り込まれることが多い。しかし、提案書に記載があっても具体性を欠く場合には開発対象に含まれません（名古屋地裁平成16年1月28日判決）。

③要件定義書

契約後に作成された要件定義書も、双方の承認があれば契約内容に取り込まれます。

④議事録

権限者の発言が記載されている議事録は直接証拠であり、契約内容の特定には極めて重要です。

⑤メール

メールも契約内容の特定には重要です。ただし、契約は合意ですから、一方からだけのメールでは、合意にはなりません。それに対応する何等かの相手方の意思表示（黙示によるものも含む）が必要です。

(9) RFPと提案書

システム開発を行う場合、発注者（ユーザー）がRFP（Request For Proposal）を作り、それを受けてシステム開発会社が提案書を提出することがあります。RFPや提案書の記載事項も契約内容の特定のために使われますので、慎重に作成する必要があります。

RFPへの記載事項は以下のとおりです。

①事務的連絡事項

②システム開発の目的

③前提条件（ハードウェア、ソフトウェア等）

④業務要求

⑤技術的要求

⑥制約条件

⑦知的財産権（特に著作権）の扱い

⑧納品物

⑨体制

⑩開発スケジュール

⑪検収、教育

⑫保守

RFPは「申込の誘引」ないしそれにもあたらず、ベンダーの提案書は「申込の誘引」ないし「申込」、それをどう評価するか（「承諾」するか等）はユーザーの自由です。

システム開発会社からの提案書を採用することの意味は、一般に交渉相手をその会社に絞ったとの意味に過ぎません。この段階では契約は成立していません。

しかし、契約成立後、契約書だけでは合意内容はわからないので、RFPや提案書は、契約（合意）内容を証する資料となります。

そこで、ユーザーとしては、採用するシステム開発会社の提案書を一言一句注意し、細かな記載でも不都合があれば、修正の文書（提案書とは別文書で可）の提出を受けるようにするべきです。

（10）契約書取り交わし前の作業着手

　システム開発の契約書を取り交わす前に、システム開発会社が開発作業に着手してしまうことは、実務的には多く見かけます。人材の確保は柔軟にはできないので、システム開発会社としては受託を見込んで先行して人材を手当する必要があります。しかしながら、ユーザーとシステム開発会社で何等かの条件が折り合わず、すぐには契約を締結できない場合があります。このような場合、システム開発会社としては確保した人材を遊ばせるのは無駄ですから、契約締結に至っていなくても作業着手をしてしまう場合があります。特に多段階契約で、要件定義は終了したが、開発のスコープが広がってしまい、設計以降の見積もりが当初予算を超えてしまって、ユーザー社内で設計フェーズの稟議をこのままでは通せないことは相応にありますが、システム開発会社としては要件定義にあてた人材を遊ばせる訳にはいきません。

　そこで、契約書取り交わし前に A 社に作業させたが、結局 A 社に発注しなかった場合に、ユーザーが支払義務を負うかという問題があります。その結論は事案によりますが、契約書を取り交わしていないので、契約が成立していると認定されることは少ないようです。しかし、ユーザーに契約締結上の過失が認められ、契約は成立していないものの、ユーザーは支払義務を負うとの結論になることがあります。

　契約締結上の過失とは、日本の法律の明文はありませんが、ドイツ法に由来する概念で、契約交渉の過程において、信義誠実の原則に照らして、およそ誠実とは言えない交渉により相手方当事者が損害を被った場合は損害賠償を負わせるというもので、日本でも裁判実務上は認められている理論です。契約書取り交わし前の作業着手について、この理論によりユーザーに損害賠償義務が認められた裁判例は相応にあります。

　契約締結上の過失が認められるか否かは事案毎の総合的な判断によりますが、以下のようなユーザー担当者の言動は、契約締結上の過失につながる恐れがあります。

①無償による長時間、大量の作業をユーザーが看過すること

②システム開発会社選定プロセス等において1社に絞り込んでいたことや、対象事業者を決定する通知をしていたこと

③内示書、仮注文書等の書面が交付されていたこと

（11）契約書なしにシステムが完成してしまった場合

　契約締結上の過失が問題となるのは、契約書取り交わし前にA社に作業させたが、結局A社に発注しなかった場合ですが、では契約書を取り交わさないで、システムが完成してしまった場合はどうでしょうか。

　もちろん、契約は口頭の合意でも成立しますので、委託料について口頭でも合意があればそれに従うことになります。

　しかし、委託料の合意すらないにもかかわらず、システムが完成してしまうことも、規模が限られた開発では有り得ます。

　その場合、商法512条により規律されることになります。

商法512条（報酬請求権）
商人がその営業の範囲内において他人のために行為をしたときは、相当な報酬を請求することができる。

　システム開発会社がシステム開発をすることは、「商人がその営業の範囲内において他人のために行為をしたとき」に該当します。したがって、委託料の合意が無いままシステムが完成をしてしまった場合、システム開発会社はユーザーに対して、相当な報酬を請求する権利があります。

　しかし、このようなケースでは、「相当な報酬」がいくらかで揉めることは必至でしょう。したがって、システム開発会社は、契約書なく（金額の合意なく）作業には着手しないように心がけるべきです。また、ユーザーは契約書がないから支払の必要ないなどと思ってはいけません。契約書がなくても、支払義務はあります。

（12）利用規約・約款

利用規約と契約の関係

　クラウドやソフトウェアを利用する場合、「利用規約」ないし「利用約款」への「同意」を求められることが多いようです。これは、契約とは「合意のうち、法的な拘束力を持つことを期待して行われるもの」であるところの「合意」を求められています。したがって、「同意します」とクリックしたことで、その利用規約の内容は契約になります。

　クラウドやソフトウェアを多くのユーザーへ提供する場合、個々のユーザー毎に契約書を調整していたら大変なので、定型的な利用規約をユーザーに承認してもらうことにより、定型的な約款の契約を締結しようとするものです。

　では、「同意」を求められない場合はどうでしょうか。これについては、令和2年4月施行の民法改正で定型約款に関する条文が整備されました。

定型約款とは

　クラウドやソフトウェアの利用においては、提供者と利用者とで契約書を交わすのではなく、利用約款（利用規約）により契約関係が決まることがあります。

　契約は当事者の合意により成立します。そこで、利用者が、提供者が提供する約款を受け入れる合意をした場合、その約款の内容が契約に取り込まれることは異論がありませんが、利用者が約款の存在や内容を認識していない場合でも、その約款の内容が契約に取り込まれるのか、従前から議論がありました。

　また、契約当初、利用者が、提供者が提供する約款を受け入れる合意をしたとしても、約款を変更する必要が生じた場合、その変更が有効となるのはどのような場合なのか議論がありました。

　この問題点について、令和2年4月施行の民法改正において、民法548条の2〜548条の4の3か条を新設し、定型約款について規定が設けられたことにより、一応の解決が図られました。

　民法548条の2によれば、定型約款とは、

①定型取引において

②契約の内容とすることを目的として

③その特定の者により準備された

④条項の総体

をいいます。

　そして、定型取引とは、ある特定の者が不特定多数の者を相手方として行う取引であって、その内容の全部または一部が画一的であることがその双方にとって合理的なものをいいます。そうすると、クラウドの利用約款やソフトウェアの使用約款は、定型約款に該当するか否かはケースバイケースということになります。AWS の約款や Microsoft Office の使用許諾約款は定型約款にあたるでしょうが、限られた利用者を想定したソフトウェアの使用許諾約款は定型約款には該当しません。

みなし合意

　定型約款に該当する場合は、⑦定型約款を契約の内容とする合意、あるいは①定型約款を準備した者があらかじめその定型約款を契約の内容とする旨を相手方に表示する、のいずれかがあれば、その約款の個別の条項についても合意をしたものとみなされます。これを「みなし合意」といいます。

約款の変更

　また、定型約款は、

①定型約款の変更が、相手方の一般の利益に適合するとき。

②定型約款の変更が、契約をした目的に反せず、かつ、変更の必要性、変更後の内容の相当性、この条の規定により定型約款の変更をすることがある旨の定めの有無及びその内容その他の変更に係る事情に照らして合理的なものであるとき

は、個別の合意がなくても変更することができます。ただし、定型約款の提供者は、定型約款の変更をするときは、その効力発生時期を定め、かつ、定型約款を変更する旨および変更後の定型約款の内容並びにその効力発生時期をインターネットの利用その他の適切な方法により周知しなければなりません。

　この変更に関する規定は、提供者側が一方的に利用者が不利となる約款変更ができないようにしたもので、消費者保護立法といわれています。

第4章 契約書の体裁

契約書の体裁に色々な種類があることは、取引相手の様式により何件も契約を締結したことのある方であれば、感じておられることと思います。契約書の形式に法的なルールはありません。裁判では、形式ではなく内容が勝負です。しかし、自分が用意した契約書の体裁が常識から外れていると恥ずかしいのも事実です。場合によっては、取引相手に"素人"扱いされ、ビジネスにマイナスの影響を及ぼすかもしれません。ここでは、標準的な契約書の体裁について説明いたします。

（1）標題の付け方

契約書に標題がなければいけない決まりはありません。しかし、契約書に限らず、文書は標題がないと何の文書なのかわからないので標題を付けます。

標題には、法的な意味はありません。例えば「システム開発請負契約書」と標題が付いていても、「仕事の完成」が目的になっていなければ請負契約とは判断されません。標題は、単に「契約書」でも構いません。しかし、一般的にはもう少し内容がわかる表記をします。表 4.1 によく使われる標題の例を示します。

表 4.1　標題の例

システム開発委託契約書	システム開発で一般に使われる標題です。請負でも準委任でも構いません。
システム開発請負契約書	請負契約の場合に使います。
業務委託契約書	準委任契約の場合に使います。SES、システム開発であっても準委任の場合、コンサル契約の場合等に使います。「業務」を「委託」しているので、「作業」をすれば良く、仕事の完成が目的になっていないことを意味しています。
システム開発基本契約書	システム開発の基本契約書です。個別契約は、請負、準委任どちらでも違和感ありません。
業務委託基本契約書	個別契約が準委任の場合の基本契約書です。

上記はあくまで例です。標題は「覚書」でも、契約書としての機能は果たします。したがって標題が「覚書」でも、請負契約であれば印紙は貼らないといけません。

（2）頭書、前文

契約書は標題の次に、

> A株式会社（以下、「甲」という。）と、B株式会社（以下、「乙」という。）とは、甲の○○○○システムの開発について、甲を委託者、乙を受託者として、以下のとおり契約を締結する。

というような文章を冒頭に入れることが多いです。これは、必ず入れないといけない訳ではなく、わかりやすさのためのものです。A4の紙1枚で完結する契約書であれば不要でしょう。しかし、複数ページから構成される契約書の場合にクリアファイルに保管すると、契約書をファイルから出さないと署名欄が見えません。1枚目にこのような文章が入っていると、契約書を探すときに便利です。

（3）条数等の表示の仕方

一般に、条＞項＞号という階層がありますが、「条」以外は表記しないのが一般的です。条は「第○条」と書きます。以下のように、条数の前か後に、"定義"のような条文の見出しを付けるのがわかりやすさの点からお勧めです。

> 第1条　　定義

> 第1条　　（定義）

（定義）
第1条

項は「2」あるいは「2.」のように、裸の英数字単体あるいは裸の英数字＋.（ピリオド）で表記します。見出しは付けません。

第23条（合意管轄及び準拠法）
　1　本契約に関する訴えは、〇〇地方裁判所を第一審の専属的合意管轄裁判所とする。
　2　本契約の成立及び効力並びに本契約に関して発生する問題の解釈及び履行等については、日本国の法令に準拠するものとする。

1項については、「1」あるいは「1.」を省略し記載しない場合もあります。どちらでも構いません。1つの条の中に1項しかない場合は、項は表記しません。

第23条（合意管轄及び準拠法）
　本契約に関する訴えは、〇〇地方裁判所を第一審の専属的合意管轄裁判所とする。
　2　本契約の成立及び効力並びに本契約に関して発生する問題の解釈及び履行等については、日本国の法令に準拠するものとする。

号は、「(1)」あるいは「①」などのように表記します。項をとばし（1項しかなく）、条の次に号がくる場合もあります。

「条」がなく、「1.…　2.…　3.…」というように、項から始まる契約書もたくさんあります。ただ、項から始めると、項と号との2階層しか使えないので、項から始める契約書はどちらかというとシンプルなものが多いようです。

また、第1階層を「1」等英数字1桁とし、第2階層を「1.1」等、.（ピリ

オド）＋英数字で表記する場合もあります。

> 23. 合意管轄及び準拠法
> 　23. 1　本契約に関する訴えは、○○地方裁判所を第一審の専属的合意管轄裁判所とする。
> 　23. 2　本契約の成立及び効力並びに本契約に関して発生する問題の解釈及び履行等については、日本国の法令に準拠するものとする。

（4）契約当事者の表記方法

　契約当事者は、「甲」「乙」で表記するのが一般的ですが、略称で表記する場合もあります。例えば、株式会社○△□製作所を単に「○△□」と表記する方法です。いずれの方法でも、最初に当事者名が出てきたところで、「（以下、「甲」という。）」あるいは「（以下、「○△□」という。）」と書いて定義します。

（5）定義

　契約書は、言葉の定義を明確にし、一回定義すれば、その言葉はその定義した意味でしか使いません。

　定義をまとめて契約書の第1条または第2条で行うこともありますが、本文中で（以下、「○○」という。」）という形で随時定義することが一般です。

（6）接続詞等

　接続詞は、以下のルールで使います。

「及び」と「並びに」

　and 条件の接続詞としては、小さいものに「及び」、大きいものに「並びに」を使います。

　　a及びb並びにc及びd

　階層が1段階しかない場合は、「及び」のみを使います。

　　a、b及びc

「又は」と「若しくは」

　or条件の接続詞としては、大きいものに「又は」、小さいものに「若しくは」を使います。

　　A若しくはb又はc若しくはd

　階層が1段階しかない場合は、「又は」のみを使います。

　　a、b又はc

「時」と「とき」と「場合」

　時点を表すときは「時」、条件を表すときは「とき」を使います。

　2つ以上の条件がある場合、大きな条件に「場合」、小さな条件に「とき」を使います。すなわち「とき」は条件を表すので「場合」と同義ですが、条件が1階層しかないときは、「とき」を用います。

(7) 後文

　契約書は、最後の条文の後に、

> 本契約を証するため本書2通を作成し、甲、乙記名押印の上、各々その1通を保有する。

　などと書くことが一般です。この文の意味は、契約書を2通作成し、各1通を各当事者が保有していることを明らかにする点にあります。後文は必須ではありません。

(8) 日付け

　契約締結日は、後文の後に書くことが多いですが、記載場所に拘る必要はありません。しかし、契約書の中に必ず記載してください。その契約の効力が裁判で争われることになった場合、"いつ"締結した契約かが重要になります。

　実際の調印は、まず一方が調印し、郵送などで相手に契約書を届け相手方当事者が調印して完了するのが普通です。そのため、調印日が両当事者で一致しません。これを論理的に考えれば、契約は両当事者が合意して成立するので、後に調印する当事者が調印した日が契約締結日ということになります。

　しかし、契約は合意で成立し、契約書はその証拠にすぎません。そのため、実際に合意した日を契約締結日とすることも多いです。

(9) 記名・押印

　記名とは、名前を記すことをいい、自署の必要はありません。パソコンで打っても、ゴム印でも問題ありません。一方、署名とは自署のことをいいます。企業間の契約書には一般に記名・押印を行います。署名までは求めないのが一般です。押印は、実印の方が手堅いですが、システム開発等に関する契約ではそこまでは求めないことが多いようです。

　一般には、次のように記名・押印します。

甲	東京都新宿区舟町5番
株式会社翔泳社	
代表取締役社長　佐々木　幹夫　㊞	

　住所を書くのは、同じ名前の会社が存在した際に会社を特定できなくなることを避けるためです。

　氏名は、代表権がある、代表取締役社長の名前を書くのが原則です。また、「代表取締役」だけでよく「社長」の2文字はあってもなくても構いません。

大手の会社だと、代表取締役ではなく部長名等で記名・押印する場合もよくあります。ユーザー側であれば、

システム企画部長　××　××　㊞

といった具合です。

代表者はあらゆる契約を締結する権限を有しますが、社内規定等で特定の契約について締結権限が代表者から授権されていれば、上記のように代表者でなくても構いません。

押印の意義は第3章（6）（23頁）で述べたとおりです。最近は押印を行わず、立会人電子署名型サービス（第3章（7）（26頁））を利用するケースも増えています。

（10）製本の仕方

契約書が複数枚になる場合は、それを一体とする必要があります。ホチキス等で止めて契印を押すか、製本するかです。これを避けるためには、両面印刷にする方法や、A3用紙を使う方法があります。A4が4枚であれば、A3両面印刷をすれば1枚で済み、製本等の手間がいりません。

製本したものを巧みに分解し、中身を差し替えて再度綺麗に製本し直して契約書を変造した事例もあります。リスク管理の観点からも、両面印刷やA3用紙を利用して1枚に収めた方が好ましいといえます。

製本の仕方は、ホチキス止め（図4.1）して見開き部に契印する方法と、袋とじ（図4.2）して袋部分に契印する方法があります。袋とじをする場合は、市販の製本テープを使うと簡単に綺麗にできます。

いずれにしても、契印は、双方の契約当事者が押印します。

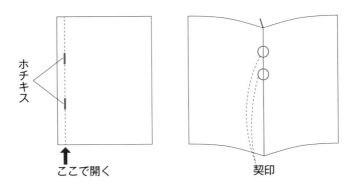

図 4.1　ホチキス止め

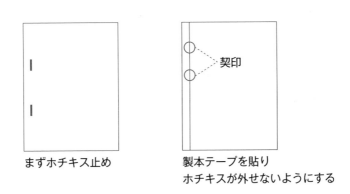

図 4.2　袋とじ

（11）訂正

　誤記があった場合は、誤記部を二重線で消し、その上に訂正印を押印します（図 4.3）。訂正印は、契約当事者双方の印を押します。

翔泳
株式会社昌衛社
㊞ ㊞

図 4.3　二重線で消し押印

捨て印が押印されている場合は、二重線上に押印をする必要はありません。捨て印の横に、訂正内容に応じて「〇字削除、〇字加入」と記入します。

㊞ ㊞ 　2字削除、2字加入

翔泳
株式会社昌衛社

図4.4　訂正内容を記入

(12) 印紙税

　システム開発会社の方は、取引基本契約書には4000円の印紙が必要であるが、そうでなければ印紙は不要と理解されている方が多いのではないでしょうか。上記は間違いではありませんが、以下、もう少し詳しく解説いたします。

　印紙の要否は、印紙税法第2条に「別表第一の課税物件の欄に掲げる文書には、この法律により、印紙税を課する。」と定められています。したがって、印紙の要否やその金額を把握するためには、印紙税法別表第一を理解する必要があります。

　以下、システム開発に関係する項目について解説します。

　まず、別表第一の二（表4.2）に、請負に関する契約書の場合の規定があります。後述するとおり、システム開発は請負契約の場合と、準委任契約の場合があります。請負契約の場合は、別表第一の二に書かれている印紙を契約書に貼付しなければなりません。例えば、請負金額が2000万円であれば2万円の印紙を貼らなければなりません。

表 4.2　契約書の場合の規定（別表第一の二）

番号	課税物件		課税標準及び税率	非課税物件
	物件名	定義		
二	請負に関する契約書	1　請負には、職業野球の選手、映画の俳優その他これらに類する者で政令で定めるものの役務の提供を約することを内容とする契約を含むものとする。	1　契約金額の記載のある契約書　次に掲げる契約金額の区分に応じ、一通につき、次に掲げる税率とする。 百万円以下のもの 　二百円 百万円を超え二百万円以下のもの 　四百円 二百万円を超え三百万円以下のもの 　千円 三百万円を超え五百万円以下のもの 　二千円 五百万円を超え千万円以下のもの 　一万円 千万円を超え五千万円以下のもの 　二万円 五千万円を超え一億円以下のもの 　六万円 一億円を超え五億円以下のもの 　十万円 五億円を超え十億円以下のもの 　二十万円 十億円を超え五十億円以下のもの 　四十万円 五十億円を超えるもの 　六十万円 2　契約金額の記載のない契約書　一通につき　二百円	1　契約金額の記載のある契約書（課税物件表の適用に関する通則３イの規定が適用されることによりこの号に掲げる文書となるものを除く。）のうち、当該契約金額が一万円未満のもの

　別表第一の七（表 4.3）に、継続的取引の基本となる契約書の場合の規定があります。これにより、<u>基本契約書は 4000 円の印紙を貼付する必要があります</u>。

表 4.3　継続的取引の基本となる契約書の場合の規定（別表第一の七）

七	継続的取引の基本となる契約書（契約期間の記載のあるもののうち、当該契約期間が三月以内であり、かつ、更新に関する定めのないものを除く。）	1　継続的取引の基本となる契約書とは、特約店契約書、代理店契約書、銀行取引約定書その他の契約書で、特定の相手方との間に継続的に生ずる取引の基本となるもののうち、政令で定めるものをいう。	一通につき四千円

　さらに、別表第一の十七（表 4.4）に、売上代金にかかる金銭又は有価証券

の受取書の場合の規定があります。ここでいう売上代金とは、役務を提供することによる対価を含みます。請負代金の領収書等に限らず、準委任契約の代金の領収書等も売上代金に含まれます。ただし、システム開発において代金の支払は通常銀行振込で行われるので、領収書が発行されることは滅多にありません。

表4.4　売上代金にかかる金銭又は有価証券の受取書の場合の規定（別表第一の十七）

| 十七 | 1　売上代金にかかる金銭又は有価証券の受取書
2　金銭又は有価証券の受取書で1に掲げる受取書以外のもの | 1　売上代金にかかる金銭又は有価証券の受取書とは、資産を譲渡し若しくは使用させること（当該資産にかかる権利を設定することを含む。）又は役務を提供することによる対価（手付けを含み、金融商品取引法（昭和二十三年法律第二十五号）第二条第一項（定義）に規定する有価証券その他これに準ずるもので政令で定めるものの譲渡の対価、保険料その他政令で定めるものを除く。以下「売上代金」という。）として受け取る金銭又は有価証券の受取書をいい、次に掲げる受取書を含むものとする。
イ　当該受取書に記載されている受取金額の一部に売上代金が含まれている金銭又は有価証券の受取書及び当該受取金額の全部又は一部が売上代金であるかどうかが当該受取書の記載事項により明らかにされていない金銭又は有価証券の受取書
ロ　他人の事務の委託を受けた者（以下この欄において「受託者」という。）が当該委託をした者（以下この欄において「委託者」という。）に代わって売上代金を受け取る場合に作成する金銭又は有価証券の受取書（銀行その他の金融機関が作成する預貯金口座への振込金の受取書その他これに類するもので政令で定めるものを除く。ニにおいて同じ。）
ハ　受託者が委託者に代わって受け取る売上代金の全部又は一部に相当する金額を委託者が受託者から受け取る場合に作成する金銭又は有価証券の受取書
ニ　受託者が委託者に代わって支払う売上代金の全部又は一部に相当する金額を委託者から受け取る場合に作成する金銭又は有価証券の受取書 | 1　売上代金にかかる金銭又は有価証券の受取書で受取金額の記載のあるもの
次に掲げる受取金額の区分に応じ、一通につき、次に掲げる税率とする。
百万円以下のもの　二百円
百万円を超え二百万円以下のもの　四百円
二百万円を超え三百万円以下のもの　六百円
三百万円を超え五百万円以下のもの　千円
五百万円を超え千万円以下のもの　二千円
千万円を超え二千万円以下のもの　四千円
二千万円を超え三千万円以下のもの　六千円
三千万円を超え五千万円以下のもの　一万円
五千万円を超え一億円以下のもの　二万円
一億円を超え二億円以下のもの　四万円
二億円を超え三億円以下のもの　六万円
三億円を超え五億円以下のもの　十万円
五億円を超え十億円以下のもの　十五万円
十億円を超えるもの　二十万円
2　1に掲げる受取書以外の受取書　一通につき　二百円 | 1　記載された受取金額が五万円未満の受取書
2　営業（会社以外の法人で、法令の規定又は定款の定めにより利益金又は剰余金の配当又は分配をすることができることとなっているものが、その出資者以外の者に対して行う事業を含み、当該出資者がその出資をした法人に対して行う営業を除く。）に関しない受取書
3　有価証券又は第八号、第十二号、第十四号若しくは前号に掲げる文書に追記した受取書 |

第5章 これだけは知らないと危ない法律上のポイント

　第1章から第4章では、どちらかというと契約書の形式について述べてきました。契約書の中身、すなわち条文については、「第2部　システム開発に関する契約書の逐条解説」で詳しく述べますが、第2部を理解するために必要で、かつ、様々な種類の契約書に共通して論点となる法律問題について、本章で解説いたします。

（1）請負 vs. 準委任

　システム開発契約の法的性質を検討する場合、請負契約か準委任契約のいずれに該当するのかが問題になります。そこで、請負と準委任という概念について説明します。

請負

　民法には、贈与、売買、交換、消費貸借、使用貸借、賃貸借、雇用、請負、委任、寄託、組合、終身定期金、和解という13種類の契約について規定があります。これらの契約を典型契約といいますが、そのうちの1つが請負です。

　請負といって一般にイメージされるのは、建築工事だと思います。民法の条文は、「請負は、当事者の一方がある<u>仕事を完成することを約し</u>、相手方がその仕事の結果に対してその報酬を支払うことを約することによって、その効力を生ずる。」（民法632条）となっています。一番のポイントは、下線部の「仕事を完成することを約し」です。つまり、完成させる仕事が明確になっていないと、請負とは言えません。

　逆に言えば、請負契約であれば、システム開発会社が仕事を完成しない場合、債務不履行だといってシステム開発会社に責任を問うことができます。

準委任

　民法の典型契約の１つに「委任」があります。では、「準委任」とは何でしょうか。「準」にどんな意味があるのでしょうか。民法の条文は「委任は、当事者の一方が法律行為をすることを相手方に委託し、相手方がこれを承諾することによって、その効力を生ずる。」（民法643条）となっています。委任は、法律行為を委託しなければならないのですが、システム開発は当然ながら法律行為ではないので、「委任」ではありません。しかし、民法656条には「この節の規定は、法律行為でない事務の委託について準用する。」という条文があります。そしてこの条文に「準委任」というタイトルが付いているのです。

　つまり、準委任とは事務をすることを委託することをいいます。ここでいう事務とは、「法律行為」に対峙する概念として広い意味で使われています。いわゆる事務員がやる事務に限られません。例えば、医師に対する診療契約も準委任です。システム開発関係であれば保守契約は準委任契約です。では、システム開発はどうでしょうか。契約で、システム開発会社が仕事の完成を約していれば請負契約であり、そうでなければ準委任契約となります。システム開発なのだから、必ず、システムの完成が約されていて当然で、すべて請負契約なのでは？　と思われる方もいらっしゃるかと思います。確かに、システム開発は、システムの完成を目指して行います。しかし、システム開発会社との契約において、常にシステムを完成することが契約で約束されている訳ではありません。ユーザーとシステム開発会社の契約で、実際にシステム開発会社が投入する工数（人月）で代金が決まる場合などは、システムの完成が約されていないことが多いです。

請負と準委任の違い

　では、実務的に請負と準委任の違いは何でしょうか。それは、システムが想定どおりの工数で完成しなかった場合に、受託者（システム開発会社）が責任を負うか否かです。

　この点について、法律に携わる人（弁護士や法務部の人）向けの本を読むと、システムを完成させることができなかった場合、"請負契約であれば発注者（ユ

ーザー）は受託者（システム開発会社）に対して損害賠償を請求できるが、準委任契約であれば損害賠償請求できない"[*1]というようなことが書かれています。それは確かに紛争という局面で見れば正しいのですが、システム開発の現場、あるいはシステム開発に限らず通常の取引社会では、紛争は例外であり、もっとビジネスライクに対応しています。では、そのような局面で何が違うかと言えば、請負契約であれば、開発が上手くいかなくても、システム開発会社は歯を喰いしばらなければなりません。たとえ、赤字になっても人を投入しなければならないということです。一方、準委任契約であれば、工数が膨らめば、その費用は発注者（ユーザー）が負担しなければなりません。この膨らんだ工数をどちらが費用負担するかが、請負か準委任かで決まってくるのです。したがって、工数が膨らんでから揉めないように、契約段階で請負なのか準委任なのかを明確にしなければなりません。

請負契約

・仕事の完成が目的となっている
・請負人は仕事を完成させる義務がある
・期限までに仕事を完成できない場合は債務不履行
　➡損害賠償責任を負う

準委任契約

・仕事の完成が目的となっていない
・受任者は、善良な注意者の管理義務を負って仕事を行わなければならない
・期限までに仕事が完成しないからといって債務不履行になる訳ではない
・しかし、仕事が完成しなかったのが、受任者の善管注意義務違反が原因であれば
　受任者は損害賠償責任を負う

図 5.1　請負契約か準委任契約か

請負か準委任かの判別の仕方

　では、請負で契約する、あるいは準委任で契約するというのはどういうことでしょうか。裏から言えば、どういうシステム開発契約は請負契約と言えるの

＊1　準委任契約であっても、善管注意義務は負います。したがって、システムを完成できなかったのが、システム開発会社の善管注意義務違反が原因である場合、準委任契約であってもユーザーはシステム開発会社に損害賠償請求することが可能です。

でしょうか。

　契約書に「請負契約」と書いてあれば良いのでしょうか？　確かにそれは有力な判断要素の1つです。しかし、請負契約と書いてあったら絶対に請負契約だという訳ではありません。契約書の内容全体で判断されます。法律に詳しくない人が、他社の契約書を継ぎ接ぎにコピーして作った契約書であれば、内容は準委任なのに、タイトルには請負契約と書いてあることがあります。さらに、実際のシステム開発の契約書では、請負とも準委任とも書いていないものが多数あります。標題も「システム開発委託契約書」では、請負なのか準委任なのか区別が付きません。

　では、どのような内容で、請負か準委任かが判別されるのでしょうか。

〈請負と判断する要素〉
　・完成する仕事（システム）が具体的となっている
　・完成したら代金を支払うこととなっている
　・報酬が工数に関係なく決められている
　・契約不適合責任の条項がある
　・検収の条項がある
　・契約書の標題が請負契約となっている

〈準委任と判断する要素〉
　・完成する仕事（システム）が明確になっていない
　・システム開発会社が投入した人月に応じて代金が決まることとなっている
　・システムが完成しなくても作業をやれば、代金を支払うこととなっている
　・契約書の標題が業務委託契約書となっている（当事者に準委任契約であるとの意思がある場合、業務委託契約という標題を使うことが多い。なお、単なる「委託」という言葉は、請負でも使われるので注意されたい）

　以上に掲げたような、複数の判断要素から総合的に請負か準委任かを判断します。

成果報酬型の準委任契約

令和2年4月に施行された民法改正で以下の条文が民法に追加されました。

> 民法648条の2（成果等に対する報酬）
> 　委任事務の履行により得られる成果に対して報酬を支払うことを約した場合において、その成果が引渡しを要するときは、報酬は、その成果の引渡しと同時に、支払わなければならない。

これは、報酬の支払は成果物の引渡しが条件であるが、あくまで（準）委任契約なので、契約不適合責任（第5章（7）（67頁））は負わない契約です。

SES契約のような、契約時に成果物が曖昧な契約にはそぐいませんが、要件定義書をシステム開発会社側が作る場合など、成果物が明確である一方、受託者側としては契約不適合責任を負いかねる場合に活用できる方法です（第2部3（5）（196頁）参照）。

(2) プロジェクトマネジメント義務・協力義務

令和2年12月22日に、独立行政法人情報処理推進機構（IPA）が、「情報システム・モデル取引・契約書」第二版を公開しました。その中で5つの見直しのポイントが挙げられていますが、その1つが「プロジェクトマネジメント義務及び協力義務」です。

プロジェクトマネジメント義務とは

プロジェクトマネジメント義務は法律で直接明文化されている義務ではありませんし、従前はシステム開発の契約書にもそのような条項は入れないのが一般でした。しかし、それにもかかわらず、複数の裁判例でシステム開発会社側に課されている義務です。

プロジェクトマネジメント義務とは、どのような義務なのか、一番理解しやすいのは、東京地方裁判所平成16年3月10日判決です。

> 被告（システム開発会社）は、（中略）、常に進捗状況を管理し、開発作業を阻害する要因の発見に努め、これに適切に対処し、かつ、注文者のシステム開発へのかかわりについても、適切に管理し、システム開発について専門的知識を有しない注文者によって開発作業を阻害する行為がされることのないよう注文者に働きかける義務（プロジェクトマネージメント義務）を負い、他方、原告（ユーザー）は、システムの開発過程において、資料等の提供その他システム開発のために必要な協力を開発業者から求められた場合、これに応じて必要な協力を行うべき契約上の義務（協力義務）を負っていた。

　つまり、プロジェクトマネジメント義務とは、システム開発会社が「常に進捗状況を管理し、開発作業を阻害する要因の発見に努め、これに適切に対処し、かつ、注文者のシステム開発へのかかわりについても、適切に管理し、システム開発について専門的知識を有しない注文者によって開発作業を阻害する行為がされることのないよう注文者に働きかける義務」です。

　そして、システム開発業界に、プロジェクトマネジメント義務を広く認知させるきっかけとなったのが、スルガ・IBM事件です。

　これは、平成16年9月に、スルガ銀行が日本IBMに対して新経営システムの開発を総額95億円で委託する基本合意書を締結し、平成20年1月のサービスインに向けて、開発プロジェクトがスタートしたものの、平成19年4月に開発プロジェクトが頓挫したという事案です。

　スルガ・IBM事件の高裁判決（東京高等裁判所平成25年9月26日判決）は、プロジェクトマネジメント義務について次のように判示しています。

IBMは、前記各契約に基づき、本件システム開発を担うベンダーとして、スルガに対し、本件システム開発過程において、適宜得られた情報を集約・分析して、ベンダーとして通常求められる専門的知見を用いてシステム構築を進め、ユーザーであるスルガに必要な説明を行い、その了解を得ながら、適宜必要とされる修正、調整等を行いつつ、本件システム完成に向けた作業を行うこと（プロジェクト・マネジメント）を適切に行うべき義務を負う。

これらの判決を踏まえて、プロジェクトマネジメント義務について平たく嚙み砕けば、「システム開発は、システム開発会社とユーザーの協働作業だけど、システム開発会社はプロとしてその推進責任を負うんだよ。ユーザーの協力についても、システム開発会社から働きかけを行わなければいけないんだよ」ということになります。

これによれば、

【システム開発会社に対し】
要件定義フェーズといえども、推進責任はシステム開発会社が負うとの認識でいるべき
【ユーザーに対し】
システム開発会社のプロジェクトマネジメントは尊重し協力しないといけない

という帰結になります。

IPA の指摘

IPA が令和2年12月22日に公表した「～情報システム・モデル取引・契約書～第二版の公表にあたって」の5頁によれば、「裁判例では、その用語法からあたかもベンダーだけがプロジェクトマネジメントを行わなければならな

いかのような印象を受けるが、ユーザーも（システム開発プロセス一般で意味するところの）プロジェクトマネジメントを行う必要があり、ユーザーの義務をしばしば「協力義務」と表現する裁判例を説明するだけではユーザーがシステム開発において従たる役割しか負わないという誤ったメッセージが伝わってしまうのではないかという意見も出された」とのことです。

そして、「～情報システム・モデル取引・契約書～」＜第二版＞の83頁によれば「裁判例上プロジェクトマネジメント義務及び協力義務は、システム開発及びユーザーの業務内容についての一定の情報の非対称性を前提とするものである。すなわち、システム開発についてはベンダーが専門性を有しているのに対し、ユーザーには必ずしも十分な知識がない一方、当該システムが取り扱うユーザーの業務については、当然ユーザー自身はそれに精通しているのに対し、ベンダーは必ずしも知識がないことから、そのようなユーザーとベンダーが共同でシステム開発におけるプロジェクトマネジメントを行っていくに当たって、それぞれが負わなければならないとされている義務が裁判例上プロジェクトマネジメント義務と協力義務として表現されているのであり、一方が主でもう一方が従という関係ではないということに注意が必要である。また、これらの情報の非対称性の程度は案件毎に異なり、それに応じてベンダー及びユーザーがそれぞれ負うこれらの義務の内容及び程度も自ずと異なる（その意味で、上記平成16年東京地判も当該事案における判断に過ぎない）。」と記載してあります。

東京地方裁判所平成16年3月10日判決やスルガ・IBM事件の高裁判決は、ベンダーに重い義務を課し、ユーザーよりだと批判しているようにも読めなくはありません。

しかし、ここの核心は「裁判例上プロジェクトマネジメント義務及び協力義務は、システム開発及びユーザーの業務内容についての一定の情報の非対称性を前提とするものである。」「情報の非対称性の程度は案件毎に異なり、それに応じてベンダー及びユーザーがそれぞれ負うこれらの義務の内容及び程度も自ずと異なる」との点にあります。

筆者は従前、メガバンクでシステム開発に携わっていましたが、弁護士に転身し、中小企業をユーザーとするシステム開発の事件にかかわり、企業によって、

システム開発に関する情報やノウハウの違いを目の当たりにしました。

　スルガ・IBM事件では、IBMにプロジェクトマネジメント義務違反が認定され、スルガ銀行が勝訴をしましたが、これが原告（ユーザー）がスルガ銀行ではなくメガバンクであった場合、同じ結論になったのかというと疑問です。

私見

　何らのプロジェクトマネジメント義務をシステム開発会社が負うことは間違いないと思いますが、問題はその中身です。

　それは、システム開発会社とユーザーの「情報の非対称性」をキーワードに、事案（特にユーザーの持つシステム開発に関する情報、知見、経験等）により決まってくるものと思われます。

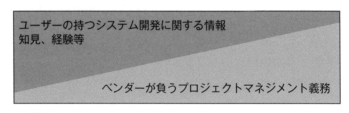

図5.2　情報の非対称性

（3）一括契約と多段階契約

　前述したとおり、システム開発には、要件定義、設計、プログラミング、単体テスト、結合テスト、総合テスト、運用テストといった工程があります。これらの工程を一括して契約する場合も多いです。しかし、規模が大きい開発の場合、要件定義前に金額を確定することはリスクが大きいので、フェーズ別に契約する場合があります。これを多段階契約といいます。

メリットとデメリット

　多段階契約のメリットは見積の正確性にあります。システム開発プロジェク

トは、その開始時点では構築するシステムの具体像が詳細化はされておりません ので、この段階で正確に見積することには無理があります。業務要件は不明 確ですし、必要とされるシステムスキルも流動的です。したがって、システム 開発プロジェクト開始時に全工程を一括して契約することは、リスクを抱える ことになります。

　システム開発は、進めるうちに当初想定していなかった機能が必要であるこ とが判明するのが常です。一括契約をする場合、システム開発会社としては、 ある程度バッファをみた見積で価格をユーザーに提示することが多いです。し かし、そのバッファを食い潰しても工数が足りず、システム開発会社としては 赤字となる案件が多くみられます。

　その一方で、ユーザーとしては、実際に開発をしてみたら思いのほか簡単で あった、したがって一括契約の代金が結果的には割高になるという事態も想定 できます。しかし、もっとユーザーが気にすべきは、希望する機能が実現でき ないリスクです。要件定義フェーズの過程で、ユーザーの現場から様々な意見 が出て、当初の想定よりも遥かに工数が膨らんでしまうことはよくあることで す。一括契約の場合、システム開発会社としては対応できる工数に限りがある ので、色々噴出した要件について、どんどんカットしていかざるを得なくなり ます。そうすると、最終的には、今回のシステム開発プロジェクトは意義があ ったのか？　ということになりかねません。

　したがって、ある程度以上大きい開発（案件の内容にもよるが、数十人月〜 百人月以上）は、多段階契約とすべきです。

システム開発会社からみた一括請負契約のメリット・デメリット

【メリット】

・全工程を確実に受注できる（多段階契約だと途中で失注するリスクがある）

【デメリット】

・想定以上に工数がかさみ不採算（赤字）案件となるリスク

ユーザーからみた一括請負契約のメリット・デメリット

【メリット】

・企画段階で金額が確定、投資判断が容易

【デメリット】

・システム開発会社はバッファをもたせた見積をするため割高となるリスク
・要件定義を行った結果、工数が膨らみ、希望する機能が実現できないリスク

図5.3　一括請負契約のメリット・デメリット

契約の形態

　多段階契約といっても、契約の形態としては多々あります。1つは、全フェーズで共通の基本契約書を締結し、それに基づいてフェーズ毎に個別契約書を締結するという方法です。この場合の契約書例を第2部で契約書例1として解説しています。一方で多段階契約といっても、要件定義フェーズの契約と、設計〜リリースまでの契約の2段階にすぎない場合もあります。このようなときは、図5.4のように基本契約書＋個別契約書のパターンではなく、要件定義フェーズの契約書と設計〜リリースまでの契約の2本を作れば良いとも言えます。

【基本契約書＋個別契約書パターン】　　　　【2本パターン】

図 5.4　多段階契約

　要件定義を行わないと正確な見積ができません。つまり、要件定義前に契約することは、ユーザー、システム開発会社双方にリスクがあるという点にあります。したがって、ウォーターフォール*2 型の開発の場合、契約書は2本パターンでも良いと思っています。しかし、基本＋個別パターンもよく使われています。この背景には、要件定義前に基本契約書を締結することにより、" 何となく " お互いに逃げられないようにしたいとの思惑が、契約当事者にあるからと思われます。ただし、基本契約書を締結しても、個別契約の締結まで義務付けられるのではありません（基本契約書が存在しても個別契約を締結しない自由が双方にある）。したがって法的な拘束というよりは心情的な面が強いので、" 何となく " という表現を使わせていただきました。

　もっとも、外部設計、導入・受入支援、運用テストといったフェーズも準委任契約の方が好ましい点もあり、外部設計、導入・受入支援、運用テストも準委任契約とする場合は、基本契約書＋個別契約書パターンとなるでしょう。

　なお、複数のシステム開発会社が分野別に受注する場合、フェーズ毎に個別契約を請負契約で受注すると、損害賠償金額が膨らむリスクがあることに注意してください。例えば、銀行のシステムを、預金、融資、外為といった業務分野別に別々のシステム開発会社が受注したとします。そのうち、融資を受注した会社の開発だけが遅れた場合、他社が次のフェーズに入れず、その他社の要

*2　ウォーターフォールとは、システム開発プロジェクトを工程別に管理する開発手法。" 水が流れ落ちる " ように、次工程に進むことから名付けられたもの。「要件定義」「設計」「製造」「システムテスト」「運用テスト」等の工程別に管理する。　　059

員がアイドリングした分の人件費等を損害賠償として求められるリスクがあります。

（4）債務不履行

　債務不履行とは、「債務者が正当な事由がないのに債務の本旨に従った履行をしないこと」を言います。システム開発において、債務は契約で発生しますから、平たくいえば「契約違反が債務不履行である」と理解してください。債務不履行には、①履行不能、②不完全履行、③履行遅滞があります。契約違反が債務不履行ですから、その契約の内容が何かが問題となります。

債務不履行になるかどうか

　例えば、請負契約であれば、仕事を完成することが契約の内容となっています。システムの完成を目的とする契約であれば、システム開発会社がシステムを納期どおりに完成できないことは、履行遅滞として債務不履行となります。

　しかし、準委任契約であれば、仕事の完成が契約の内容になっていないので、システム開発会社がシステムを納期どおりに完成できないだけでは債務不履行にはなりません。ただし、準委任契約の場合は、システム開発会社がシステムを納期どおりに完成できなくても絶対に債務不履行にならないということはありません。準委任契約の場合、受任者すなわちシステム開発会社は、民法644条により「善良な管理者の注意義務」、いわゆる善管注意義務を負うからです。したがって、システムを納期どおりに完成できなくなったのが、システム開発会社の善管注意義務違反が原因であれば、準委任契約であっても、システム開発会社の債務不履行となります。

　そして、債務不履行の最大の効果は損害賠償が求められることです。また、契約解除の原因ともなります。

債務不履行の代表例

　では、システム開発契約における債務不履行の代表例としては何があるでし

ようか。

　システム開発会社側の不履行として最初に思い付くのは、納期どおりにシステムを完成できないことでしょう。しかしこれは、前述のとおり請負契約でないと債務不履行にはなりません。

　次に思い付くのは、システムが仕様どおりに動作しないことです。これは後で述べる契約不適合責任の問題となります。契約不適合責任と債務不履行の関係については後で述べます。

　少し変わったところでは、守秘義務条項に違反して、システム開発会社がユーザーの営業機密を漏えいしてしまったなども債務不履行になります。

　一方、ユーザー側の不履行の代表例としては、支払期限までに代金を支払わないことが挙げられます。また、契約でユーザーが仕様の提示を義務付けられていれば、ユーザーが仕様を提示しないことも債務不履行です。

(5) 損害賠償

　債務不履行の場合、相手方は不履行をした側に対して損害賠償を求めることができます。問題は、どの範囲で損害賠償が認められるかです。

賠償が認められる範囲

　まず、民法415条1項本文は「債務者がその債務の本旨に従った履行をしないとき又は債務の履行が不能であるときは、債権者は、これによって生じた損害の賠償を請求することができる。」と規定しています。この条文は、債務不履行があった際に、その債務不履行と「因果関係」がある損害について賠償が認められることを規定しています。

　ただし、民法415条1項ただし書きは「ただし、その債務の不履行が契約その他の債務の発生原因及び取引上の社会通念に照らして債務者の責めに帰することができない事由によるものであるときは、この限りでない。」と規定し、債務不履行となった責任が債務者の責めに帰すべき事由によらない場合は、債務者は責任を負わないとしています。

では、因果関係があれば、必ず損害賠償が認められるのでしょうか。風が吹けば桶屋が儲かるという諺があります。これは、

1. 大風で土ぼこりが立つ
2. 土ぼこりが目に入って、盲人が増える
3. 盲人は三味線を買う（当時の盲人が就ける職に由来）
4. 三味線に使う猫皮が必要になり、ネコが殺される
5. ネコが減ればネズミが増える
6. ネズミは桶をかじる
7. 桶の需要が増え桶屋が儲かる

という論理？　で、風が吹けば桶屋が儲かると言っているのであり、「可能性が低い因果関係を無理やりつなげ、こじ付けた理論や言いぐさ」を指すと言われています。このような希薄な因果関係の損害まで損害賠償が認められると不公平な結論となってしまいます。損害賠償が認められる因果関係の範囲をどこかで切らないといけません。

　そこで、民法は、「債務の不履行に対する損害賠償の請求は、これによって通常生ずべき損害の賠償をさせることをその目的とする。」と規定しています（416条１項）。すなわち、通常損害の範囲で賠償が認められます。これが原則です。一方、民法は「特別の事情によって生じた損害であっても、当事者がその事情を予見すべきであったときは、債権者は、その賠償を請求することができる。」（416条２項）とも規定しています。つまり、例外として、「当事者がその事情を予見すべきであったとき」は特別の損害も賠償範囲となります。

システムの不具合と賠償

　では、飛行機の自動操縦システムに不具合があり、飛行機が墜落して400名の方が亡くなった場合に、その自動操縦システムを作ったシステム開発会社は400名の生命侵害の損害賠償責任を負うのでしょうか。この生命侵害の損害は通常生ずべき損害と思えます。

また、航空会社の予約システムがプログラム不良によりダウンし、飛行機が1日運航できなくなった場合に、航空会社が儲け損なった利益は賠償範囲になるでしょうか。この場合の、航空会社の儲け損なった利益は通常損害ではないかもしれません（システムの不良で認められる通常損害は不良対応の人件費等が一般である）。しかし予約システムを開発したシステム開発会社は、予約システムがダウンした場合に、飛行機が運航できなくなることは予見しているでしょうから、特別損害として損害賠償の範囲に含まれてしまいそうです。

損害賠償額の制限条項

上記の例ではリスクが大きすぎて、システム開発会社としては飛行機の予約システムを受注できません。そこで、システム開発の請負契約においては、損害賠償金額の制限（上限）条項を入れることがよく行われます。損害賠償額を、当該案件のシステム開発会社への契約金額を上限とする契約がよく取り交わされています。また、金額の制限ではなく、損害の範囲を通常損害に限る等、損害賠償の対象となる範囲を制限する方法もよくとられます。

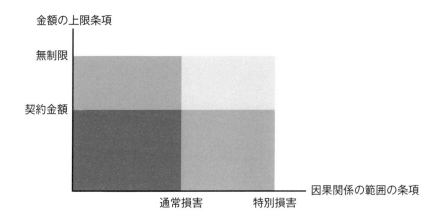

図 5.5 損害賠償は、金額の上限条項と、因果関係の範囲の条項との相関で決まる

いずれにしても、損害賠償の制限条項は契約書の中で極めて重要です。相手方が契約書の原案を作ってきたとき、損害賠償条項は必ず精査しましょう。そ

して、ユーザーであれば、損害賠償の制限条項をできるだけ撤廃するように、システム開発会社であれば、できるだけ制限の度合いが大きくなるように交渉しましょう。その場合の条文の例は第2部を参照してください。

（6） 解除

　契約を途中でやめたくなった場合、契約当事者双方が合意すれば、やめることができます。これを合意解除といいます。しかし、実際にはなかなか合意解除はできません。例えば、ユーザーの経営が苦しそうなので、システム開発会社としては代金を支払ってもらえるか不安だから解除しようと思っても、ユーザーは同意してくれないでしょう。また、システム開発会社が納期を守らないのでユーザーが契約を解除しようと思っても、システム開発会社としては解除されては商売を失ってしまいますから、おいそれと合意できないでしょう。

　そこで、法定解除という概念があります。これは民法で定める一定の事由に該当すると解除できるとするものです。

　まず、解除事由には、いきなり解除できる、いわゆる無催告解除と、催告をしても相手方が履行をしてくれないときに解除できる催告解除の2種類があります。

無催告解除

　民法542条1項では、無催告解除できる事由として以下が挙げられています。

(1) 債務の全部の履行が不能であるとき。

(2) 債務者がその債務の全部の履行を拒絶する意思を明確に表示したとき。

(3) 債務の一部の履行が不能である場合又は債務者がその債務の一部の履行を拒絶する意思を明確に表示した場合において、残存する部分のみでは契約をした目的を達することができないとき。

(4) 契約の性質又は当事者の意思表示により、特定の日時又は一定の期間内に履行をしなければ契約をした目的を達することができない場合に

おいて、債務者が履行をしないでその時期を経過したとき。

(5) 前各号に掲げる場合のほか、債務者がその債務の履行をせず、債権者が前条の催告をしても契約をした目的を達するのに足りる履行がされる見込みがないことが明らかであるとき。

　無催告解除できるのが、これらの事由に該当する場合だけで良ければ、契約書で無催告解除の事由を規定する必要はありません。しかし、一般的な契約書には無催告解除の事由として、相手方が倒産の危機に直面したような場合も挙げています。相手方が倒産しそうになったら、その前に契約を解除し、債権の保全を図る必要があるので、法定外の事由として倒産解除条項を定めます。倒産解除条項の具体的な記載は152頁を参照してください。

催告解除

　また、民法541条本文は、「当事者の一方がその債務を履行しない場合において、相手方が相当の期間を定めてその履行の催告をし、その期間内に履行がないときは、相手方は、契約の解除をすることができる。」とし、債務不履行（履行遅滞、不完全履行）があった場合は、催告解除ができるとしています。ただし、541条但し書きに「ただし、その期間を経過した時における債務の不履行がその契約及び取引上の社会通念に照らして軽微であるときは、この限りでない。」と規定されているので注意してください。「債務」の内容は契約で決まるので、契約書に書いていることを履行しない場合、原則解除事由になりますが、例えば、連絡協議会の開催を1回とばしたからと言って、以後、ちゃんと開催していれば、不履行の程度は軽微であり、解除は認められません。

解除の効果

　では、解除を行った場合の効果はどうなるのでしょうか。発注者（ユーザー）は、システム開発会社に支払った代金はすべて返してもらえるのでしょうか。逆にいえばシステム開発会社は、全く報酬がもらえなくなってしまうのでしょうか。この点は、令和2年4月施行の民法改正で明確化されました。改正法

の634条は以下の条文です。

> 第634条（注文者が受ける利益の割合に応じた報酬）
>
> 　次に掲げる場合において、請負人が既にした仕事の結果のうち可分な部分の給付によって注文者が利益を受けるときは、その部分を仕事の完成とみなす。この場合において、請負人は、注文者が受ける利益の割合に応じて報酬を請求することができる。
>
> （1）注文者の責めに帰することができない事由によって仕事を完成することができなくなったとき。
>
> （2）請負が仕事の完成前に解除されたとき。

　つまり、請負契約が仕事の完成前に解除された場合、仕事の結果が「可分」である場合は、完成した部分に相当する報酬を発注者（ユーザー）はシステム開発会社に支払わなければならないということになります。この規定は、民法改正で新たに制定された条文ですが、既存の判例法理を明文化しただけですので、改正法の施行前でもこのとおりだと思ってください。

　実際には、ウォーターフォールの開発であれば、ある程度フェーズ単位で可分だと考えられます。

　しかし、仕事の結果が「可分」である場合は、完成した部分に相当する報酬を請求できるといっても、開発が途中で頓挫した場合、注文者が受けた利益をどうやって算定するのかという問題があります。フェーズ毎に過分と考えても、ではプログラム製造のフェーズで頓挫した場合、要件定義と設計フェーズが完了したことによりユーザーが受けた利益は「いくら」なのかをどうやって算定をするのかという問題があります。結局工数くらいしかメルクマールはありませんが、システム開発会社が交代すれば戻り工数が大きいのではないか、そもそも頓挫するプロジェクトの設計書は品質が低いのではないか等の疑念があります。

　これを合理的に解決するためには、当初の契約に開発フェーズ毎に解約となった場合はいくら支払うか規定しておくしかありません。民法改正前の契約実

務では、このような条項は入れませんでした。民法改正法の公布後も、筆者としてはこのような条項を契約書に入れるのは難しいと考えていました。なぜなら、開発が頓挫したことを前提に議論をするのは心理的な壁があると考えたからです。

　しかし、令和1年12月24日にIPAが公開した「情報システム・モデル取引・契約書」の民法改正版の解説で、「システム開発が中途で終了した場合に、何が「可分な部分」なのか、何が注文者たるユーザーの「利益」なのか、「履行の割合」をどう評価するのかは自明ではなく、個別の案件によっても異なると考えられるため、個別契約では中途で終了した場合の精算をどうするのかも含めて定めることが望ましい。」と記載されました。今後は、このモデル契約書の解説文を前面に出し、システム開発の契約書に開発が中途で終了した場合の精算をどうするのかも含めて定めるよう交渉をすることが望まれます。

　システム開発会社に問題があって、請負契約をユーザーが途中で解除した場合、ユーザーはシステム開発会社に対して、常に一円も支払わなくて良いと誤解している方も多いようなので注意してください。

（7）契約不適合責任（瑕疵担保責任）

瑕疵担保責任から契約不適合責任へ

　令和2年4月施行の民法改正で、従前の瑕疵担保責任が契約不適合責任へ改められました。

　瑕疵の定義については、従前、通常有すべき品質を欠いていることを瑕疵とする客観的瑕疵概念と、当該契約において予定されていた品質・性能を欠いていることを瑕疵とする主観的瑕疵概念の対立がありました。

　一方、契約不適合とは、立法時の資料によれば、「『その物が備えるべき性能、品質、数量を備えていない』という場合に限らず、『当事者の合意、契約の趣旨および性質』に照らして給付されたものが適合しない場合を含む。」とのことです。

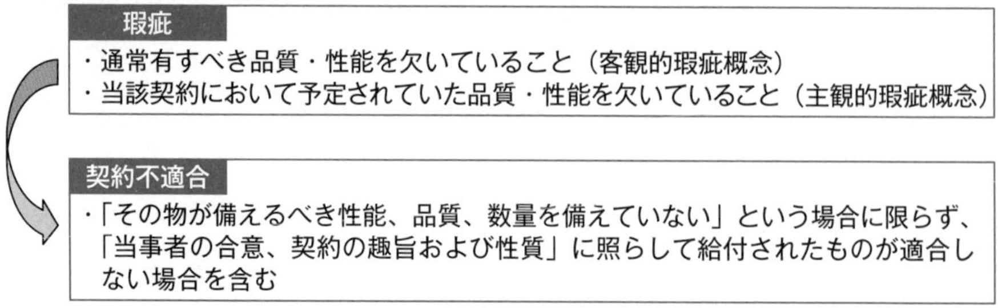

図5.6　瑕疵と契約不適合

　このように比べてみると、主観的瑕疵概念≒契約不適合といえます。責任の中身が変わったのではなく、わかりやすい用語に変わっただけと考えるべきでしょう。

　したがって、現在においても、民法改正前に交わした「瑕疵担保責任」の条項の基本契約書をそのまま適用させていても問題はありません。

契約不適合責任の適用

　請負契約においては、この契約不適合責任が適用されるのは、仕事が完成した後です。そして、「仕事が完成した」とは、最後の工程まで完了したことをいいます。仕事が完成する前であれば、債務不履行の一般原則が適用されます。例えば、システムテストのフェーズで不良があまりに多く発覚し、かなりの手戻りが発生したとします。しかし、システムテストフェーズでは、まだシステムは完成していないので、契約不適合にはなりません。システム開発会社は不良を直して、ユーザーに納期どおりに納品する義務を負いますが、テストフェーズにおいて品質が悪いと、納期を守れなくなり、履行遅滞としての債務不履行責任を負うことになるのです（最後の工程が完了していないので、契約不適合責任ではありません）。

　なお、改正前の瑕疵担保責任も同じです。

表 5.1　発注者がシステム開発会社に問える責任

	最後の工程	
	完了前	完了後
請負	債務不履行	契約不適合責任
準委任	善管注意義務違反	

契約不適合責任の効果

　契約不適合責任を理由に発注者が受注者へ請求できることは、①追完請求（修補請求）、②損害賠償、③解除、④代金減額請求の4つです。④代金減額請求権は瑕疵担保責任には認められていませんでしたが、契約不適合責任の効果としては法定されています。

　代金減額請求については明定していない契約書が多いですが、契約書に定めがない以上、民法の規定によって代金減額請求権が認められるので注意をしてください。

民法上の契約不適合責任を追及できる期間

　請負契約について、瑕疵担保責任が問える期間は、民法改正前は引渡しから1年でした。そして、多くのシステム開発に関する請負契約においても、瑕疵担保責任を問える期間を、引渡し又は検収合格から1年としていました。

　しかし、契約不適合責任を民法上問える期間は、注文者がその不適合を知った時から1年以内です（民法637条1項）。

　同じ1年ですが、起算点が「引渡し」と「不適合を知った日」では、全く異なります。引渡しから数年経ってから、注文者であるユーザーが不適合を知ることも十分考えられるからです。

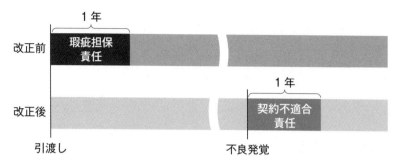

図 5.7　契約不適合責任を追及できる期間

　なお、契約不適合責任／瑕疵担保責任を問える契約類型は請負のほかに売買
がありますが、売買において瑕疵担保責任を問える通知期間は、民法上、瑕疵
を知ってから 1 年でした。契約不適合責任を問える期間が「不適合を知って
から 1 年」となったのは売買と平仄を合わせたからです。

契約不適合責任の期間制限と時効の関係

　契約不適合責任の行使のための通知期間の制限と時効は別の制度です。

　時効は、時効期間内に訴訟提起等民法が定める一定の事由が生じない限り完
成してしまいます。訴訟外の催告には 6 ヶ月完成を猶予する効果があるに過ぎ
ません。

　一方、契約不適合責任の権利行使期間の制限は、その期間内に通知をするこ
とにより権利が保全されます。かかる通知は、不適合の大体の範囲を通知する
ことを要しますが、その細目を通知することまでは要しません。損害額を示し
て「権利を行使」するまでの必要はありません。訴訟外の通知で十分です。

　そして、一旦通知すれば注文者（ユーザー）の権利が保全され、その権利自
体には、一般の消滅時効の規定が適用されます。

　民法上の消滅時効は、（1）債権者が権利を行使することができることを知っ
た時から五年間行使しないとき、または（2）権利を行使することができる時
から十年間行使しないときに完成します（民法 166 条）。これと、契約不適
合責任の行使期間の制限との関係を例示すると以下の図のとおりです。

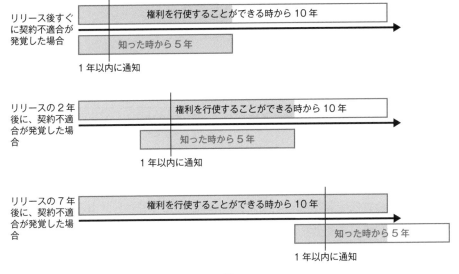

図 5.8　契約不適合責任の行使期間の制限との関係

契約書上の契約不適合責任を追及できる期間

　しかし、実務的には、それでは契約不適合責任を負担する期間が長すぎるとの意見も多いと思います。売買の場合の通知期間は改正前から「知ってから1年」ですが、商人間の売買には検査後6ヶ月以内でなければ売主が悪意であった場合を除き契約不適合責任を問えないという特則があり、商取引では責任期間が長期化しないように立法されているので問題はありません。しかし、請負ではこのような規定がないから問題になるのです。

　ここで、まず重要な点は、民法の契約不適合責任に関する規定は任意規定であるということです。民法を始めとする私法には、強行規定と任意規定があります。強行規定は、公の秩序に関するもので、強行規定に反する契約は無効です。一方、任意規定は公の秩序に関しないもので、民法の規定と異なる契約をした場合、その契約により規律されます。なお、原則は任意規定です。契約自由の原則があるからです。

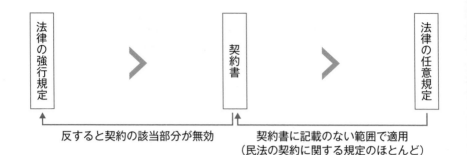

図 5.9　強行規定と任意規定

　契約不適合責任を負担する期間が、「不適合を知ってから 1 年」で長すぎるのであれば、契約書でそれより短い期間を規定すれば、その期間が契約不適合責任を問える通知期間となります。問題は、どれくらいの期間がその期間として妥当かです。

　筆者がみる限り、多くの契約書は、従前の瑕疵担保の文言を契約不適合に置き換えただけのものです。責任を問うには、検収合格時を引渡しとし、「検収から 1 年以内」に受注者に対する通知を要するとするものが過半です。

　しかし、一口にシステムといっても、その用途、規模、稼働環境は様々であり、それを十把一絡げに責任期間を論じるのはナンセンスです。「情報システム・モデル契約書」の民法改正版では、契約書の契約不適合責任の権利行使期間は検収基準を原則としたうえで、ケースに応じていくつもの選択肢が提示されています。その解説では、ユーザーが求める稼働期間、開発環境、要員維持コスト、保守契約、などの事情はそれぞれ異なり、それらの事情に応じた妥当な期間とすべきと書かれています。

　この考えに従えば今までのように金太郎飴式に「検収合格から 1 年」とするのではなく、発注者と受注者とで契約毎に膝をつき合わせて、開発するシステムの事情を共有化したうえで、期間制限について議論していくこととなります。

　具体的には、情報システム・モデル契約書の選択的なオプション条項にあるように（170 頁参照）、①「知った時」基準を採用したうえで検収から〇年以

内に通知することも条件に加えることで不当に責任期間を長くすることを避けることができるし、②契約不適合を発見することがその性質上合理的に期待できない場合のみ「知った時」基準を採用することもできます。例えば災対時のバックアップシステムの不具合などは、「知った時」基準でないと契約不適合責任の対象となり難いのではないでしょうか。

　一方で、IT を利用したビジネスはその顧客ニーズも技術も変化が激しいのが実情です。そうしたビジネスのシステムは早期に完成させることが求められますが、その場合、契約不適合責任の期間は「引渡し（検収合格）から 1 年」よりも短くするのが合理的とも考えられます。民法の規定はあくまで任意規定ですから、構築するシステムの実情に合わせて契約書の規定を考えていく必要が高まっています。そこで、「情報システム・モデル契約書」の解説が示す責任期間検討の考慮要素を総合的に判断して、当該システムの状況に合致した契約条項とすることが望ましいと考えられます。

【「情報システム・モデル契約書」の解説が示す責任期間検討の考慮要素】
　①どのようなシステムを作るのか（どの程度の期間維持されるべきものなのか、ユーザーが本当に求めている要件は何なのか等）
　②どのような環境で開発が行われるのか
　③契約不適合責任の存続期間に応じてどのようにコストが見積もられるのか
　④契約不適合とは言えない不具合への対応も対象とする保守との役割分担をどうするのか

「情報システム・モデル契約書」の民法改正版が提言した考え方に従った契約書は、まだほとんど見ません。しかし、その提言は正論なので、時間が経てばそれが浸透すると思われます。その場合、ユーザーにおいては、法務部門、IT 部門、事業部門の連携が大切になります。稼働期間、開発環境などの事情を総合的に判断するには、法務部門だけでは無理であり、関連部門が連携してこそ、適切な契約交渉が可能となります。

（8）著作権

所有権と著作権

　作ったプログラムの法的な権利は著作権です。所有権ではありません。

　所有権とは、物に対する全面的な支配権ですが、「物」とは有体物をいいます（民法85条）。

　一方、著作権は著作物を保護するための権利です。著作物とは、思想又は感情を創作的に表現したものであって、文芸、学術、美術又は音楽の範囲に属するものをいいます。

　この違いをわかりやすい例で説明すると、私が書店で村上春樹作「ノルウェイの森」の単行本を買ったとします。そうすると、その「物」としての単行本の所有権者は私になりますが、「表現」の権利者としての著作権者は村上春樹氏です。したがって、私がその「ノルウェイの森」の単行本を転売しても何ら問題はありません。しかし、小説の文章をインターネット上に転載をしたら著作権法違反で犯罪となってしまいます。

　著作権というと、映画、音楽、小説等がピンと来るかもしれません。プログラムも同様に著作権で保護されます（著作権法10条1項9号）。著作権は表現を保護するものですが、プログラムも表現として保護されるのです。表現として保護されるので、アイデアすなわち要件定義や基本設計の内容が保護されるのではありません。ただし、要件定義書や設計書は、ドキュメントとして著作権の保護対象になり得ます。そこに書いてあるアイデアが保護されるのではなく、表現が保護されるという意味において、著作権の保護対象になり得るのです。著作権には、図5.10の権利があります。

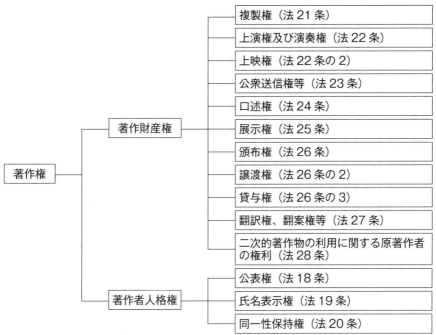

図 5.10　著作権の権利の種類

　この中で、プログラムの著作権として大事なのは、複製権、翻案権、同一性保持権です。

　複製権とは、コピーすることをコントロールできる権利です。

　翻案権とは、既存の著作物の表現上の本質的な特徴の同一性を維持しつつ、具体的な表現形式を変更して新たな著作物を創作する権利です。

　同一性保持権とは、著作物及びその題号につき著作者（著作権者ではないことに注意）の意に反して変更、切除その他の改変を禁止できる権利です。

　つまり、著作権者の許可がなければプログラムは修正できませんし、コピーもできないのが原則です。ただし例外として、著作権法47条の3・同47条の6により、バックアップのための複製やバグ等を改修するための翻案は、著作権を有していなくてもプログラムの著作物の複製物の所有者であれば許されます。

著作権の帰属

　システム開発において、その成果物であるプログラムの著作権が、ユーザーとシステム開発会社のどちらに帰属するのかは極めて重要です。

　システム開発会社としては、ユーザーA 社のために作ったプログラムを、ユーザーB 社に使い回したいところですが、著作権がユーザーA 社にあるとそれができません。一方、ユーザーとしては、著作権がシステム開発会社にある場合は、そのシステム開発会社を使わないで、どこまでプログラムを改変できるかグレーです。このリスクを避けるためには、著作権をもったシステム開発会社に永久にメンテナンスを委託せざるを得なくなります。そこでは競争原理が働かないので、システム開発会社に高い委託料を請求されるリスクがあります。前述の著作権法 47 条の 3 項本文は、

> プログラムの著作物の複製物の所有者は、自ら当該著作物を電子計算機において実行するために必要と認められる限度において、当該著作物を複製することができる。

また、著作権法 47 条の 6 は、

> 次の各号に掲げる規定により著作物を利用することができる場合には、当該著作物について、当該規定の例により当該各号に定める方法による利用を行うことができる。
> 一〜五　（略）
> 六　第四十七条の三第一項　翻案

と規定しています。プログラムの引渡を受けたユーザーは、「プログラムの著作物の複製物の所有者」に該当するものと考えられますが、「自ら当該著作物を電子計算機において利用するために必要と認められる限度」でしか複製又は翻案することができません。バックアップを採取するための複製やバグ、障害、不具合を改修するための翻案は、著作権法 47 条の 3 及び同 47 条の 6 で可

能であると解釈されています。しかし大規模なプログラムの改造作業まで許容されるのかというと、明らかではありません。

　さらに、クラウドを利用する場合や、オン・プレミスでもハードウェアをリースする場合は、ユーザーは「プログラムの著作物の複製物の所有者」に該当しません。従って、著作権法47条の3及び同47条の6は適用されません。

著作権の移転

　著作権は、原始的に著作者に帰属します。これを無方式主義といいます。これが著作権の大きな特徴です。特許権のような申請は不要なのです。そこで、著作者とは誰なのかが問題となります。プログラムの著作権において、通常は、そのプログラムを作った会社が著作者です。実際にプログラムを作るのは、その会社の従業員個人ですが、著作権法には職務著作という制度があります。法人等の業務に従事する者が職務上作成する著作物は、法人が著作者となります。

　そこで、著作権者をユーザーとする場合は、契約書で著作権をユーザーに移転する規定を設けます。同じように、システム開発会社間でも、元請会社が著作権を保持する場合、下請会社から元請会社に著作権を移転する規定を設けます。

　この著作権の移転の規定には、2つのポイントがあります。1つ目は、「納入物に関する著作権（著作権法第27条及び第28条の権利を含む。以下同じ。）は、甲より乙へ委託料が完済された時に、乙から甲へ移転する」のように、「著作権法第27条及び第28条の権利を含む」というような文言を入れないといけないことです。これは著作権法61条第2項が、

　著作権を譲渡する契約において、第二十七条又は第二十八条に規定する権利が譲渡の目的として特掲されていないときは、これらの権利は、譲渡した者に留保されたものと推定する。

と規定しているからです。著作権法第27条及び第28条の権利については、「特掲されていないときは、これらの権利は、譲渡した者に留保されたものと

推定する。」とあるため、この推定が働かないようにするために、「著作権法第27条及び第28条の権利を含む。」と表示することで「特掲」しているのです。

著作者人格権

　もう1つのポイントは、「乙は甲に対して著作者人格権を行使しない。」との規定を入れることです。これは、著作権法59条が、

> 著作者人格権は、著作者の一身に専属し、譲渡することができない。

と規定しているからです。譲渡できない著作者人格権を、原著作者が行使することによって著作権の譲受人が困ることがないように、「著作者人格権を行使しない」ことを契約しておくのです。著作者人格権には、公表権、氏名表示権、同一性保持権がありますが、プログラムの著作権において重要なのは同一性保持権です。この点、同一性保持権について規定する著作権法20条2項は、

> 前項の規定は、次の各号のいずれかに該当する改変については、適用しない。

とした上で、3号で、

> 特定の電子計算機においては利用し得ないプログラムの著作物を当該電子計算機において利用し得るようにするため、又はプログラムの著作物を電子計算機においてより効果的に利用し得るようにするために必要な改変

と定めているので、敢えて「著作者人格権を行使しない」と定めなくても、OSのバージョンアップに対応するための修正や、バグの修正はできます。しかし、例えば、パソコン用のゲーム開発を依頼し完成後に著作権を譲り受けたメーカーが、ゲームをより面白くする改変をプログラムに加えた場合は、開発を受託した開発者の同一性保持権を侵害することになります。この場合も「著

作者人格権を行使しない」と定めておくべきです。

著作権の保護の対象

　なお、プログラムを書いたら、必ず著作権の保護の対象となる訳ではありません。著作権が発生するためには、創作性の要件を満たす必要があります。プログラムの具体的記述が、誰が作成してもほぼ同一になるもの、簡単な内容をごく短い表記法によって記述したもの又はごくありふれたものである場合などにおいては、創作性の要件が満たされず、著作権が認められません。そうは言っても、高度な創作性が求められる訳ではありません。したがって、ユーザーの要件定義に従い、ユーザーの業務に適応するように作ったプログラムであれば、通常は著作権の保護の対象となります。

　また、前述のとおり、著作権の保護の対象は表現です。著作権はアイデアを保護するものではありません。そこで、他社のソフトウェアの仕様を盗んで、独自にソースプログラムを作っても著作権侵害にはなりません。

　なお、設計書等のドキュメントやマニュアルは言語著作物として著作権の対象となり得るので注意してください。

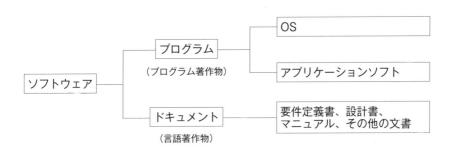

図 5.11　ソフトウェアと著作権

(9) リバース・エンジニアリング／再構築対応

　リバース・エンジニアリングとは、製品を解析することにより、そこに具現されている製造方法、技術、ノウハウ等の評価を行い、自らの技術水準の向上

に役立たせるような行為をいいます。特許については、特許法69条1項で認められています。

　しかし、著作権法には、特許法69条1項のような規定がありません。そこで、ソフトウェアのリバース・エンジニアリングが適法なのか、問題となります。

　実務的には、レガシーシステムを再構築する場合（マイグレーション）などに、リバース・エンジニアリングのニーズがあります。

リバース・エンジニアリングと著作権

　ソフトウェアのリバース・エンジニアリングは以下のフローで行われます。

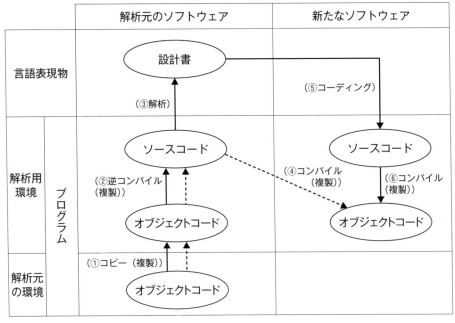

図5.12　リバース・エンジニアリングのフロー

　「解析」そのもの（上図の③）は、著作権を侵害しません。著作権との関係で問題となるのは「解析」のための「複製」（上図の①及び②）が許されるか

です（逆コンパイルも複製です）。なお④は違法です。

　この点、特許法等との平仄、著作権が保護するのはアイデアではないことから、リバース・エンジニアリングは、一定の限度で、著作権法上も許される（③、⑤を行うための、①、②は許されている）と解す考えが主流のようですが、違法とする論者も一部に存在します。

フェアユース

　アメリカ合衆国の著作権法では、フェアユースに該当する場合は、複製などの行為が著作権法違反になりません。フェアユースにあたるかは、以下の4要素が判断の指針となります。

1　使用の目的および性質（使用が商業性を有するかまたは非営利的教育目的かを含む）
2　著作権のある著作物の性質
3　著作権のある著作物全体との関連における使用された部分の量および実質性
4　著作権のある著作物の潜在的市場または価値に対する使用の影響

　アメリカ合衆国では、このフェアユースの法理により、ソフトウェアのリバース・エンジニアリングは適法とされています。そのリーディングケースとなる判例はソニー vs Connectix 事件です。Connectix という会社が、ソニーのプレステのソフトを PC 上で利用できるようにするため、リバース・エンジニアリングを行った事案で、フェアユースに該当し著作権法違反ではないとされました。

　しかし、日本法にはフェアユースの概念がありません。

平成31年著作権法改正

　そこで、平成31年1月1日施行の著作権法改正により、「著作物は、次に掲げる場合その他の当該著作物に表現された思想又は感情を自ら享受し又は他

人に享受させることを目的としない場合には、その必要と認められる限度において、いずれの方法によるかを問わず、利用することができる」との条文（著作権法30条の4）が追加されました。

　この規定について、文化庁次長は国会で「リバース・エンジニアリングと言われるようなプログラムの調査、解析目的のプログラムの著作物の利用は、プログラムの実行などによってその機能を享受することに向けられた利用行為ではないと評価されるものでございますので、新三十条の四の著作物に表現された思想又は感情の享受を目的としない利用に該当するものと考えております。」と答弁をしているので、ソフトウェアのリバース・エンジニアリングが適法であることは立法的に解決されたとも考えられます。

　ただし、上記文化庁次長の答弁は「サイバーセキュリティ対策のために、ソフトウェアの調査、解析の過程で、ソフトウェアのいわゆるリバース・エンジニアリング、つまりコンピューター用の言語を人間が理解できる言語に変換する処理を行う、このことは今回の柔軟な権利制限の対象となるのか、どのように条文を解釈したらいいのか、教えてください。」との質問に対する回答なので、レガシーシステムの再構築対応のためのリバース・エンジニアリングまでは許容してはいないと解することもできない訳ではありません。

（10）情報漏えいと守秘義務

　システム開発において、ユーザーの情報が漏えいすると困るので、システム開発の契約書には守秘義務条項を入れることが一般です。

　ここで漏れたら困る情報は、大きく分類をすれば、①個人情報と②営業秘密です。

　個人情報は、個人情報保護法で厳格な管理が求められているので、それを委託先であるシステム開発会社にも遵守してもらう必要があるからです。

　一方、守秘義務の対象とすべき営業秘密は、委託者として外部に漏れたら困る情報すべてです。委託者企業のノウハウを、システム開発会社を通じて、ライバル企業に知られては困ります。しかし、システム開発会社の立場からすれ

ば、何が営業秘密なのかが必ずしもわかりません。そこで、一般には委託者側が秘密であるといって開示した情報のみを守秘義務の対象とします。

設計書に営業秘密を含む場合は、契約書で守秘義務を負わせる以前の問題として、情報管理態勢が整っている先にしか委託をしてはいけません。

さらに、ここで注意をしなければならないのは、システム開発契約の受託者のみならず、その再委託先にも受託者と同等の漏えい防止措置と責任を負わせないといけないことです。

委託先の監督義務

個人情報保護法は、第25条で以下のように定めています。

> （委託先の監督）
> 第二十五条　個人情報取扱事業者は、個人データの取扱いの全部又は一部を委託する場合は、その取扱いを委託された個人データの安全管理が図られるよう、委託を受けた者に対する必要かつ適切な監督を行わなければならない。

すなわち、システムの開発委託先や運用委託先自身が個人情報を厳格に取り扱うだけではなく、発注元であるユーザー企業にも、委託先を監督する義務が明定されています。

委託先選定時にも注意

ユーザーとしては、システム開発の企画段階で発注先を選定するため、候補のシステム開発会社に資料を提供することがあります。その段階では、システム開発委託契約は締結されていないので、提供資料に秘密情報（ライバル社に知られたくない情報等）が含まれる場合は、資料提供時に守秘義務契約書（NDA）（契約書例11）を交わしましょう。

RFPを委託候補先に配布する場合も同様です。

（11）下請法

　下請法とは、正式には「下請代金支払遅延等防止法」という法律です。親事業者の下請事業者に対する下請代金の支払遅延、不当値引きなどを禁止することで取引の公正化を図り、下請事業者の利益を保護することを目的としています。独占禁止法（独禁法）により規制される優越的地位の濫用規定を下請取引に特化させた特別法です。

　下請法では、発注側の親事業者に対し「義務」や「禁止事項」を課し、それに違反すると罰金や勧告措置といった制裁を科されます。下請事業者の利益を保護することを目的とするものですから、下請事業者が同意していたとしても、下請法に反する契約は下請法上違法となり、制裁の対象となります。

下請法の適用関係

　下請法は、適用対象となる取引について「取引内容」と「事業者の資本金規模」の2つの側面から定めています。そして、その基準は「取引内容」および「事業者の資本金規模」により、以下の①〜④の4パターンとなります。

3億円の資本金基準が適用される場合

〈取引内容〉

・プログラムの作成にかかる情報成果物作成委託

・運送、物品の倉庫における保管にかかる役務提供委託

・物品の製造委託・修理委託

〈事業者の資本金規模〉

・3億円基準

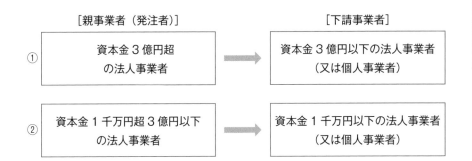

5千万円の資本金基準が適用される場合

〈取引内容〉

・情報成果物作成委託（プログラムの作成を除く）

・役務提供委託（運送、物品の倉庫における保管及び情報処理を除く）

〈事業者の資本金規模〉

・5千万円基準

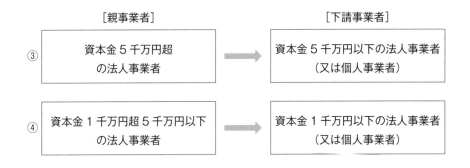

取引内容について

　情報成果物とは、プログラム、映画、放送番組その他映像又は音声その他の音響により構成されるもの、文字、図形若しくは記号若しくはこれらの結合またはこれらと色彩との結合により構成されるものをいいます。プログラムの作成には、コーディングだけではなく、情報システムの企画・設計や、ネットワーク構成の設計も含まれます。したがって、システム開発の委託は、3億円基

準が適用されます。

　一方、保守サービスは役務の提供となります。つまり、システム関係の下請の場合、基本的に3億円基準が適用されます。

事業者の資本金規模について

　これは、会社の貸借対照表の「資本金」の金額です（図5.13）。「資本準備金」や「繰越欠損金」は含まれないので注意してください。財務上、「資本金」には大した意味はありませんが（財務上意味があるのは、「資本金」ではなく「純資産金額」です）、下請法では、「資本金」で判定されます。

資産の部			負債の部		
Ⅰ　流動資産			Ⅰ　流動負債		
1　現金預金		＊＊＊	1　支払手形		＊＊＊
2　受取手形	＊＊＊		2　買掛金		＊＊＊
3　売掛金	＊＊＊		・		・
計	＊＊＊		・		・
貸倒引当金　(−) ＊＊＊		＊＊＊	・		・
4　有価証券		＊＊＊	流動負債合計		＊＊＊
5　商品		＊＊＊	Ⅱ　固定負債		
・		・	1　社債		＊＊＊
・		・	・		・
・		・	・		・
流動資産合計		＊＊＊	・		・
Ⅱ　固定資産			固定負債合計		＊＊＊
1　建物	＊＊＊		負債合計		＊＊＊
減価償却累計額　(−) ＊＊＊		＊＊＊			
2　土地		＊＊＊	純資産の部		
・		・	Ⅰ　株主資本		
・		・	1　資本金		＊＊＊
・		・	2　資本剰余金		
固定資産合計		＊＊＊	(1)　資本準備金		＊＊＊
Ⅲ　繰延資産			3　利益剰余金		
1　社債発行費		＊＊＊	(1)　利益準備金	＊＊＊	
・		・	(2)　その他利益剰余金		
・		・	任意積立金	＊＊＊	
・		・	繰越利益剰余金	＊＊＊	＊＊＊
繰延資産合計		＊＊＊	純資産合計		＊＊＊
			負債及び純資産合計		＊＊＊
資産合計		＊＊＊			

図 5.13　貸借対照表

　また、ここで適用されるのは、あくまで契約主体となる法人の資本金です。
したがって、持株会社制をとっている場合、持株会社の資本金額ではなく、実

際に契約主体となる事業会社の資本金額が適用されます。

　しかし、「直接下請事業者に委託をすれば下請法の適用対象となる場合に、資本金が３億円（または５千万円）以下の子会社（いわゆるトンネル会社）等を設立し、この子会社が発注者となって委託を行い、下請法の規制を免れる」というような脱法的行為を封ずるために、次に掲げる２つの要件を共に充足しているときは、その子会社等が親事業者とみなされ、下請法が適用されます。

①親会社から役員の任免、業務の執行または存立について支配を受けている場合（例えば、親会社の議決権が過半数の場合、常勤役員の過半数が親会社の関係者である場合又は実質的に役員の任免が親会社に支配されている場合）。

②親会社からの下請取引の全部または相当部分について再委託する場合（例えば、親会社から受けた委託の額または量の50％以上を再委託している場合）。

　システム開発子会社を経由して発注する場合は注意してください。

ユーザー・システム開発会社間に適用されるか

　下請法は、前述のとおり「下請取引の公正化・下請事業者の利益保護」を目的とする法律です。元請・下請間で適用されるものであり、ユーザー・システム開発会社間では適用されないのが原則です。ただし、システム開発能力を有する会社が自社のシステム構築のために、他のシステム開発会社に発注する場合には適用され得るので注意してください。

親事業者の義務

　下請法は、親事業者に、①書面の交付義務、②下請代金の支払期日を定める義務、③書類の作成保存義務、④遅延利息の支払義務を定めています。

①書面の交付義務

下請法が適用される取引において、親事業者は発注に際して以下の事項を記載した書面を下請事業者に交付しなければなりません。

1. 親事業者および下請事業者の名称
2. 情報成果物作成委託をした日
3. 下請事業者の給付の内容
4. 下請事業者の給付を受領する期日
5. 下請事業者の給付を受領する場所
6. 下請事業者の給付の内容について検査をする場合は、その検査を完了する期日
7. 下請代金の額
8. 下請代金の支払期日
9. 手形を交付する場合は、その手形の金額（支払比率でも可）と手形の満期
10. 一括決済方式で支払う場合は、金融機関名、貸付けまたは支払可能額、親事業者が下請代金債権相当額又は下請代金債務相当額を金融機関へ支払う期日
11. 電子記録債権で支払う場合は、電子記録債権の額および電子記録債権の満期日
12. 原材料等を有償支給する場合は、その品名、数量、対価、引渡の期日、決済期日、決済方法

ここでいう書面は、契約書、発注書、注文書等の形式は問われません。

②下請代金の支払期日を定める義務

親事業者には、下請事業者との合意の下に下請代金の支払期日を、物品等を受領した日から起算して60日以内で、できる限り短い期間内で定める必要があります。

ここで注意を要するのは SES 契約です。SES 契約で委託元会社の環境で作業をする場合、仕事をした日から起算して 60 日以内に支払う必要があります。そこで、締日との関係で注意が必要です。例えば、月末締め翌々月 10 日支払の場合、4 月 1 日の仕事の対価は 4 月末締めで 6 月 10 日に支払われることになります。この場合、6 月 10 日は 4 月 1 日の 70 日後なので、下請法違反になります（図 5.14）。

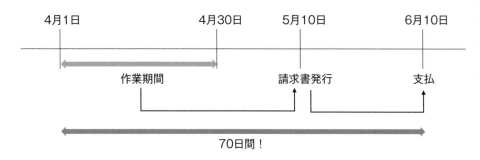

図 5.14　SES と支払期日の関係

③書類の作成保存義務

　親事業者は、以下の事項を記載した書面を作成し、2 年間保存する義務があります。

1. 下請事業者の名称
2. 製造委託、修理委託、情報成果物作成委託又は役務提供委託をした日
3. 下請事業者の給付の内容
4. 下請事業者の給付を受領する期日（役務提供委託の場合は、提供される期日・期間）
5. 下請事業者から受領した給付の内容およびその給付を受領した日（役務提供委託の場合は、提供された日・期間）
6. 下請事業者の給付の内容について検査をした場合は、その検査を完了した日、検査の結果及び検査に合格しなかった給付の取扱い
7. 下請事業者の給付の内容について、変更またはやり直しをさせた場合は、

その内容および理由

8. 下請代金の額

9. 下請代金の支払期日

10. 下請代金の額に変更があった場合は、増減額およびその理由

11. 支払った下請代金の額、支払った日および支払手段

12. 下請代金の支払につき手形を交付した場合は、手形の金額、手形を交付した日および手形の満期

13. 一括決済方式で支払うこととした場合は、金融機関から貸付けまたは支払を受けることができることとした額および期間の始期並びに親事業者が下請代金債権相当額または下請代金債務相当額を金融機関へ支払った日

14. 電子記録債権で支払うこととした場合は、電子記録債権の額、下請事業者が下請代金の支払を受けることができることとした期間の始期および電子記録債権の満期日

15. 原材料等を有償支給した場合は、その品名、数量、対価、引渡の日、決済をした日および決済方法

16. 下請代金の一部を支払または原材料等の対価を控除した場合は、その後の下請代金の残額

17. 遅延利息を支払った場合は、遅延利息の額および遅延利息を支払った日

④遅延利息の支払義務

　物品等を受領した日（役務提供の委託の場合は、下請事業者が役務の提供をした日）から起算して60日を経過した日よりも支払が遅れた場合、親事業者は実際に支払をする日までの期間について、その日数に応じて当該未払金額に年率14.6%を乗じた額の遅延利息を下請事業者に支払わなければなりません。

親会社の禁止事項

　下請法は、親会社の禁止事項として、表5.2の事項を定めています。

　これらの具体的適用については、システム開発特有の考慮事項があります。本書は契約書の解説を目的とするので、この点については詳細に解説しません。

関心がある方は、中小企業庁の Web サイトに掲載されている、経済産業省「情報サービス・ソフトウェア産業における 下請適正取引等の推進のためのガイドライン」を参照ください。

表 5.2　下請法が定める親会社の禁止事項

親事業者の禁止事項	概要
受領拒否の禁止	注文した物品等の受領を拒むことをしてはならない
下請代金の支払遅延の禁止	物品等の受領日後 60 日以内に定めた支払期日までに下請代金を全額支払わなければならない
下請代金の減額の禁止	あらかじめ定めた下請代金を減額してはならない
返品の禁止	受け取った物を返品してはならない
買いたたきの禁止	類似品等の価格または市価に比べて著しく低い下請代金を不当に定めることをしてはならない
購入・利用強制の禁止	親事業者が指定する物や役務を強制的に購入・利用させることをしてはならない
報復措置の禁止	違反行為を公正取引委員会又は中小企業庁に知らせたことを理由に、取引停止等の不利益な取扱いをしてはならない
有償支給原材料等の対価の早期決済の禁止	有償支給した原材料等の対価を、当該原材料等を用いた給付にかかる下請代金の支払期日よりも早い時期に相殺したり支払わせることをしてはならない
割引困難な手形の交付の禁止	一般の金融機関で割引を受けることが困難であると認められる手形を交付してはならない
不当な経済上の利益の提供要請の禁止	下請事業者から金銭、労務の提供等をさせることをしてはならない
不当な給付内容の変更およびやり直しの禁止	費用を負担せずに注文内容を変更し、または受領後にやり直しをさせることをしてはならない

（出典：経済産業省「情報サービス・ソフトウェア産業における下請適正取引等の推進のためのガイドライン」）

（12）テレワーク

　2020 年 4 月の緊急事態宣言以降、テレワーク（リモートワークと呼ぶ企業もありますが、本書ではテレワークとの呼称に統一します）が日本全体に急

速に進みました。その中でも、IT業界は、最もテレワークが進んだ業界の1つと言えると思われます。

　したがって、2020年以降、システム開発業務やSES業務を、テレワークを前提に受発注することも普通のこととなっています。

　まず、テレワークを前提とすることを契約書に記さないといけないのかというと、その答えは"NO"です。本来、請負契約にしろ、準委任契約にしろ、業務をどこで行うのかは、受注者の自由であるのが原則です。もっとも、これは原則なので、契約で受注者が業務を行う場所を縛ることも可能です。本書の契約書例1の個別契約書でも作業場所を特定しています。この場合は、テレワークの場合、その場所で作業をする訳ではないので、テレワークを認める旨を明記する必要があります。

　テレワークを導入するにあたり検討しなければならないのは、情報管理です。社会全体の中では、従業員の個人パソコンをインターネット回線でつなぎ、テレワークを行っている例も多いようですが、これでは受注者側の社員が開発資料を流出させることが簡単にできてしまいます。

　そこで、システム開発やSESのテレワークにおいては、専用パソコンの利用を義務付けるとかリモートデスクトップを利用することにより受注者側の社員の個人パソコンにデータを残さないようにするルール決めをしていることが多いようです。

　このようなルールを定めた場合は、ルールを文書化しておくべきですが、それを契約書に入れるか、契約書とは別の合意文書（電子的な方法で構いません）にするかは、いずれでも問題ありません。

　本書の契約書例では、基本的な考え方（データが従業員の私物である情報機器に書き込まれないようにしなければならない）のみを示し、詳細は契約書とは別の文書でルール決めする方法を記載しましたが（138頁（契約書例1の16条）参照）、この方法に捉われる必要はありません。

（13）労働者派遣／偽装請負

　IT業界において、偽装請負という言葉をよく耳にします。偽装請負とは何かを理解する前提として、まず、労働者供給・労働者派遣・業務請負の3つの概念について説明します。

労働者供給

　職業安定法という法律が「労働者供給」を罰則付きで禁止しています。「労働者供給」とは、同法4条6項によれば「供給契約に基づいて労働者を他人の指揮命令を受けて労働に従事させること」ですが、派遣法上の「労働者派遣」に該当するものは含まないとされています。要するに、自分が雇っている労働者、あるいは支配下にある労働者を、他人の指揮命令下で働かせることです。

　これが禁止されるのは、労働者の賃金を「ピンハネ」して働かせるのは良くないとの発想があるからです。

労働者派遣

　「労働者派遣事業の適正な運営の確保及び派遣労働者の保護等に関する法律」（いわゆる「派遣法」）によれば、労働者派遣とは「自己の雇用する労働者を、当該雇用関係の下に、かつ、他人の指揮命令を受けて、当該他人のために労働に従事させることをいい、当該他人に対し当該労働者を当該他人に雇用させることを約してするものを含まないものとする。」と定義されています。

　労働者派遣は、禁止される「労働者供給」の例外として許されています。その代り、派遣会社（派遣元企業）は許可が必要であり、一定の要件を満たさないと許可されません。さらに、労働者派遣には細々したルールが派遣法に定められています。つまり、労働者供給は原則ダメだけれども、一定の厳しいルールの下に、特別に認めてあげましょうという制度が労働者派遣です。

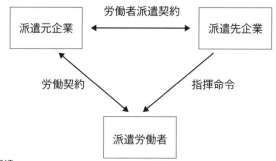

図 5.15　労働者派遣

業務請負

　業務請負は、業務処理請負あるいは業務委託とも呼ばれます。委託元企業から委託先企業が委託を受けて、自己の雇用する労働者に、委託元企業の仕事をさせることをいいます。これは、民法上の請負契約とイコールではありません。むしろ、通常は民法上の準委任契約です。業務請負を定義する法律はありません。

　この形態の特徴は、委託先社員の指揮命令権は委託先企業にしかなく、委託元企業は委託先企業の従業員に対して、直接指揮命令をすることは許されません。SES 契約などが、これに該当します。

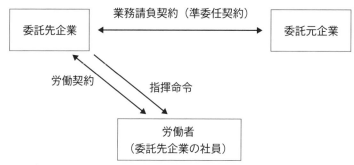

図 5.16　業務請負

偽装請負

　偽装請負とは、契約上は業務請負（準委任）なのに、委託元企業が本来して

はならない労働者への指揮命令をするような形態をいいます。実態は派遣なのに派遣契約ではなく、派遣法の規制を逃れ業務請負の形をとっているので"偽装"請負と呼びます。そもそも、派遣が禁止される労働者供給の例外として認められたものですので、偽装請負は派遣法違反であると同時に職業安定法違反です。

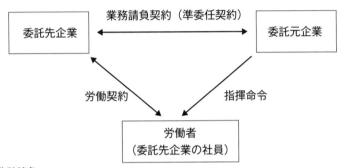

図5.17　偽装請負

　偽装請負にあたるか否かは、「労働者派遣事業と請負により行われる事業との区分に関する基準」という厚生労働省の基準に照らして判断されます。この第二条によると、記載要件を満たす場合を除き、労働者派遣事業を行う事業主と判断されます。

第二条　請負の形式による契約により行う業務に自己の雇用する労働者を
　　　　従事させることを業として行う事業主であつても、当該事業主が当該
　　　　業務の処理に関し次の各号のいずれにも該当する場合を除き、労働者
　　　　派遣事業を行う事業主とする。
　　一　次のイ、ロ及びハのいずれにも該当することにより自己の雇用す
　　　　る労働者の労働力を自ら直接利用するものであること。
　　　　イ　次のいずれにも該当することにより業務の遂行に関する指示そ
　　　　の他の管理を自ら行うものであること。
　　　　（1）　労働者に対する業務の遂行方法に関する指示その他の管理

　　　を自ら行うこと。

　（2）　労働者の業務の遂行に関する評価等にかかる指示その他の
　　　　　管理を自ら行うこと。

　ロ　次のいずれにも該当することにより労働時間等に関する指示そ
　　　の他の管理を自ら行うものであること。

　（1）　労働者の始業及び終業の時刻、休憩時間、休日、休暇等に
　　　　　関する指示その他の管理（これらの単なる把握を除く。）を
　　　　　自ら行うこと。

　（2）　労働者の労働時間を延長する場合又は労働者を休日に労働
　　　　　させる場合における指示その他の管理（これらの場合におけ
　　　　　る労働時間等の単なる把握を除く。）を自ら行うこと。

　ハ　次のいずれにも該当することにより企業における秩序の維持、
　　　確保等のための指示その他の管理を自ら行うものであること。

　（1）　労働者の服務上の規律に関する事項についての指示その他
　　　　　の管理を自ら行うこと。

　（2）　労働者の配置等の決定及び変更を自ら行うこと。

二　次のイ、ロ及びハのいずれにも該当することにより請負契約によ
　り請け負つた業務を自己の業務として当該契約の相手方から独立し
　て処理するものであること。

　イ　業務の処理に要する資金につき、すべて自らの責任の下に調達
　　　し、かつ、支弁すること。

　ロ　業務の処理について、民法、商法その他の法律に規定された事
　　　業主としてのすべての責任を負うこと。

　ハ　次のいずれかに該当するものであつて、単に肉体的な労働力を
　　　提供するものでないこと。

　（1）　自己の責任と負担で準備し、調達する機械、設備若しくは
　　　　　器材（業務上必要な簡易な工具を除く。）又は材料若しくは
　　　　　資材により、業務を処理すること。

　（2）　自ら行う企画又は自己の有する専門的な技術若しくは経験

　上記の基準はたいへん複雑なのでフローチャートにしました（322 頁参照）。これらの要件を満たさないにもかかわらず、業務委託契約（準委任契約）で請負っている場合が、偽装請負となります。業務委託契約を締結する場合は、この要件を遵守するようにしてください。

同一労働・同一賃金

　システム開発における派遣契約において、偽装請負のほかに法的に問題となる点として同一労働同一賃金の問題があります。

　派遣においては、令和 2 年 4 月から以下のいずれかが求められています。

①派遣先と同一労働同一賃金とする
②派遣労働者の賃金を業界平均以上とし労使協定を締結する
　（労使協定方式）

　これは、派遣について①のみとすると、派遣先が変わる度に賃金が変わることになり不都合が生じるため、②の労使協定方式が認められたものです。

　実務的には、労使協定方式が主流ですが、その場合、賞与や退職金も含めて、業界平均以上の賃金が求められます。

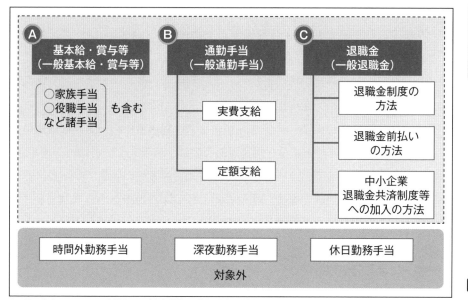

A、B、C については、合算して、協定対象派遣労働者の賃金の額と「同等以上」か比較することも可能。
(出典：厚生労働省「同種の業務に従事する一般労働者の賃金水準」(一般賃金) (法30条の4第1項第2号イ))
図5.18　同種の業務に従事する一般労働者の賃金水準

(14) クラウドサービス利用規約の確認ポイント

　クラウドサービスの利用においては、利用規約が契約内容となります (34頁参照)。クラウドサービスの利用者側としては、サービス提供者に利用規約の変更を求めることは事実上不可能ですから、サービス提供書の選定にあたり利用規約をチェックし、許容可能な条項かを判断のうえ、利用を申し込むべきです。

　そうはいっても、クラウドサービスの条項は多岐に及ぶことが多いので、以下、最低限確認しておくべき重要事項について説明いたします。

サービスの変更、中止、廃止

　あるシステム (以下、「A システム」とします。) を特定のクラウド上で稼働することを前提とする場合、そのクラウドサービスが利用できなくなると、他

のクラウド環境に移行する必要がありますが、それにはコストがかかります。したがって、利用者としてはＡシステムを稼働させる期間中は、選定したクラウドのサービス継続を望みます。

一方、クラウドサービス提供者としては、利用者が少ない場合、ビジネスにならないので、サービスを廃止したいと考えて当然です。

そこで、一定の場合には、クラウドサービスの提供者側の一方的な通知により、サービス廃止をできるような規定があるのはやむをえないとは思いますが、何の制約もなく、いつでも、一方的にサービス提供者側の判断でサービスを停止ないし廃止できる規約の場合、利用者側としては、当該クラウドサービスが利用できなくなるリスクを認識してください。

ユーザーによる契約解除

クラウドサービスの利用者側から、当該クラウドサービスの利用をやめたいと考えることはあって当然です。

その場合、利用契約期間中でも利用者側から一方的に利用をやめられるのか（法的には、一方的に利用契約を解除できるのか）、仮に一方的に利用をやめられる場合、そのことによるペナルティ（違約金）はどうなるのかを確認しておきましょう。

データ管理

クラウド利用者としては、クラウド上のデータが消失しては困りますので、冗長化やバックアップは極めて重要な判断ポイントです。当該クラウドのインターネット上のセールス的な説明にもバックアップ等の記載はあるとは思いますが、利用規約上も確認をしておきましょう。

クラウドの所在

クラウドが海外にある場合、当該国の行政や司法から、強制的に内容の開示を命じられる可能性があります。外国政府に漏れたら困るような情報は、海外のクラウド上には置かないようにしましょう。

責任

　障害等により、クラウドサービスが利用できない事態が生じる可能性は皆無にはできません。実際に AWS の障害も時折報じられています。

　法的には、サービス提供者の責めによるものか、自然災害や戦争等サービス提供者の責めに負うべき事由がないにもかかわらずサービスが提供できない場合かで分けて考えるべきです。後者は、サービス提供者は利用者に対して一切責任を負わない旨を利用規約で明確にしていることが多いですし、それが公平と考えられます。

　一方、サービス提供者の責めに負うべき事由（バグや運用ミス）により利用できなくなった場合、契約の手当がなければ民法の規定に従い、相当因果関係のある利用者の損害をサービス提供者が賠償する義務が生じてしまいます。しかしそれは、金額的に莫大になりますし、損害額の認定も利用者毎に必要であり多大な労力を必要とするので現実的ではありません。

　そこで、サービス提供者の責めに負うべき事由により利用できない事態となった場合のサービス提供者の追う責任の範囲について、サービス利用規約で手当てをしているのが通常です。

準拠法・管轄

　海外のクラウドサービスを提供する場合、その準拠法と管轄を確認しておきましょう。管轄が海外の裁判所であれば、紛争が生じた場合、海外で裁判を行わざるを得ず、そのコストは多大になります。

システム開発に関する
契約書の逐条解説

ソフトウェア開発基本契約書（多段階契約）

※契約書例の全文を Word ファイルで Web 提供いたします。詳しくは、v 頁の「読者特典ダウンロードのご案内」をご覧ください。

1　本契約書例の対象

　ユーザーとシステム開発会社間の契約は、①全工程を 1 本の契約で締結するケースと、②多段階契約（**56 頁参照**）とし、そのすべての段階を包括する基本契約＋個別契約の形で締結するケースがあります。

　さらに、多段階契約には、基本契約書をあらかじめ締結しフェーズ毎に個別契約書を締結する場合（フェーズ横断型の基本契約書（**22 頁参照**））と、基本契約書は取り交わさず段階毎に契約する場合があります。

　以下では、フェーズ横断型の基本契約書について契約条項例を示し、各条項について解説します。

> **設定ケース**
>
> ・契約当事者：委託者はユーザー、受託者はシステム開発会社
> ・開発規模：数十人月〜千人月
> ・開発モデル：ウォーターフォールモデル
> ・ハードウェア取引については、本ソフトウェア開発委託契約の対象としない。

　ソフトウェア開発の基本契約書は、経済産業省のモデル契約書〈第 1 版〉（次頁のコラム参照）が完成度が高く参考になります。しかしながら、モデル契約書は、大手企業の基幹システムといったかなりの大規模なシステムを想定しており、多くのソフトウェア開発案件においては重すぎるという難点があります。そこで、本書ではまず、中規模なソフトウェア開発案件向けの契約書の条項例を示します。

コラム　経済産業省のモデル契約書

平成19年4月に、経済産業省から「情報システム・モデル取引・契約書（受託開発（一部企画を含む）、保守運用）」〈第一版〉が公表されました。逐条解説を含め、経済産業省のホームページで公開されています。ベンダー、ユーザー、法律専門家の3者のメンバーにより検討された契約書なので、内容は中立的であり、かつ深く検討されたものです。ただし、かなりの大作で、多くの案件には契約書として重すぎる感は否めません。

なお、引き続き平成20年4月に、経済産業省は「情報システム・モデル取引・契約書（パッケージ、SaaS/ASP活用、保守・運用）」〈追補版〉を公表しています。さらに令和1年12月にIPAから民法改正版が公開され、令和3年5月には第二版が公開されています。

また、令和2年3月には、「アジャイル開発版『情報システム・モデル取引・契約書』」が公開されています。

　契約形態としては、多段階契約を前提とし、基本契約書＋個別契約書の構成としています。多段階契約とするか否かの判断は、56頁以下を読んでください。

　多段階契約の構成としては、以下が考えられます。

　①要件定義（準委任）＋それ以降のフェーズすべて（請負）

　②要件定義（準委任）＋外部設計（準委任）＋それ以降のフェーズすべて（請負）

　③要件定義（準委任）＋外部設計～システムテスト（請負）＋導入・受入支援、運用テスト（準委任）

　④要件定義（準委任）＋外部設計（準委任）＋内部設計～システムテスト（請負）＋導入・受入支援、運用テスト（準委任）

　⑤要件定義（準委任）＋外部設計（準委任）＋内部設計～システム結合（請負）＋システムテスト（準委任）＋導入・受入支援、運用テスト（準委任）

これらを図にすると、図 1.1 のようになります。

要件定義	外部設計	内部設計	プログラム製造	単体テスト	システム結合	システムテスト	導入・受入支援	運用テスト
① 準委任	請負							
② 準委任	準委任	請負						
③ 準委任	請負						準委任	
④ 準委任	準委任	請負					準委任	
⑤ 準委任	準委任	請負				準委任	準委任	

図 1.1　多段階契約の構成

　筆者は、一般論として②または④が望ましいと思います。なぜなら、外部設計、導入・受入支援、運用テストといったフェーズは、ユーザーが深くかかわるべきだからです。請負契約は仕事の完成を目的とするところ、システム開発会社としては、自社の力だけで仕事を完成できないこれらのフェーズを請負契約とすることはリスクがあります。その点から、システム開発会社としては④が一番望ましいと言えます。しかし、瑕疵担保責任の起算点が引渡である現行民法の規定からすると、②と④では瑕疵担保責任を問える期限が④の方が早期に到来してしまうので、ユーザーの立場からは②が良いと考えます。

　もっとも、今述べたことは一般論であり、構築するシステムの特性や委託者および受託者の事情により、それ以外の構成をとるときにも対応できるように、汎用的に使用できるようにした基本契約書を用意しておくのが便利です。そこで、このような基本契約書の条項例、およびそれに対応する個別契約書の条項例を以下に解説します。

　なお、この条項例では、上記①～⑤のどの契約構成をとるのかは、個別契約書で規定することとなります。

　ただし、多段階契約とする場合も、①のように２段階であれば、敢えて基本契約書＋個別契約書の構成にしないで、要件定義フェーズの契約書＋外部設

計～リリースの契約書と、単純にフェーズ別に2本の契約書にしても構いません。その場合の契約書は、要件定義フェーズの契約書は契約書例3を、外部設計～リリースの契約書は契約書例2の「設定ケース2（外部設計～リリースを1本)」を参照してください。

多段階構成をとらない場合の契約条項例は、契約書例2の「設定ケース1（全工程1本)」に掲げてありますので、そちらを参照してください。

2 契約条項と解説

以下、「ソフトウェア開発基本契約書」（多段階契約）の各条文の趣旨や意味について解説します。また、必要に応じ、特にユーザーに有利な条項例、システム開発会社に有利な条項例を示します。

契約書全体を俯瞰されたい場合は、314頁以降を参照してください。

(0) タイトル＆前文

タイトルで権利義務が決まる訳ではないので、あまり拘わる必要はありません。ただし、基本契約書＋個別契約書構成の基本契約書であることがわかるように、最低限「基本契約書」という文言をタイトルに入れておくのが良いでしょう。前文は、以下の程度の記載が一般的です。前文については、38頁を参照してください。

○○システム開発基本契約書

○○株式会社（以下、「甲」という。）と○○株式会社（以下、「乙」という。）は、甲が、甲の○○○システムのコンピューターソフトウェアの開発にかかる業務（以下「本件業務」という。）を乙に委託し、乙はこれを受託することに関し、以下のとおり、基本契約（以下、「本契約」という。）を締結する。

---

(1) 目的

目的というタイトルの条項がない契約書も多いですが、当該開発を行う"目的"は、紛争になった際に極めて重要です。システム開発会社側の行為が、債務不履行となるのか否かの判断はそのシステム開発の目的に照らして判断されるからです。

ただ、現実的にはこの目的を正確に把握しているのはユーザー側です。目的の記載のないシステム開発契約書も多いですが、システム開発会社側のひな型をベースに作っていることが多いことが主因であると思われます。したがって、ユーザー側が主体となって、目的を記載するようにする必要があると思われます。

なお、目的は、本契約書例のように第1条に入れるのではなく、前文に加えても構いません。

目的はプロジェクトにより全く異なりますので、以下は一例に過ぎません。

第1条（目的）
本件業務は、甲の受注担当者が受注見込み情報を入力することにより生産指示を甲の生産部門に行うとともに当該受注見込み情報によりAIを活用した精度の高いマーケティング資料を還元するコンピューターソフトウェアを開発することを目的とする。

---

(2) 定義

本契約書例は、第2条を（定義）としています。

（定義）の条項がないシステム開発の契約書も実務ではよくみかけます。簡単な定義であれば、40頁で述べたように、個別の条文の中で（以下、「〇〇」という。）と定義すれば良いので、敢えて契約書の冒頭で、第2条（定義）のような形で定義する必要はありません。

しかし、システム開発の失敗例の多くは要件定義の失敗にあります。不十分な内容で要件定義を完了させて次フェーズに進むことは極めて危険です。そのような危険な行為を防止するために、また万が一そのようなことをしてしまっ

た場合の責任の所在を明確にするために、「要件定義書」については詳細な定義を置くべきなので、本契約書例では第2条を（定義）としました。

　システム開発の失敗事例では、要件定義で、性能のセキュリティなど非機能要件を漏らしている例があります。そこで、非機能要件も要件定義書の記載事項であることを明らかにし、要件定義における非機能要件の定義漏れをなくすようにします。

第2条（定義）

本契約で用いる用語の定義は、以下のとおりとする。

(1) 本件ソフトウェアとは、本契約及び個別契約に基づき開発されるソフトウェアであって、プログラム、コンテンツ、データベース類及び関連資料などをいう。

(2) 要件定義書とは、本件ソフトウェアの機能要件（甲の要求を満足するために、ソフトウェアが実現しなければならない機能にかかる要件。）及び非機能要件（機能要件以外のすべての要素にかかる要件。品質、性能、運用等に関する目標値及び具体的事項により定義される。）を定めた文書をいう。

(3) 外部設計書とは、要件定義書に基づき本件ソフトウェアの画面、帳票などのユーザインターフェース、他システムとの通信やデータ入出力等のインターフェースなど、本件ソフトウェアの入出力全般に関する仕様を定めた設計書をいう。

(4) 第三者ソフトウェアとは、甲乙以外の第三者が権利を有するソフトウェアであって、本件ソフトウェアのシステム機能の実現に必要なため、第三者からライセンスを受けるものをいう。

筆者が経験した開発でも、非機能要件が曖昧なまま進んだ案件は多々あります。非機能要件の代表例としては、①想定利用時間、②停止可能時間、③サービス復旧目標、④バックアップ、⑤冗長化、⑥利用者数、⑦同時アクセス数、⑧想定データ件数、⑨目標レスポンス、⑩暗号化が挙げられます。それが漏れる原因は、ユーザーは機能要件の提示は自分の仕事であるが、非機能要件の提示は自分の仕事ではないと考えるからではないかと思われます。特に要件定義を行うのがユーザー企業のユーザー部署の場合、ユーザー部署は非機能要件の提示をシステム部門の仕事と考え、一方でシステム部門は要件の提示はすべてユーザー部署の責任と考え、非機能要件がその隙間に落ちてしまいがちです。確かに非機能要件もユーザー部署が提示すべきかもしれません。しかし、誰かが非機能要件について具体的項目を示して、これを提示してくれと言わないと、余程でない限りユーザーの方から自発的にすべての非機能要件が提示されることはないと思われます。そこで、ユーザー企業のシステム部門はもちろん、システム開発会社も、非機能要件について具体的項目を示して、その定義が漏れないようにしないといけません。

（3）個別契約

　作業項目・範囲・納期・委託代金等の重要項目は、個別契約で定めることになります。そこで第3条では、個別契約に関するルールについて規定します。

①個別契約が必要であること

　以下の第3条（個別契約）では、1項で個別契約を別途締結することが必要であることを明記しています。そうは言っても、契約をするには合意が必要であり、基本契約を締結したからといって、ユーザーとシステム開発会社ですべての合意ができるとは限りません。要件定義が終わったら、システム開発会

社が作成した次フェーズ以降の見積書の金額が想定外に膨らんでいて、ユーザーとシステム開発会社で歩みよれないこともあります。このような場合に、個別契約を締結しない自由を各当事者は有しています。したがって、「なお、本契約は、甲及び乙に個別契約の締結を義務付けるものではない。」は注意的な記載事項です。

> 第3条（個別契約）
> 1　甲と乙は、本件ソフトウェアの開発を行う一定の作業項目ないし作業フェーズ毎に、個別契約を締結する。<u>なお、本契約は、甲及び乙に個別契約の締結を義務付けるものではない。</u>

②個別契約へ記載すべき事項

個別契約には、作業項目・範囲、準委任契約・請負契約の別、作業分担、作業期間、作業場所、成果物、納入場所、納期、委託代金等を必要に応じて適宜記載してください。

> 2　個別契約には、作業項目・範囲、準委任契約・請負契約の別、作業分担、作業期間、作業場所、成果物（納品物）、納入場所、納期、委託代金その他必要な事項を定めるものとする。

また、個別契約書において、作業項目・範囲の記載と、準委任契約・請負契約の別は整合するようにしてください。51頁で述べたように、契約書に「準委任契約」と書いてあっても、裁判になった場合、契約の内容から裁判官が「請負契約」であると判断する可能性があります。請負契約とは、仕事の完成を目的とする契約です。したがって、例えば要件定義フェーズを準委任契約とするのであれば、作業項目は「要件定義」または「要件定義書作成支援」とします。作業項目を「要件定義書作成」とすると、請負契約と解する余地が出てくるので注意してください。

なお、契約締結時点では、要件定義書作成におけるユーザーとシステム開発

会社の作業分担について、両者の認識にズレがあることがよくあります。個別契約書の「作業分担」を記載するにあたり、ユーザーとシステム開発会社で認識を共通化することが重要です。

コラム　**要件定義か要件定義書作成支援か**

筆者の経験では、要件定義フェーズのユーザーとシステム開発会社の役割分担として、①要件定義書はユーザーが作成しシステム開発会社は要件定義書のチェックおよび進捗確認を行う場合と、②ユーザーは業務要件をメモや既存の業務マニュアル等で提示しそれを受けて要件定義書の作成自体をシステム開発会社が行う場合があります。要件定義フェーズの作業項目として、①の場合が「要件定義書作成支援」であり、②の場合が「要件定義」です。前者であれば、準委任契約です。後者であれば請負契約とすることもできますが、「要件定義」という事務を委任しているのであり、「要件定義書の完成」を目的としているのではないとすれば（そのような契約内容にすれば）準委任契約です。したがって、要件定義書が完成しなくても、システム開発会社は委託料をユーザーに請求できます（**49頁参照**）。しかし、その場合であっても、システム開発会社にはプロジェクトマネジメント義務（**52頁参照**）が存在するので、プロジェクトマネジメント義務違反を理由にユーザーから損害賠償を請求されるリスクはあります。

---

③個別契約の形式

　個別契約で規定すべき事項は、本条2項のとおりです。記載文量は多くないので、注文書・請書の形式でも構いません。

　システム開発の現場では、スケジュールと要員を遊ばせないことを重視するあまり、契約が成立していない（少なくとも書面で交わしていない）にもかかわらず、開発を進めてしまう場合があります。要件定義フェーズが終了するとシステム開発会社側は要件に即した見積が可能となりますが、その見積金額がユーザー側の想定とかけ離れているため、次フェーズ以降の契約締結にかなり

時間を要してしまうことがあります。しかし、システム開発会社側からすれば既に開発要員を調達しているので、この要員を遊ばせる訳にはいかず開発を進めてしまうのです。そうであっても、最終的に外部設計以降のフェーズの個別契約を締結できれば問題ありません。しかし、不幸にもユーザーとシステム開発会社間で折り合いがつかなかった場合、システム開発会社が進めた外部設計以降の作業について、システム開発会社が委託料を請求できるかという問題が発生します。システム開発会社が外部設計以降の作業を進めるにあたり、ユーザーとは何らかの会話をしているでしょうから、そこに口頭による契約成立の余地が発生してしまいます。

そこで、以下の 3 項のように、個別契約の締結は書面によることを明記することにより、このような場合「口頭で契約が成立した。だから、委託料を支払え」との請求をできなくし、ユーザー、システム開発会社双方に早期に個別契約締結の動機付けをすることが必要です。

> 3　個別契約は、甲と乙で前項記載の事項を定めた個別契約書を取り交わすか、甲が、前項記載の事項を記した注文書を乙に交付し、乙がその注文書に対応する請書を甲に交付することにより締結する。

●ユーザーの立場から

　ユーザーとしては、口頭による契約成立の余地を完全に排除することが望ましいので、3 項は以下の条項とした方がより好ましいです。

> 3　個別契約は、甲と乙で前項記載の事項を定めた個別契約書を取り交わすか、甲が、前項記載の事項を記した注文書を乙に交付し、乙がその注文書に対応する請書を甲に交付することにより締結するものとする。甲及び乙は、個別契約書又は注文書・請書の取り交わし前に、提案書、電子メール、口頭等で取り交わした合意が個別契約上の権利又は義務にならないことを相互に確認する。

◆システム開発会社の立場から

要件定義後の見積でユーザーと揉めた場合、その対応に苦慮します。そこで、メール等での個別契約成立を主張する余地を残すため、3項は入れない方が得策とも考えられます。

しかし、裁判例の傾向からすれば、書面による合意なく契約の成立が裁判所で認定される可能性は相当低いといえます。そこで、3項を除外するよりも、3項を入れておいた上で、個別契約のない作業は行わないようにすべきです。

外部設計ないし内部設計以降の請負契約の締結に難航が予想される場合は、例えば1ヶ月毎の期間を区切って、ひとまず調達した要員で無駄なく作業を継続するための準委任契約を締結することを模索した方が、リスク回避の観点からは得策でしょう。

④基本契約書と個別契約書の優劣

基本契約書と個別契約書の内容が矛盾する場合、どう考えるべきでしょうか。基本契約書が"基本"なのだからそちらが優先すると考えることも、基本契約書と個別契約書は一般法と特別法の関係だから、特別法である個別契約書が優先すると考えることもできます。そこで、この優劣を明記します。

> 4　個別契約において、本契約の条項と異なる記載がある場合は、個別契約の記載を優先する。

⑤個別契約書（要件定義）の例

要件定義フェーズを範囲とする個別契約書の例を以下に示します。

> ○○システム開発個別契約書
>
> ○○株式会社（以下、「甲」という。）と○○株式会社（以下、「乙」という。）は、令和○年○月○日付け○○システム開発基本契約書に基づき、以下のとおり、個別契約を締結する。

1　作業項目・範囲
　　　要件定義

2　準委任契約・請負契約の別
　　　準委任契約

3　作業分担
　　　甲は、〇〇システムの機能要件及び非機能要件を乙に提示する。
　　　乙は、甲から提示された機能要件及び非機能要件に基づいて要件定義書を作成する。

4　作業期間
　　　令和〇年〇月〇日から〇年〇月〇日まで

5　作業場所
　　　甲の〇〇システムセンター開発エリア
　　　ただし、テレワークも可とする。

6　成果物
　　　要件定義書

7　委託代金
　　　金〇円（消費税別）

8　支払期限
　　　令和〇年〇月〇日

　　　令和〇年〇月〇日

　甲　　　東京都〇〇区〇〇町〇丁目〇番〇号
　　　　　〇〇株式会社
　　　　　　代表取締役　〇〇　〇〇　　　　印

　乙　　　東京都〇〇区〇〇町〇丁目〇番〇号
　　　　　〇〇株式会社
　　　　　　代表取締役　〇〇　〇〇　　　　印

⑥個別契約書（内部設計～本番リリース）の例

　内部設計フェーズから本番リリースまでを範囲とする個別契約書の例を示します。5項のタイトルは成果物ではなく納品物とすることにより、ここに掲げている成果物すべてを納品することを明確にしています。

○○システム開発個別契約書

　○○株式会社（以下、「甲」という。）と○○株式会社（以下、「乙」という。）は、令和○年○月○日付け○○システム開発基本契約書に基づき、以下のとおり、個別契約を締結する。

1　作業項目・範囲
　　　内部設計から本番リリースまでの全工程
2　準委任契約・請負契約の別
　　　請負契約
3　作業期間
　　　○年○月○日から○年○月○日まで
4　作業場所
　　　乙の○○事業所
5　納品物
　　　・システム設計書　　　　　　　　　印刷部数　1部　　　CD-ROM　1部
　　　・システムテスト仕様書及び結果報告書　印刷部数　1部　　　CD-ROM　1部
　　　・運用テスト仕様書及び結果報告書　　印刷部数　1部　　　CD-ROM　1部
　　　・ソースプログラム　　　　　　　　　　　　　　　　　　CD-ROM　1部
　　　・オブジェクトプログラム　　　　　　　　　　　　　　　CD-ROM　1部
　　　・システム運用マニュアル　　　　　印刷部数　1部　　　CD-ROM　1部
　　　・ユーザー利用マニュアル　　　　　印刷部数　1部　　　CD-ROM　1部
6　納入場所
　　　甲の○○システムセンター
　　　ただし、テレワークも可とする
7　納入時期
　　　○年○月○日
8　委託代金・支払時期
　　　金○円（消費税別）　　　○年○月○日
　　　金○円（消費税別）　　　検収後30日以内
平成○年○月○日

　　甲　　住所、会社名、代表者名　印

　　乙　　住所、会社名、代表者名　印

（4）適用条項

　準委任契約と請負契約では法律構成が異なるため、適用されるべき条項が異なります。例えば契約不適合の責任は、請負契約には重要な条文ですが、準委任契約には適用されません。そこで、本契約書例の条文は、①準委任契約・請負契約を問わずに適用されるもの、②準委任契約にのみ適用されるもの、③請負契約にのみ適用されるものがありますので、それを明記します。

第4条（適用条項）

1　本契約書の第1条から第32条は、準委任契約・請負契約の別に関わりなく個別契約に適用する。

2　個別契約において、準委任契約と定められた場合、本契約書の第33条から第34条を適用する。

3　個別契約において、請負契約と定められた場合、本契約書の第35条から第38条を適用する。

　本契約書例は、汎用的に使用できるため、第4条（適用条項）は上記のような文言としていますが、基本契約締結の段階で既に個別契約の単位とその準委任契約・請負契約の別が合意できている場合は、第4条でそれを明記します。

　例えば、要件定義（準委任）＋外部設計（準委任）＋それ以降のフェーズすべて（請負）の3つの個別契約から構成することで合意している場合は、第4条は以下の条項とします。

第4条（個別契約の作業項目・範囲、準委任契約・請負契約の別）

1　個別契約は、作業項目・範囲に応じ、以下の3つの契約とする。

（1）要件定義

（2）外部設計

（3）内部設計以降本番稼働までの全工程

2　個別契約のうち、前項（1）及び（2）は準委任契約とし、前項（3）は

請負契約とする。

3　本契約書の第1条から第32条は、すべての個別契約に適用する。本契約書の第33条から第34条は第1項（1）及び（2）の個別契約にのみ適用し、本契約書の第35条から第38条は第1項（3）の個別契約にのみ適用する。

(5) 委託料及びその支払方法

ここでは委託料という言葉を使用していますが、準委任契約であっても請負契約であっても、法的には「報酬」という言葉を使った方が正確です。しかし、一般的な語感として、「報酬」は個人に払うもののような感覚があります。そのため、システム開発委託契約では「委託料」という言葉が使われることが多いようです。また、「委託報酬」という言葉が使われることもあり、請負契約であれば「請負代金」という言葉もよく使われます。

①委託料の金額及びその支払方法

委託料については、Ⓐいくらか、Ⓑいつまでに支払うのか（分割支払の合意を含む）、Ⓒどのような方法で支払うのかの3点について合意が必要です。

Ⓐは個別契約で定めるべき事項です。Ⓑもると表裏なので個別契約で定めるべきです。そこで、基本契約書ではⒸのみを規定します。乙の銀行口座を基本契約書に書いても問題はありません。しかし、変更したくなった際に不便なので、契約書は「乙の指定する銀行口座」との記載にし、実際の銀行名、支店名、科目、口座番号、口座名義は、請求書で指定するのが一般です。振込手数料は、明記しなくても民法485条により委託者の負担となりますが、明確にするために「但し、振込手数料は甲の負担とする。」との文言を入れます。

なお、Ⓑいつまでに支払うのかについては、下請法の規制に注意する必要があります（**84頁参照**）。

第5条（委託料及びその支払方法）
1　甲は乙に対し、本件業務の対価として、各個別契約で定めた委託料を、

各個別契約で定める期限までに、乙の指定する銀行口座に振込む方法で支払う。但し、振込手数料は甲の負担とする。

②費用負担

本条項には2つの目的があります。1つ目は、経費負担の明確化です。例えば、システム結合フェーズで夜間バッチのテストを深夜に行うため、システム開発会社の要員がタクシー帰りを余儀なくされた場合、そのタクシー代を契約形態（準委任、請負）にかかわらずシステム開発会社で負担することを明確にするものです。

2つ目は、偽装請負とみなされないためです。システム開発においては、システム開発会社の要員がユーザーの拠点に常駐していることが多くあります。その場合に、システム開発会社の要員がユーザーの消耗品を使用していると、偽装請負とみなされる要因の1つとなります（厚労省の基準の1つに「業務の処理に要する資金につき、すべて自らの責任の下に調達し、かつ、支弁すること。」があります（**97頁参照**））。そこで、契約で、旅費交通費、器具・備品、消耗品等はシステム開発会社の負担であることを明記し、馴れ合いで知らないうちに、ユーザーが経費を負担してしまうことを予防する必要があります。

2　本件業務の遂行に必要な旅費交通費、器具・備品、消耗品等にかかる費用はすべて乙が負担するものとし、乙は甲に対し前項で定めた委託料以外の費用を請求できないものとする。

（6）作業期間又は納期

個別契約で、準委任契約の場合は作業期間、請負契約の場合は納期を定めます。作業期間で定める場合、例えば「3ヶ月」と記載しても、始期および終期が不明確なので、「令和〇年〇月〇日から令和〇年〇月〇日まで」と定める方が良いでしょう。

第6条（作業期間又は納期）
作業期間又は納期は、個別契約で定める。

(7) 再委託

　システム開発においては、受託したシステム開発会社が、仕事の一部（場合によっては全部）を他のシステム開発会社に再委託に出すことが通例といっても過言ではないでしょう。いわゆる下請けです。ユーザーが大手企業の場合は、ユーザーから大手のシステム開発会社が受託し、それを中堅のシステム開発会社に再委託し、さらに中堅のシステム開発会社は小規模なシステム開発会社に再々委託するケースを実務上は多見します。

　また最近は、中小企業ユーザーから小規模なシステム開発会社がインターネットなどを通じて受託した上で、クラウドワークスやランサーズなどのマッチングサイトを活用して事実上個人で仕事を請負っているエンジニアに再委託するケースも多見します。

　しかし、再委託には、①能力不足リスク、②情報漏えいリスク、③倒産リスクがあります。

能力不足リスク

　一般に委託料の水準は、システム開発会社の規模に比例することが多いのが実態です。ユーザーが高い委託料を支払っても、大手のシステム開発会社に委託するのは、その能力（プロジェクト管理力、技術力等）を信頼しているからです。しかし、受注した大手のシステム開発会社が、利益を上げるために委託料（タリフ）の安いシステム開発会社に再委託すると、ユーザーとしては高い大手に発注した意味がなくなります。委託料の安いシステム開発会社が一概に能力が低いとは言えませんが、やはり平均してみれば、委託料と能力は相関関係にあります。つまり再委託には、再委託先の能力不足による品質の低下や納期遅延リスクが潜んでいます。これが①能力不足リスクです。

情報漏えいリスク

　システム開発を受託すると、委託者の事務所に立入る必要があり、また一定の限度ではあるものの委託者のシステムにアクセス可能となることから、システム開発会社の要員から情報が漏えいするリスクがあります。ベネッセコーポレーションの個人情報漏えい事件も、システム開発会社の要員が起こした事件です。情報管理について、委託先には社内ルール等の管理実態をヒアリングし、改善すべき点があれば改善を要請できますが、再委託先には直接それを行うことができません。一般的に、再委託先、再々委託先と進んでいけばいくほど、社内管理体制も甘く、情報漏えいリスクも高くなりがちです。

倒産リスク

　システム開発は相当程度、属人的な部分があります。今まで担当していたエンジニアが突然消えると、そのエンジニアのコミットの程度によりますが、多かれ少なかれダメージがあります。したがって、エンジニアの所属する会社の倒産により、エンジニアがプロジェクトから突然消えるのは、何としても避けたいことです。そこで、ユーザーとしては委託先の倒産可能性がないことだけではなく、再委託先の倒産可能性がないことも見極めておくべきです。

民法上の原則

　なお、法的には、準委任契約では、再委託には委託者の許諾が必要なのが原則であり（民法644条の2）、一方、請負契約であれば、再委託は受託者の自由であるのが原則です。しかし、この原則より契約が優先されます。
　以下、再委託には、ユーザーの承諾が必要とする条項例です。

第7条（再委託）
1　乙は、事前の甲の書面による承諾がある場合に限り、本件業務の一部を第三者に再委託することができる。
2　甲が前項の承諾を拒否するには、合理的な理由を要するものとする。
3　乙が、第1項の承諾に関して、甲に対して当該再委託先の名称及び住

所等を記載した書面による再委託承諾申請を行い、甲から当該申請後○日以内に具体的理由を明記した書面による承諾拒否の通知がない場合、甲は当該再委託を承諾したものとみなす。

4　乙は再委託を行うとき、本契約に基づいて乙が甲に対して負担するのと同様の義務を、再委託先に負わせる契約を締結するものとする。

5　乙は、再委託先の履行について、自ら業務を遂行した場合と同様の責任を負うものとする。但し、甲の指定した再委託先の履行については、乙に故意又は重過失がある場合を除き、責任を負わない。

6　再委託先がさらに再委託をする場合も同様とする。

●ユーザーの立場から

　ユーザーの立場からすれば、以上に述べた再委託のリスクに鑑みれば、再委託を一切認めないのが理想といえます。そして高度に情報の秘匿性が要求されるプロジェクトにおいては、そうすべきです。

　しかし、大手のシステム開発会社は受注した仕事の一定部分を再委託に出し、そこで利鞘を稼いでいるのが現実であり、これを禁じると、委託料が高くなってしまいます。また、再委託先にも優秀なエンジニアがいますので、これを活用しないのはもったいないといえます。

　そこで、ユーザーとしては、第7条の条項例のように、ユーザーの事前の承諾がある場合のみ再委託を許すとするのが、コスト（委託費）を考えた場合に一番望ましい対応といえるでしょう。再委託の諾否を決する権利があるので、コンプライアンス態勢がいい加減な再委託先は拒否できますし、経営状態が良くない再委託先も拒否できるので、ある程度リスクをコントロールできるからです。

　そうは言っても、再々委託先を管理することは困難なので、できれば再々委託は禁じた方が無難です。しかし、再々委託があるのが一般とも言えるので、その判断が悩ましいことは否定できません。再々委託を禁じる場合は6項を以下の条文とします。

> 6　第1項の承諾がある場合でも、再委託先がさらに第三者に再委託をすることはできない。

◆システム開発会社の立場から

システム開発会社の立場からは、自由に再委託ができるに越したことはありません。そこで、できれば、

第7条（再委託）

乙は、乙の責任において、甲の承諾なく、本件業務の全部又は一部を第三者へ再委託することができる。

としたいところです。しかし、ユーザーがこれに応じない場合、システム開発会社寄りの着地点としては、以下の条項例が考えられます。

第7条（再委託）

1　乙は、乙の責任において、甲の承諾なく、本件業務の全部又は一部を第三者へ再委託することができる。但し、乙は、甲が要請した場合、当該第三者の名称及び住所等を甲に報告するものとし、甲において当該第三者に再委託することが不適切となる合理的な理由が存する場合、甲は乙に、書面により、その理由を通知することにより、当該第三者に対する再委託の中止を請求することができる。

2　乙は再委託を行うとき、本契約に基づいて乙が甲に対して負担するのと同様の義務を、再委託先に負わせる契約を締結するものとする。

3　乙は、再委託先の履行について、自ら業務を遂行した場合と同様の責任を負う。但し、甲の指定した再委託先の履行については、乙に故意又は重過失がある場合を除き、責任を負わない。

4　再委託先がさらに再委託をする場合も同様とする。

筆者が以前勤務していた銀行のシステム部門の先輩に、「お前らは定価から値下げ交渉をしているだろう。だから甘いんだ。俺はいつもタダから交渉する。」とおっしゃっていた方がいました。それはハードウェア購入の際のベンダーとの交渉を指しての発言と思われます。そうであれば、筆者も見習うべきスタンスと思い、以後取り入れさせていただきました（笑）。相手は大手のベンダーなので下請法上も問題ありません。

しかし、システム開発会社との準委任ないし請負契約の委託料の交渉は違います。ユーザーが委託料をたたくと、システム開発会社は再委託先を組み換え、安い先に再委託することで値下げに応じようとします。ここに、品質及びコンプライアンス水準の低下リスクがあります。ハードは製品なので、値下げしたところで品質が下がることはありません。したがって、ユーザーとしては、1円でも安く買うに越したことはありません。しかし、受託開発の場合は事情が違います。ユーザーとしては、システム開発会社に“ぼられる”ことは避けなければなりませんが、あまり低委託料を追求しすぎると、プロジェクトに悪影響を及ぼすリスクもあるので悩ましいところです。

100人月の案件を1億円で
A社に発注した場合

| 1次請けA社 100人月
（内訳） |
| A社プロパー 20人月 |
| 2次請けB社 80人月 6400万円
（80万円/1人月） |
| B社プロパー 30人月 |
| 3次請けC社50人月3000万円
（60万円/1人月） |

100人月の案件を9000万円に
値下げさせA社に発注した場合

| 1次請けA社 100人月
（内訳） |
| A社プロパー 10人月 |
| 2次請けD社 90人月 6300万円
（70万円/1人月） |
| B社プロパー 30人月 |
| 3次請けE社60人月3000万円
（50万円/1人月） |

（8）協働と役割分担

　いわゆる受託開発は、ユーザーの業務をシステム化するものですから、ユーザーの参画なしに成し遂げられませんが、往々にしてそれを理解していないユーザーがいます。一方で、要件定義フェーズにおいて主体性の乏しいシステム開発会社の要員も垣間見ます。

　しかし、それではシステム開発は上手く進みません。システム開発には、システム開発会社とユーザーとの協働と役割分担が極めて重要です。

①協働作業の必要性

　システム開発のうち、いわゆる受託開発は、ユーザーの業務をシステムで処理可能とするものです。その業務はユーザー毎に異なるので、要件定義書の確定にはユーザーの積極的参加が必須です。

　そこで、システム開発会社の方の中には「要件定義フェーズの主体はユーザーであり、自分達はそれをお手伝いしているにすぎない」という意識の方も多いように見受けられます。

　しかし、それは間違いです。要件定義はユーザーの参画抜きにはできませんが、システム化のための要件定義ですからシステムの素人であるユーザーだけではできません。そこには両者の協働が必要であり、両者が当事者意識をもって参画する必要があります。システム開発を成功に導くためには、要件定義フェーズにおいては、ユーザー、システム開発会社双方が当事者意識をもった上で、相手方との協働作業であることを十分認識することが肝要です。

　そこで、このような意識を明確に持たせるため、「協働作業が必要」であることを明文化しています。

②作業分担の決め方

　一方で、すべての作業をユーザー、システム開発会社が協働で行う訳ではありません。双方に持ち帰って行う作業があり、そのレビュー等で協働するというイメージです。そこで、「作業分担」も明確にしておく必要があります。

　作業分担を決めるにあたり、ユーザーがやるべき作業と、システム開発会社

がやるべき作業の分水嶺が「べき論」として明確にある訳ではありません。両者の知識、経験や体力に鑑みて、現実的にどう分担するのが一番プロジェクト運営上適切かという観点から、役割分担を両者で合意すべきです。そして合意した役割分担が両者の仕事となるのです。112頁のコラム「要件定義か要件定義書作成支援か」で述べたとおり、要件定義書の作成自体は、Ⓐユーザーが行うケースと、Ⓑシステム開発会社が行うケースがあります。ユーザーにシステム開発の経験があり体力もある場合はⒶが、そうでなければⒷが好ましいといえましょう。なお、委託料はⒶの場合に比べてⒷの方が高くなって当然でしょう。

第8条（協働と役割分担）
1　甲及び乙は、本件業務の円滑かつ適切な遂行のためには、乙の有するソフトウェア開発に関する技術及び知識の提供並びにプロジェクトマネジメントの遂行と、甲による要件定義書の確定が必要であり、甲及び乙の双方による共同作業及び各自の分担作業が必要とされることを認める。
2　甲と乙の作業分担は、各個別契約においてその詳細を定める。

---

③委託者も法的責任を負うこと

　準委任契約であっても請負契約であっても、受託者が契約で定められた仕事をしない場合に法的責任を負うのは当然です。しかし、システム開発はユーザーとシステム開発会社の共同作業である以上、委託者であるユーザーも定められた仕事をしない場合は法的責任を負うべきです。そこで、以下の条項により、それを明記します。

3　甲及び乙は、共同作業及び各自の実施すべき分担作業を遅延し又は実施しない場合、相手方に対し、債務不履行として法的責任を負う。

（9）責任者

　従前の契約書では、責任者や主任担当者の規定はあまり見かけませんでした。

しかし、モデル契約書にこの規定が入ってからは、これに類する規定を取り入れている契約書も多いようです。

①責任者を明確化することにより法的な権利・義務を明確化する

　ユーザーとシステム開発会社間の権利・義務は、契約書に書いてあることがすべてではありません。例えば、内部設計をシステム開発会社が請負う契約であれば、システム開発会社は要件定義書の内容を実現するための内部設計書を作成する義務を負いますが、内部設計フェーズで要件定義を一部変更する（以下、「仕様変更」と呼びます）こともよくあります。その場合、「仕様変更確認書」とか「仕様変更連絡票」といった書面を残すことは多いと思いますが、その書面には代表取締役の記名・押印をすることはあまりないと思います。実際には、ユーザー、システム開発会社で当該案件にかかわっている“そこそこの地位の人”の記名・押印で済ますことが多いと思います。その場合、その「仕様変更確認書」とか「仕様変更連絡票」が法的に有効なのか、すなわちシステム開発会社は変更後の要件定義（仕様）に従って内部設計書を作成する義務を負うのかは、記名・押印した“そこそこの地位の人”に仕様変更に合意する権限が会社から与えられているか否かによります。しかし、日本の大企業は複雑な組織構成なので、誰にどんな権限があるのか外部からはなかなかわかりません。そこで、契約書に責任者の規定を置き、128頁の第9条項3項のような規定を置くことにより、その責任者が「仕様変更確認書」とか「仕様変更連絡票」を承認すれば仕様変更が有効に成立したことが明確になるのです。

②体制を明確化し開発を成功させる

　システム開発が失敗するパターンに、「偉い人が開発に関心がない」があります。役員や部長クラスの人が当該開発案件に関与せず、課長クラスの人に丸投げしてしまうようなケースです。特にユーザー企業にシステム部署がない場合、偉い人達は「システムのことはわからないから」と言って、無関心で丸投げしてしまうケースが散見されます。

　丸投げされた課長クラスの人は開発が上手くいくように努力しますが、当初

の想定どおりにいかず、問題が途中で発覚するのがシステム開発の常です。しかし、課長クラスの人の社内権限では、その問題を解決できないことは多々あります。そこで課長クラスの人が上司に解決の相談をすると、「お前のやり方が悪いからだ」と怒られるのでは、その課長クラスの人が浮かばれないばかりか、システム開発も頓挫してしまいます。そのため、契約書において、ユーザー、システム開発会社とも、社内的に影響力がある地位の人を責任者とします。その人を最初から開発に巻き込み、問題が生じた際に、社内的にも相手方に対しても、その社内的に影響力がある地位の人が逃げられないようにしておくことが重要です。

第9条（責任者）

1　甲及び乙は、それぞれ本件業務に関する責任者を選任し、本契約締結後速やかに書面により相手方に通知するものとする。

2　甲及び乙は、責任者を変更する場合は、事前に書面により相手方に通知しなければならない。

3　甲及び乙の責任者は、本契約及び個別契約に定められた甲及び乙の義務の履行その他本件業務の遂行に必要な意思決定、指示、同意等をする権限及び責任を有する。

（10）主任担当者

　主任担当者を設けるか、すなわち本条を設けるかは、システム開発の規模によります。その案件の個性にもよるので一概には言えませんが、数十人月以下の開発であれば、責任者とは別に主任担当者を設ける必要は小さいでしょう。

　一方、数百人月以上の開発であれば、複数の主任担当者を設置することが適切です。主任担当者は、ユーザー、システム開発会社各々の各セクションに設けます。例えば、POSレジと連動し、在庫を管理し、かつ何が売れ筋商品なのかの分析等のためのマーケティングデータを還元するシステムであれば、ユーザー側は、①システム部門、②販売部門、③仕入部門、④物流部門、⑤経営企画部門の部門毎に主任担当者を設置するイメージです。システム開発会社側

は、開発チームを10人程度単位のサブグループに分けてサブグループリーダーを設置し開発を管理するのが一般的と思いますが、そのサブグループリーダーが主任担当者となります。

主任担当者は、体制図で通知しても構いません。主任担当者の数が多い場合（ユーザー、システム開発会社各々数人以上いるような場合）は、体制図で示した方が主任担当者間の役割分担もわかりやすく好ましいといえます。

第10条（主任担当者）

1　甲及び乙は、責任者の下に連絡確認及び必要な調整を行う主任担当者を1名又は複数名選任し、書面により、相手方に通知するものとする。

2　甲及び乙は、主任担当者を変更する場合は、速やかに書面により相手方に通知しなければならない。

3　甲及び乙は、本件業務遂行に関する相手方からの要請、指示等の受理及び相手方への依頼、その他日常的な相手方との連絡、確認等は責任者又は主任担当者を通じて行うものとする。

---

(11) 連絡協議会

連絡協議会に関する条項も、従前の契約書ではあまり見かけませんでした。モデル契約書にこの規定が入ってからは、これに類する規定を取り入れている契約書をよく見かけます。ただし、実態と乖離し、形骸化している例も散見されます。

①連絡協議会の設置

システム開発プロジェクトにおいては、契約書に記載がなくても、ユーザー、システム開発会社間で定期的な会議体が設けられているのが一般的です。

システム開発は、契約前に約束した内容で整斉と進められるものではありません。開発の途中で紆余曲折があるのが普通です。そのために、ユーザー、システム開発会社間で定期的な会議体が必要です。そこでの決定事項について、法的な位置づけを明確にするために、かかる会議体についての規定を契約書に

置くことが望ましいと言えます。

　本条項例では、その会議体の名称をモデル契約書にならい「連絡協議会」としましたが、その名称はユーザーあるいはシステム開発会社が従前から使っている会議体の名称で構いません。「ステアリングコミッティ」「全体会議」等、"ユーザー・システム開発会社双方の偉い人が集まる会議"とのニュアンスがわかる名称であれば何でも構いません。

　スルガ銀行・日本IBM事件の高裁判決（東京高等裁判所平成25年9月26日判決）でも、ステアリングコミッティの議事録が重視されていたことは注目すべきです。

　なお、以下の条項例では開催方法や場所は特定していませんので、オンライン開催でも問題ありません。

第11条（連絡協議会）
1　甲及び乙は、本件業務の進捗状況、未決定事項の解決等、必要事項を協議し、決定するため、連絡協議会を開催するものとする。

---

②開催頻度

　人は安易に流れやすい生き物です。したがって、連絡協議会についても、開催頻度を規定しておかないと、忙しさにかまけて開催されなくなるリスクがあります。システム開発会社側が"忙しい"のは開発が上手くいっていない証と言っても過言ではありません。そのような時こそ、連絡協議会を開き、ユーザー、システム開発会社双方が合意できる対応策を協議する必要があります。これを放置しておくと、後で取り返しの付かないことになりかねません。悪い芽は芽のうちに摘んでおくために、定例的な連絡協議会の開催は必要です。

2　連絡協議会は、原則として、月○回の頻度で定期的に開催するものとし、それに加えて、甲又は乙が必要と認める場合に随時開催するものとする。

　なお、本条項例では基本契約書で、月○回と具体的に連絡協議会の開催頻度

を規定していますが、連絡協議会の開催頻度はフェーズにより異なる方が適切な場合もあるので、そのような場合は第2項は以下のとおりとし、開催頻度は個別契約で定めるものとします。

> 2　連絡協議会は、原則として、個別契約で定める頻度で定期的に開催するものとし、それに加えて、甲又は乙が必要と認める場合に随時開催するものとする。

③出席者

本件でシステム開発プロジェクトの遂行に必要な意思決定、指示、同意等をする権限を有するのは、責任者です。したがって、責任者が出席しなければ、連絡協議会は意味を成しません。

> 3　連絡協議会には、甲乙双方の責任者、主任担当者及び責任者が適当と認める者が出席する。

④拘束力

この条項により、連絡協議会での決定事項について、法的拘束力が生じます。連絡協議会での決定事項に従わない場合は、債務不履行となり、損害賠償義務等、法定責任を負うことになります。

> 4　甲及び乙は、本件業務の遂行に関し連絡協議会で決定された事項について、本契約及び個別契約に反しない限り、これに従う義務を負う。

⑤議事録

連絡協議会での決定事項については、書面化しないと何が決定事項なのか後々揉め事となりやすいので、必ず議事録を作成し書面化します。

議事録は、ユーザー、システム開発会社のいずれが作成しても構いません。しかし、どちらが作成するかルール化しておかないと議事録の作成が曖昧にな

ってしまうので、議事録作成の義務をいずれが負うかを明確にしておく必要があります。

責任者が承認したことの証跡について、ユーザー、システム開発会社双方の責任者の押印とアナログ的な方法でも、電子的な方法でも問題ありません。証跡が残れば方式は問いませんので、ユーザー、システム開発会社の実態にあった方法をとってください。

保管についても、本条項例のように紙で保管するのではなく、電子ファイルでの保管でも構いません。ただし、電子ファイルは容易に書き換えることができます。書き換えられていないことは、更新日付で判断しますので、注意してください。

> 5　乙は、連絡協議会の議事内容及び結果について、書面により議事録を作成し、甲乙双方の責任者が承認するものとする。

（12）要件定義書
①要件定義書の作成者

要件定義書の作成に関するユーザーとシステム開発会社の作業分担は、様々です。しかし、いずれにしても、要件はユーザーから何らかの形で出さないと出てこないので、ユーザーとシステム開発会社の共同作業であることは間違いありません。システム開発会社が仕事として要件定義書の作成を受託する以上、また、ユーザーからみればお金を払ってシステム開発会社に委託する以上、その受託（委託）範囲を明確にしなければなりません。

本条項例では、「要件定義書の作成に関する作業分担は個別契約で定める。」としていますが、直接、基本契約書で定めても問題ありません。

> 第12条（要件定義書）
> 1　要件定義書の作成に関する作業分担は個別契約で定める。

②承認

　システム開発会社は、要件定義書どおりのシステムを作る義務を負います。すなわち要件定義書の内容は、設計以降のフェーズの債権・債務となります。債権・債務を確定するとの法的な意味で、責任者が記名・押印する必要があります。また、システム開発を成功させるためにも、ユーザー、システム開発会社双方の責任者が記名・押印することが重要です。なぜなら、システム開発が失敗する最大の原因は、設計フェーズ以降に要件定義の不備が発覚し、後戻りしてしまう点にあるからです。

　システム開発会社からみれば、ユーザーの責任者に承認させることにより、設計フェーズ以降、ユーザーから「実は大事な要件が漏れていました」と言えないようにしておくことが重要です。

　一方、ユーザーからみれば、システム開発会社の責任者に承認させることにより、後で「要件定義が甘いから設計ができません」と言えないようにしておくことも大事です。

　なお、責任者の承認の証としては、従前は押印が主流でした。しかし押印に拘る必要はありません。下位者ではなく責任者自身が承認したことが証明できれば良いので、電子的な方法でも問題ありません。ただ、承認されたことが、数年を経ても立証できることは必要です。

> 2　要件定義書の作成を完了した場合、甲及び乙は、要件定義書の記載内容が本件ソフトウェアの要件定義として必要事項を満たしていることを確認し、確認できた場合は、甲乙双方の責任者が承認するものとする。

(13) 外部設計書

　多段階契約を採用した場合、要件定義は準委任契約であるのが一般的ですが、外部設計は請負契約とする場合も相応にあります。外部設計は要件定義と異なり、ユーザーの参画が不可欠とまではいえません。しかし、ユーザーの参画なしに外部設計を進めると、後々設計結果についてユーザーからクレームが生じ、システム開発会社にその対応のための手戻りが発生し、開発が遅延する原因に

なりかねません。そこで、外部設計についても、準委任契約か請負契約かを問わず、要件定義と同様にユーザーの参画を契約書でルール付けしておくのが良いでしょう。

第13条（外部設計書）

1　外部設計書の作成に関する作業分担は個別契約で定める。

2　外部設計書の作成を完了した場合、甲及び乙は、外部設計書の記載内容が本件ソフトウェアの外部設計書として適切であることを確認し、確認できた場合は、甲乙双方の責任者が承認するものとする。

（14）課題管理

　システム開発は、途中で様々な課題が発生するのが通常です。発生した課題を速やかに解決できれば問題ありません（そうであれば、そもそも課題と言えないかもしれませんが）。しかし、一般にはそうではないので、課題をバックログとして管理する必要があります。

　実際に多くのプロジェクトでは、課題管理表で課題を管理していると思われます。その課題管理表の作成を基本契約書に記載することにより、課題管理も契約上の義務となります。以下の条項例では、「2　甲及び乙は、課題を連絡協議会で管理するものとする。」としていますので、課題管理はユーザー、システム開発会社双方の義務です。したがって、課題が放置されたことの責任は、ユーザー、システム開発会社双方が負うことになります。

第14条（課題管理）

1　甲及び乙は、本件ソフトウェアの開発において解決しなければいけない問題（以下、「課題」という。）が発生した都度、次の事項を記載した「課題管理表」を作成する。

（1）課題の名称

（2）年月日

（3）課題の詳細事項

（4）課題の発生原因

（5）課題に対する対応スケジュール

（6）対応責任者

（7）その課題が本契約及び個別契約の条件（作業期間又は納期、委託料、契約条項等）に与える影響

2　甲及び乙は、課題を連絡協議会で管理するものとする。

（15）変更管理手続

　前述のとおり、システム開発が失敗する最大の原因は、内部設計フェーズ以降に要件定義または外部設計の不備が発覚し、後戻りしてしまう点にあります。一方で、要件定義書や外部設計書の確定後の変更を一切封じてしまうと、良いシステムは作れないでしょう。

　したがって、要件定義書や外部設計書の不備が見つかった場合、マスタースケジュールに影響のないように（影響のない範囲で）、その変更を取り込んでいく必要があります。そこで、本条により変更管理手続を明確化します。

　変更を認める場合は、連絡協議会における甲と乙の責任者の合意が必要になりますが、その合意の前提として対価を伴う場合、すなわち増加工数分、ユーザーがシステム開発会社に対して支払う委託料が増加する場合があります。その場合は、変更契約書の締結が必要としています（4項但し書）。

第15条（変更管理手続）

1　甲又は乙は、要件定義書又は外部設計書の確定後に、要件定義書又は外部設計書に記載された仕様等の変更を必要とする場合は、相手方に対して、「変更提案書」を交付する。変更提案書には次の事項を記載するものとする。

（1）変更の名称

（2）提案者

（3）年月日

（4）変更の理由

（5）変更にかかる仕様を含む変更の詳細事項

（6）変更のために費用を要する場合はその額

（7）変更作業のスケジュール

2　甲又は乙が相手方に「変更提案書」を交付した場合、連絡協議会において当該変更の可否について協議するものとする。

3　前項の協議の結果、甲及び乙が変更を可とする場合は、甲乙双方の責任者が、変更提案書の記載事項を承認するものとする。

4　前項による甲乙双方の承認をもって、変更が確定するものとする。但し、本契約及び個別契約の条件に影響を及ぼす場合は、第30条（契約の変更）に基づき変更契約を締結したときをもって変更が確定するものとする。

（16）資料の提供・管理等

システム開発には元ネタとして資料が必要ですが、資料の管理は極めて重要です。

①開示義務

システム開発会社としては、ユーザーから必要資料の開示を受けないと開発を進められません。しかし、ユーザーとしては、闇雲に資料の開示を求められても困ります。ユーザーが開示義務を負うのは、「必要」な資料です。

第16条（資料の提供・管理等）

1　乙は、甲に対し、本件業務の遂行に必要な資料等について、開示を求めることができる。甲が資料等の提供を拒み、若しくは遅延したことにより、又は当該資料の内容に誤りがあったことにより生じた本件業務の履行遅滞等の結果について、乙は一切の責任を負わないものとする。

②善管注意義務[*1]

システム開発会社がユーザーから提供を受けた資料が、システム開発会社の管理不備等によりユーザーのライバル企業に漏れた場合など、それが第18条

で規定する秘密情報でない場合であっても、少なからずユーザー企業に悪い影響が生じます。また、例えば、システム開発会社の社員が自宅で仕事をしようと思い、ユーザーから提供を受けた資料を鞄に入れて持ち帰る際に電車の網棚に置き忘れ、それがマスコミに報道されたりインターネットで書かれたりすれば、ユーザー企業は信用を落とすという被害を被ります。このようなことが生じた場合に、ユーザー企業がシステム開発会社に債務不履行を理由に損害賠償請求をできるようにするための条項です。したがって、本条項は、ユーザー企業のための条項です。ただ、資料をちゃんと管理するという当たり前のことなので、システム開発会社は拒否できないでしょう。

> 2　乙は甲から提供された本件業務に関する資料等を善良な管理者の注意をもって管理、保管し、かつ、本件業務以外の用途に使用してはならない。

③コピー、改変

　ユーザーが作成した資料は著作権がユーザーにあるため、システム開発会社はユーザーの許可がなければ、それを複製*2（コピー）したり、改変したりすることができません。しかし、その許可を個別にとっていたら仕事が回らないので、本条項で包括的に許可を与えるものです。

> 3　乙は甲から提供された本件業務に関する資料等を本件業務遂行上必要な範囲内で複製又は改変できる。

④返還

　情報管理の観点からは、ユーザーの立場からすれば、システム開発に不要となった提供資料は、速やかに返還を受けるかシステム開発会社の責任で廃棄させるべきです。本条項は、それを規定したものです。

---

*1　善管注意義務　「善良な管理者の注意義務」（略して、善管注意義務）とは、債務者の職業や社会的・経済的地位に応じて、取引上一般的に要求される程度の注意のことをいいます。これよりも程度の軽い注意義務として、「自己の財産におけると同一の注意をなす義務」があります。
*2　複製　複製権（コピーできる権利）は、著作権者が専有しているので（著作権法21条）、ユーザーがシステム開発会社に渡した（貸与した）資料は、その資料に著作権が発生していれば、著作権者の許可なくコピーしてはいけないのが法の建前です。

> 4　甲から提供を受けた資料等（前項による複製物及び改変物を含む。）が本件業務遂行上不要となったときは、乙は遅滞なくこれらを甲に返還又は甲の指示に従った処置を行うものとする。

⑤テレワーク

　IT業界においてはテレワークが普及していますが、情報管理の観点からは、従業員の個人パソコン等にデータが残らないようにする必要があります。

　以下の条項例では「情報機器」という言葉を使っていますが、これはパソコンに限らず、タブレット端末やスマートフォン等も対象とするためです。

　以下の契約書例では、基本的な考え方（データが従業員の私物である情報機器に書き込まれないようにしなければならない）のみを示し、詳細は契約書とは別の文書でルール決めすることを前提としています。

> 5　乙は、乙の従業員にテレワークで本件業務を遂行させる場合は、甲から提供された本件業務に関する一切の資料及び成果物が、従業員の私物である情報機器に書き込まれないようにしなければならない。

　直接、契約書でルール決めをする場合の条項例を参考までに以下に示します。

> 5　乙は、乙の従業員にテレワークで本件業務を遂行させる場合は、外部記録媒体への書き込みを不可能とし、かつ乙の管理するサーバー以外との外部接続を不可能とした専用パソコンを従業員へ貸与し、当該パソコン以外の機器で本件業務を行うことを従業員へ禁じなければならない。

> 5　乙は、乙の従業員にテレワークで本件業務を遂行させる場合は、リモートデスクトップを利用し、甲から提供された本件業務に関する一切の資料及び成果物が、従業員の私物である情報機器に書き込まれないようにしなければならない。

(17) 開発環境の提供

　請負契約では、仕事に必要な機材は請負人が用意するのが原則です。しかし、システム開発においては、請負契約であっても、開発環境を発注者であるユーザーが（少なくとも費用負担としては）提供することがよくあります。開発に使うマシンをそのまま本番に移行する、あるいは開発に使ったマシンを本番稼働後もテスト環境としてユーザーが保持しておく方が合理的なことが多いからです。

　このような場合、「請負契約では、仕事に必要な機材は請負人が用意する」という原則の例外ですので、本条項で開発環境をユーザーが提供することを明定しておく必要があります。偽装請負とみなされないためにも必要です。

　準委任契約であっても、偽装請負とみなされないために必要です。

　なお、本条1項は、甲は開発環境を乙に提供することが「できる」との規定なので、乙すなわちシステム開発会社が開発環境を提供しても問題ありません。

第17条（開発環境の提供）

1　甲は、本件業務の遂行のために必要なソフトウェア及びハードウェア（以下、「開発環境」という。）を、乙に提供することができる。

2　乙は、開発環境を、本件業務の遂行以外の目的で使用してはならない。

3　乙は、前項のほか、開発環境の使用にあたり、甲の指示に従わなければならない。

4　開発環境の提供に関する詳細条件は、各個別契約その他の書面で定めるものとする。

---

(18) 秘密情報

　一般に、秘密保持契約書（NDA）では、「秘密情報である旨または当該情報を秘密として保持すべき旨の指定が明白に記された書面またはその他の有形様式（電子データを含む）の情報」を秘密情報として定義することが多いです。

　しかし、本条項例では、開示された情報すべてを秘密として定義しています。

　ユーザー企業において、ライバル企業には秘匿したい様々な情報をシステム

開発会社に開示しないとシステム開発はできないことが多く、一々秘密であることの書面化をしていたら仕事が円滑に進まなくなりかねないからです。

第18条（秘密情報）

1　甲及び乙は、本件業務において相手方から開示された文書、写真、口頭及びその他形態を問わずあらゆる情報及び資料（それらの複製物を含む）並びにこれらの情報及び資料を基に作成した情報及び資料（以下「秘密情報」という。）についてはこれを厳重に管理するものとし、第三者に開示・漏えいしないものとする。但し、次の各号のいずれかに該当するものについてはこの限りでない。

（1）　相手方から知り得た時点で既に公知又は公用であるもの。

（2）　相手方から知り得た時点で既に自己が所有していたもの。

（3）　正当な権限を有する第三者から、秘密保持義務を負わずに適法に知り得たもの。

（4）　相手方から知り得た後に自己の責めによることなく公知又は公用となったもの。

（5）　秘密情報に依拠せず独自に創出したもの。

2　甲及び乙は、秘密情報につき、裁判所又は行政機関から法令に基づき開示を命じられた場合は、開示を命じられた部分に限り、当該裁判所又は行政機関に対して当該秘密情報を開示することができる。

3　本条の規定は、本契約終了後、○年間存続する。

　しかし、これにより守秘義務の範囲は広がっています。守秘義務の範囲が広がると、その分、管理が甘くなってしまうリスクがあります。守秘義務の範囲を絞った方が、相手方の厳格な管理が期待できるので、本条項例の秘密の定義ではなく、本条1項柱書は以下のとおりとした方が良い場合もあります。マル秘マークやconfidentialの表示がある書類のみが秘密情報となります。

> 第 18 条（秘密情報）
>
> 1　甲及び乙は、秘密情報である旨又は当該情報を秘密として保持すべき旨の指定が明白に記された書面又はその他の有形様式（電子データを含む。）の情報（以下「秘密情報」という。）についてはこれを厳重に管理するものとし、第三者に開示・漏えいしないものとする。但し、次の各号のいずれかに該当するものについてはこの限りでない。

(19) 個人情報

　個人情報については、個人情報保護法で管理が規定されています。しかし、個人情報保護法は民事法ではないので、それに違反したら行政処分や罰則を受けることはありますが、個人情報保護法違反に基づいて損害賠償が請求できる訳ではありません。そこで、個人情報の管理について契約書に規定することにより、個人情報の漏えいがあった場合、契約違反（債務不履行）を理由として損害賠償を請求できることが明確化できます。

> 第 19 条（個人情報）
>
> 1　乙は、本件業務の遂行に際して甲より取扱いを委託された個人情報（個人情報の保護に関する法律に定める個人情報をいう。以下本条において同じ。）を適切に管理し、他に漏えいし、又は公開してはならない。
>
> 2　乙は、個人情報について、本契約及び個別契約の目的の範囲内でのみ使用し、本契約及び個別契約の目的の範囲を超える複製、改変が必要なときは、事前に甲から書面による承諾を受けるものとする。
>
> 3　個人情報の提供及び返却等については、第 16 条（資料の提供・管理等）を準用する。
>
> 4　本条に基づく義務は、本契約終了後も存続する。

(20) 納入物の所有権

　所有権とは「物」を支配する権利です。納入物の所有権とは、設計書という

紙に対する所有権や、プログラムが入ったディスクの所有権を指します。

　本条により、ユーザーが委託料を支払わない場合は、システム開発会社は納入した設計書を所有権に基づいて返すようにユーザーに請求することができます。

　ただし、所有権はあくまで紙やディスクといった物に対する権利です。プログラムは無体物なので、所有権の対象ではありません。ソースリストの所有権を持っていても、そこに書かれているソースプログラムの著作権がなければ、ソースプログラムを改変できません。システム開発においては納入物の所有権より著作権の帰属の方が重要です。

> 第20条（納入物の所有権）
> 乙が本契約及び個別契約に従い甲に納入する納入物の所有権は、甲の乙に対する委託料の支払と同時に、乙から甲へ移転する。

（21）著作権以外の知的財産権

　一般に知的財産権とは、特許権、実用新案権、意匠権、商標権、著作権等の総称です（図1.2）。このうち、システム開発においては著作権が極めて重要であり、また特殊性もあるため、著作権については次条で別に定めることとし、本条では著作権以外の知的財産権について規定しています。また、ノウハウの保護を明定した法律はありませんが、ノウハウも一定の場合には法的に保護されると解されているので、本条ではノウハウも規定対象にしています。

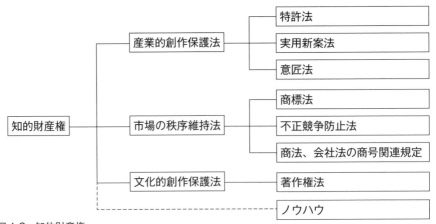

図1.2　知的財産権

問題は、システム開発の過程で発生した特許権等を、ユーザー、システム開発会社のどちらに権利帰属させるかです。これは、当該発明等を行った者が属する会社に帰属するものとするのが一般です。しかし、これではシステム開発会社の社員が本件開発の過程で行った発明についてシステム開発会社に特許権が発生し、ユーザーは当該システムをシステム開発会社の許可がなければ使用できなくなってしまう場合も考えられます。そこで、本条3項を設けることにより、ユーザーは当該システムを使用するのに必要な範囲においては、特許利用料（ライセンスフィー）なしにその特許を使用できること、すなわち当該システムを使用できることとなります。

第21条（納入物の特許権等）

1　本件業務遂行の過程で生じた発明その他の知的財産又はノウハウ等（以下あわせて「発明等」という。）にかかる特許権その他の知的財産権（特許その他の知的財産権を受ける権利を含む。但し、著作権は除く。）、ノウハウ等に関する権利（以下、総称して「特許権等」という。）は、当該発明等を行った者が属する当事者に帰属するものとする。

2　甲及び乙が共同で行った発明等から生じた特許権等については、甲乙共有（持分は貢献度に応じて定める。）とする。当該共有にかかる特許権等については、それぞれ相手方の同意及び相手方への対価の支払なしに自ら実施し、又は第三者に対し通常実施権を実施許諾することができるものとする。

3　乙は、第1項に基づき特許権等を保有することとなる場合、甲に対し、甲が本契約及び個別契約に基づき本件ソフトウェアを使用するのに必要な範囲について、当該特許権等の通常実施権を許諾するものとする。なお、かかる許諾の対価は、委託料に含まれるものとする。

4　乙は従前より保有する特許権等を納入物に適用した場合、甲に対し、甲の業務に必要な範囲について、当該特許権等の通常実施権を許諾するものとする。なお、かかる許諾の対価は、委託料に含まれるものとする。

（22）著作権

　著作権の概要については、74頁に詳述しています。以下、それを前提に解説いたします。

　まず、前述のとおり、プログラムや設計書等ドキュメントの著作権をユーザー、システム開発会社のどちらに帰属させるかが問題となります。ユーザーはユーザーに、システム開発会社はシステム開発会社に権利帰属させるのが有利だからです。

　なぜなら、システム開発会社に著作権が留保されると、ユーザーとしてはシステム開発業者の許可なく、どこまでそのプログラムを修正することが法的に許されるのか不明確なので、保守、メンテを開発したシステム開発会社に委託せざるを得ません。しかし、その場合、合い見積もりができないので、価格交渉において、システム開発会社が優位になります。また、著作権がシステム開発会社に留保されると、Ａ社からの発注で作ったプログラムを、システム開発会社はＡ社のライバルのＢ社に流用することができてしまうからです。

権利移転時期

　著作権をユーザーに帰属させる場合、その権利移転時期が問題となります。論理的には、①作成と同時、②納入時、③委託料支払時などが考えられます。ユーザーにとっては権利移転時期が早ければ早いほど有利ですが、システム開発会社からみれば逆です。この点は、代金支払と引換えに著作権も移転するのが公平と考えられますので、本条項例は、③委託料支払時に著作権が移転することとしましたが、ユーザーとしては、①作成と同時、または②納入時にした方が望ましいと言えましょう。

規定の仕方

　規定の仕方として、77頁で述べたとおり著作権法27条の権利（翻訳権、翻案権等）と28条の権利（二次的著作物の利用に関する原著作者の権利）は特掲しないと移転しないので、本条項例では「著作権（著作権法第27条及び第28条の権利を含む。以下同じ。）」としています。

「なお、かかる乙から甲への著作権移転の対価は、委託料に含まれるものとする。」と規定したのは、追加の費用が発生しないことを明確にするとともに、独占禁止法上の優越的地位の濫用にあたるとの評価を避けるという目的もあります。この点は、独占禁止法の知識も必要であり、難しい問題なので本書では深入りしません。関心のある方は、公正取引委員会のHPに掲載されている「役務の委託取引における優越的地位の濫用に関する独占禁止法上の指針」（https://www.jftc.go.jp/dk/guideline/unyoukijun/itakutorihiki.html）を読むとおわかりいただけます。

さらに、78頁で述べたとおり著作者人格権は譲渡できないので、「著作者人格権を行使しない。」との不行使特約を入れておくべきです。

なお、著作権の移転に関する規定は、委託先と再委託先との契約と整合性がとれていないといけません。再委託先がプログラムを作成した場合、原始的には著作権は再委託先に帰属します。そこで、いくら委託先からユーザーに著作権が移転する条項を設けても、再委託先から委託先に著作権が移転する条項がなければ、無意味となってしまいます。

第22条（納入物の著作権）

1　納入物に関する著作権（著作権法第27条及び第28条の権利を含む。以下同じ。）は、乙又は第三者が従前から保有していた著作物の著作権を除き、甲より乙へ当該個別契約にかかる委託料が完済された時に、乙から甲へ移転する。なお、かかる乙から甲への著作権移転の対価は、委託料に含まれるものとする。又、乙は甲に対して著作者人格権を行使しない。

2　甲は、著作権法第47条の3及び第47条の6に従って、前項により乙に著作権が留保された著作物につき、本件ソフトウェアを自己利用するために必要な範囲で、複製、翻案することができるものとし、乙は、かかる利用について著作者人格権を行使しないものとする。

◆**システム開発会社の立場から**

システム開発会社からすれば、著作権をシステム開発会社に留保すべきです。

その場合は、以下のような条項となります。

第22条（納入物の著作権）

1　納入物に関する著作権（著作権法第27条及び第28条の権利を含む。以下同じ。）は、甲又は第三者が従前から保有していた著作物の著作権を除き、乙に帰属する。

2　甲は、納入物のうちプログラムについて、著作権法第47条の3及び第47条の6に従って、本件ソフトウェアを自己利用するために必要な範囲で、複製、翻案することができる。

3　乙は、前2項にかかる利用について著作者人格権を行使しないものとする。

著作権法第47条の3及び第47条の6については76頁を参照してください。

システム開発会社としては、著作権を留保することにより、プログラムを他のユーザーから受注した開発に使い回せます。また、この契約で開発したシステムの機能改善を行う際、著作権者である当初開発した会社の承諾が必要なので、その開発を競争なく受注できます。

（23）知的財産権侵害の責任

本条項は、開発したプログラム等が第三者の知的財産権を侵害している場合の責任について定めたものです。その場合、一定の要件を満たせば、第28条（損害賠償）の規定による制限を受けないで損害賠償を認めようとするものです。本件規定は、第28条（損害賠償）で、損害賠償額の上限を規定しているからこそ必要な条項なのです。

システム開発においては、著作権侵害が特に重要です。

第23条（知的財産権侵害の責任）

1　甲が納入物に関し第三者から著作権又は特許権等の侵害の申立を受け

たとき、速やかに乙に対し申立の事実及び内容を通知するものとする。

2　前項の場合において、甲が第三者との交渉又は訴訟の遂行に関し、乙に対して実質的な参加の機会及びすべてについての決定権限を与え、並びに必要な援助を行ったときは、第28条（損害賠償）の規定にかかわらず、乙はかかる申立によって甲が支払うべきとされた損害賠償額及び合理的な弁護士費用を負担するものとする。但し、第三者からの申立が甲の帰責事由による場合には、乙は一切責任を負わないものとする。

3　乙の責に帰すべき事由による著作権又は特許権等の侵害を理由として納入物の将来に向けての使用が不可能となるおそれがあるとき、乙は、乙の判断及び費用負担により、権利侵害のない他の納入物との交換、権利侵害している部分の変更、継続使用のための権利取得のいずれかの措置を講じることができるものとする。

(24) 第三者ソフトウェアの利用

　発注者でも受注者でもない、第三者が権利を有するソフトウェア（アプリケーション、OS、ケースツール、通信ツール等）を第三者ソフトウェアといいます。現在のシステム開発において、第三者ソフトウェアを使用しないことは皆無と言っても過言ではありません。そこで、それに関するルールを規定しておく必要があります。

①承諾

　開発対象のシステムに、システム開発会社が開発するプログラムに加えて、第三者が開発したソフトウェアが組み込まれることは非常に多いです。その場合、第三者ソフトウェアの信頼性やライセンス料負担の問題が生じます。また、発注者であるユーザーに無断で第三者ソフトウェアが組み込まれると、後々、ユーザー、システム開発会社間での紛争になりかねません。そこで、第三者ソフトウェアを使用する場合は、ユーザーの承諾を得ておく必要があるとすべきです。

> 第24条（第三者ソフトウェアの利用）
> 1　乙は、本件業務遂行の過程において、システム機能の実現のために、第三者ソフトウェア（フリーソフトウェア及びオープンソースソフトウェアを含む）を利用するには、甲の承諾を得なければならない。

②第三者ソフトウェアの調達の主体

　第三者ソフトウェアを利用する場合、それを調達するのはユーザーであることを定めたものです。

> 2　前項に基づいて、甲が第三者ソフトウェアの利用を承諾する場合、甲は、甲の費用と責任において、甲と当該第三者との間で当該第三者ソフトウェアのライセンス契約及び保守契約の締結等、必要な措置を講じるものとする。但し、乙が、当該第三者ソフトウェアを甲に利用許諾する権限を有する場合は、甲乙間においてライセンス契約等、必要な措置を講ずるものとする。

③システム開発会社の義務

　2項のとおり、第三者ソフトウェアを調達するのはユーザーですが、その第三者ソフトウェアに著作権侵害や瑕疵がないことを調査するのはシステム開発会社であることを定めます。第三者ソフトウェアの利用について、金を出すのはユーザーでも、知恵を出すのはシステム開発会社であるということです。

> 3　乙は、第三者ソフトウェアに関して、著作権その他の権利の侵害がないこと及び瑕疵のないことについて必要十分な調査を行わなければならない。

（25）セキュリティ

　セキュリティに関する要件も非機能要件の1つです。したがって、ユーザ

一からの要件の提示が必要であり、かつ請負契約の場合は契約不適合責任の対象となるのが原則です。

しかし、それで不都合がないのかとの疑問があります。

まず、ユーザーがセキュリティ要件を適切に提示できるのか否かの問題があります。ITリテラシーが高いユーザー企業では可能でしょうが、多くのユーザー企業ではユーザーのみのノウハウでは難しいものと思われます。そこで、セキュリティ要件の定義についてはITのプロとしてのノウハウの提供がシステム開発会社に期待されます。

また、情報漏えいの原因は、①従業員の故意によるもの、②システムの運用・管理における過失、③第三者による不正アクセスが考えられますが、近年は③が増加傾向にあり、この対策の重要性が高まっています。一方、その攻撃の手口は日々進化しています。したがって、本日の万全の対策は明日の万全の対策ではありません。それゆえ、契約不適合責任とは馴染みにくい面があります。

①仕様の確定

セキュリティ仕様は専門性が高いため、ユーザーとしては"お任せ"の意識に陥りやすい面があります。しかし、システムで管理する情報の重要性や秘匿性、システムがダウンした場合の事業継続への影響度はユーザーでないとわかりません。また、セキュリティ対策は万全を期そうとすればするほど、コストが高くなります。したがって、ユーザーがシステム開発会社に"お任せ"の姿勢でいると、そのシステムで扱う情報や事業の重要性に鑑みて不当に低いセキュリティレベルとなり、リリース後外部から攻撃を受けて大トラブルになる可能性や、はたまた過剰なセキュリティ対策で過大投資となるリスクをはらんでいます。システム開発会社の立場からすると、システムで扱う情報や事業の重要性に鑑みて不当に低いセキュリティレベルでシステムを構築するとそれがユーザーからの仕様提示に問題があったとしても大きなトラブルになってしまうことは想像に難くないですし、はたまた過剰なセキュリティ対策で過大投資となる見積りを提示すれば失注してしまいます。

そこで、通常の役割分担（8条）とは別に、セキュリティ対策について、ユーザーとシステム開発会社で協議することを明確化しておくことが望まれます。

第25条（セキュリティ）
1　甲及び乙は、セキュリティ対策について、その必要性の程度、具体的な機能、管理体制及び費用負担等を協議のうえ、セキュリティ仕様を確定させ、書面で定めるものとする。

②システム開発会社による説明

また、その協議においては、システム開発会社が専門家として検討に必要な情報を、ユーザーが理解できるような形で提供しなければ、ユーザーとして適切に判断ができず、実のある協議になりません。

2　セキュリティ仕様に関する協議においては、乙は甲に対し、本件ソフトウェアが稼働する環境やネットワーク構成に関するセキュリティ上のリスクとその対策について説明しなければならない。

③仕様確定後リリース前の新たな脅威の出現

一旦、セキュリティ仕様が確定すれば、システム開発会社は当該仕様に従ってシステムを構築すれば良いのが原則です。もっとも、今日はセキュリティ侵害行為が多様化し、セキュリティ仕様の確定後に新たなセキュリティ脅威が生じ、脆弱性が発見されることも考えられます。その場合は、一般的な仕様変更と同様に、15条の変更管理手続を経ることとなります。

3　確定したセキュリティ仕様は、要件定義書の一部を構成するものとし、その変更が必要となった場合は、第15条（変更管理手続）によってのみこれを行うことができる。

④不保証

　システム開発会社が正当な理由なくセキュリティ仕様に従ったセキュリティ対策を講じなかった場合は、請負契約であれば契約不適合責任を負うし、準委任契約であったとしても善管注意義務違反を理由に損害賠償責任を負うこととなります。

　一方、侵害者の攻撃手口は日々多様化しますので、開発時点では最善の対策を施したとしても、リリース後に脅威にさらされることはありますが、そのような脅威にまでシステム開発会社は責任を負えません。

> 4　甲は、本件ソフトウェアに関してセキュリティインシデントが生じないことを保証するものではない。

（26）権利義務の譲渡の禁止

　本条項はシステム開発契約に限らず、契約一般によく挿入される条項です。例えば、委託料債権をシステム開発会社がブラックな金融業者に売ってしまうとユーザーとしては困るので、システム開発契約でも本条項が必要です。

　この条項を分析的に見ると、下図のとおり、①契約上の地位の移転（債権・債務が包括的に移転する）、②債権譲渡、③債務引受の3つの形態を禁止していることがわかります。

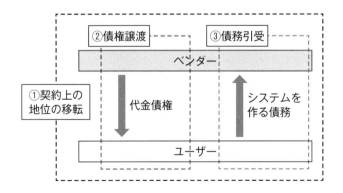

図 1.3　権利義務の譲渡の禁止

> 第26条（権利義務の譲渡の禁止）
> 甲及び乙は、互いに相手方の事前の書面による同意なくして、本契約及び個別契約上の地位を第三者に承継させ、又は本契約及び個別契約から生じる権利義務の全部若しくは一部を第三者に譲渡し、引受けさせ若しくは担保に供してはならない。

（27）解除

解除には、合意解除と法定解除があります。合意解除は、契約当事者同士が合意することにより将来的に契約の効力を消滅させるものであり、契約書に規定はいりません。本条項は、法定解除に関するものです。

なお、解除の基本的な理解については64頁以下を参照してください。

①無催告解除事由

本項は、無催告解除事由について定めたものです。（1）から（3）は倒産解除条項と言われるもので、相手方に倒産ないしその兆候があれば解除できるとするものです。（4）は背信条項と言われるものです。（1）から（4）はいずれも民法には規定がないので、契約書で定めないと解除できません。

一方、民法542条1項は無催告解除の事由として、以下の（1）ないし（5）を定めています。

> （1）債務の全部の履行が不能であるとき。
> （2）債務者がその債務の全部の履行を拒絶する意思を明確に表示したとき。
> （3）債務の一部の履行が不能である場合又は債務者がその債務の一部の履行を拒絶する意思を明確に表示した場合において、残存する部分のみでは契約をした目的を達することができないとき。
> （4）契約の性質又は当事者の意思表示により、特定の日時又は一定の期間内に履行をしなければ契約をした目的を達することができない場合において、債務者が履行をしないでその時期を経過したとき。

（5）前各号に掲げる場合のほか、債務者がその債務の履行をせず、債権者が前条の催告をしても契約をした目的を達するのに足りる履行がされる見込みがないことが明らかであるとき。

これらの事由を無催告解除事由から排除する必要はなく、排除していないことを明確にするために定めた条項が（6）です。

第27条（解除）

1　甲又は乙は、相手方に次の各号のいずれかに該当する事由が生じた場合には、何らの催告なしに直ちに本契約及び個別契約の全部又は一部を解除することができる。

（1）支払の停止があった場合、又は仮差押、差押、競売、破産手続開始、民事再生手続開始、会社更生手続開始、特別清算開始の申立があったとき

（2）手形交換所の取引停止処分を受けたとき

（3）公租公課の滞納処分を受けたとき

（4）背信的行為があったとき

（5）その他前各号に準ずるような本契約又は個別契約を継続し難い重大な事由が発生したとき

（6）前各号に定めるほか、民法第542条1項で定める要件に該当するとき

---

②催告解除事由

契約違反、すなわち債務不履行の場合は、催告をしないと解除ができません。これは民法541条の規定を受けたものです。

相当期間とは、相手方が契約を履行するのに相当な期間なので、一概に〇日ということはできません。債務不履行の内容によっても異なります。ただし、契約で相手方の義務となっている以上、相手方は準備してあって当然なので、あまり長い時間は要しません。1週間とか10日で十分なケースが通例です。

令和2年4月施行の民法改正で、民法541条1項に「但し、その期間を経過した時における債務の不履行がその契約及び取引上の社会通念に照らして

軽微であるときは、この限りでない。」との規定が加えられたので、本条項例でも、但し書きで同様の文言を入れました。ユーザーとして、システム開発会社の債務不履行の程度が軽微であっても催告解除することを可能としたい場合は、「但し」以下は不要です。

> 2　甲又は乙は、相手方が本契約又は個別契約のいずれかの条項に違反し、相当期間を定めて催告をしたが、相当期間内に、相手方の債務不履行が是正されない場合は、本契約及び個別契約の全部又は一部を解除することができる。但し、その期間を経過した時における債務の不履行がその契約及び取引上の社会通念に照らして軽微であるときは、この限りでない。

③期限の利益の喪失

　本条項が意味をなすのは、ユーザーが信用不安に陥った場合です。例えば、ユーザーの資金繰りが悪化し第三者から差押を受けた場合、システム開発会社はそれを気にせず開発を続けると、全く委託料を回収できない事態になりかねません。そこで、ユーザーが差押を受けた場合、システム開発会社は、1項（1）により契約を解除すると同時に、委託料の支払に対するユーザーの期限の利益を喪失させ、早期に委託料の回収を図る必要があります。

> 3　前2項により解除が行われたときは、解除をされた当事者は、相手方に対し負担する一切の金銭債務につき当然に期限の利益を喪失し、直ちに弁済しなければならない。

期限の利益

　期限の利益とは、期限が付されていることによって、当事者が受ける利益のことをいいます。

　例えば、債務者が金融機関から借入を行っている場合、その債務の返済の期限が付されています。その期限までは、金融機関が取り立てたり、担保権を実行することはできません。一般に銀行借入では、一度でも延滞すると銀行から期限の利益を喪失させられ、全額の返済を迫られる恐れがあります。

④損害賠償

　ユーザーがシステム開発会社の債務不履行を理由に契約を解除した場合、支払済の委託料の返還を求めることができるのは当然ですが、それに加えて、損害賠償をシステム開発会社に請求することができます。例えば、無駄になったシステム開発にかかったユーザー側の人件費を、システム開発会社に損害賠償として請求することができます（ただし、第28条（損害賠償）の規定により制限されることがあります）。

> 4　第1項又は第2項による解除が行われたときは、解除を行った当事者は、相手方に対し、損害賠償を請求することができる。

（28）損害賠償

　損害賠償の基本的な理解については61頁以下を参照してください。

損害賠償額への縛り

　システム開発の不具合により生じる損害は金額的に膨大になる可能性があることは62頁で述べたとおりです。一方で、全くバグのないシステムを作ることは事実上不可能です。そこで、システム開発契約においては、損害賠償に何らかの縛りをかけるのが一般的といえます。縛りのかけ方は、①損害の範囲を絞

る方法と、②金額に上限を設ける方法があります。①は、「通常損害」「直接損害」に限ると規定する方法です。②は、委託料を上限とする方法が一般的です。

本条項例は、②金額に上限を設ける方法です。①損害の範囲を絞る方法は、絞られた損害の範囲に曖昧な面があるという難点があります。

ただし、情報漏えいによる損害は、システム開発特有のものではありません。そのため、損害賠償を制限する理由はなく、民法の原則どおりの損害賠償を可能とすべきです。

また、システム開発会社に、故意または重過失がある場合まで、敢えて損害賠償の範囲を民法の規定より制限するのは公平に反するので、故意、重過失の場合は損害賠償額の制限が適用されないとするのが以下の条項例の２項です。

第28条（損害賠償）

1　甲及び乙は、債務不履行又は不法行為を理由として、相手方に対して、損害賠償を請求することができる。但し、相手方が第18条又は第19条に違反した場合を除き、損害賠償の累計総額は、個別契約に定める委託料の合計金額を限度とする。

2　前項但し書きは、損害賠償義務者の故意又は重大な過失に基づく場合には適用しないものとする。

●ユーザーの立場から

ユーザーの立場からは、損害賠償の制限はないに越したことはありません。以下は事実上ユーザーに有利な文例です。

第28条（損害賠償）

甲及び乙が本契約又は個別契約の履行に関し、甲又は乙の責めに帰すべき事由によって相手方に損害を及ぼした場合、損害を与えた者は相手方に対し、相手方が被ったすべての損害（合理的な弁護士費用を含む。）を速やかに賠償するものとする。

◆システム開発会社の立場から

　システム開発会社の立場からは、損害賠償の範囲はできるだけ絞った方が有利です。①損害の範囲を直接損害に絞り、かつ②損害賠償金額の上限を委託料とし、さらに、故意・重過失による場合も適用除外とならない（上記条項例の2項は設けない）とするのが良いでしょう。

　また、システム開発会社が開発を諦めてしまったような場合、ユーザーはシステム開発会社に対して損害賠償を請求できます。一方で、ユーザーは契約を解除し、支払済みの委託料を返せということもできます。この「支払済みの委託料を返せ」という請求権は、解除により契約はなかったことになるので、委託料を支払った根拠がなくなるので返してくれとの請求です。これは、法的には不当利得返還請求（民法703条）です。そうすると、損害賠償請求は委託料の合計金額の範囲内であるが、不当利得返還請求は別だと考えることができます。そこで、システム開発会社としては「前項の損害賠償の累計総額は不当利得に基づく返還請求金額と合算して」との文言を入れておいた方が良いです。

　また、上限金額は「個別契約に定める委託料の合計金額」ではなく、「損害発生の原因となった行為の属する個別契約の委託料の金額」とした方が、多段階契約の場合、金額は小さくなります。

　さらに、契約不適合責任の条項（本契約書例であれば37条）で、契約不適合責任の追及できる期間を民法の規定の「知ってから、1年」よりも短くした場合は、本条項（損害賠償）にも期間制限を入れないと中途半端になってしまいます。なぜなら、契約不適合責任として追及できるのは、①追完（修補）、②代金減額請求、③損害賠償、④解除がありますが、本契約書例の37条のように、一般にタイトルが「契約不適合責任」となっている条項は、①追完についてしか規定していないからです。

第28条（損害賠償）

1　甲及び乙は、債務不履行又は不法行為を理由として、相手方に対して、通常かつ直接の損害のみ損害賠償を請求することができる。但し、不当利得に基づく返還請求金額と合算して、損害発生の原因となった行為の属す

る個別契約の委託料の金額を限度とする。

2　前項の請求は、当該損害賠償の請求原因となる当該個別契約に定める納品物の検収完了日又は業務の終了確認日から○ヶ月間が経過した後は行うことができない。

◆契約不適合責任に基づく損害賠償◆

　損害賠償条項に関して注意いただきたいのは、契約不適合責任による損害賠償請求の期間を、民法の規定により短くする場合は（**71 頁参照**）、修補（追完）の期間制限だけでなく、損害賠償請求の期間制限も契約書に明記しないといけないことです。

　令和 2 年 4 月施行の民法改正により、民法上の契約不適合責任を問える期間は「不適合を知ってから 1 年」となりましたが、改正前の瑕疵担保責任の期間と変えず、「検収合格から 1 年」と契約するケースが多いようです。ところが、「契約不適合責任」というタイトルの条項では追完（修補）のことだけ記載し（期間制限し）、損害賠償の条項では何ら期間制限に触れていない契約書をよく見ます。これだと、契約不適合責任のうち、追完（修補）は「検収合格から 1 年以内」に通知しないといけないが、損害賠償は「不適合を知ってから 1 年以内」に通知すれば良いように読めてしまうので、注意が必要です。この対応には 2 つの方法が考えられます。

①損害賠償全体に期間制限を設けてしまう方法

　契約不適合責任にかかわらず、すべての損害賠償について、「検収合格」から 1 年との期間制限を設けてしまう方法です。

第 28 条（損害賠償）

1　甲及び乙は、債務不履行又は不法行為を理由として、相手方に対して、当該損害賠償の請求原因となる当該個別契約に定める納品物の検収完了日又は業務の終了確認日から 1 年が経過するまでの期間に限り、損害賠償を請求することができる。但し、相手方が第 17 条又は第 18 条に違反した場

合を除き、損害賠償の累計総額は、個別契約に定める委託料の合計金額を限度とする。

2　（125頁のとおり）

②契約不適合責任の条項に損害賠償も規定する方法

「契約不適合責任」というタイトルの条項に、修補のことだけはなく、損害賠償の期間制限についても規定する方法です。

第37条（契約不適合責任）

1　前条の検査完了後、納入物についてシステム仕様書との不適合（以下本条において「不適合」という。）が発見されたとき、甲は乙に対して不適合の修正を請求することができ、乙は、不適合を修正するものとする。

2　甲は、前項の不適合の修正の請求に代えて、乙に対し、その不適合の程度に応じて代金の減額を請求することができる。

3　第1項に基づく請求は、損害賠償の請求及び解除権の行使を妨げない。

4　乙が第1項ないし第3項の責任を負うのは、検査完了から1年が経過するまでの期間に、甲が乙に対し当該不適合の通知をした場合に限るものとする。

（29）反社条項

反社会勢力とは、その定義が法律上ある訳ではありませんが、政府が平成19年6月に公表した「企業が反社会勢力による被害を防止するための指針」に従い、暴力団、暴力団関係企業、総会屋、社会運動標ぼうゴロ、政治活動標ぼうゴロ、特殊知能暴力集団等といった属性要件に着目するとともに、暴力的な要求行為、法的な責任を超えた不当な要求といった行為要件にも着目し判断します。また、暴力団という組織のみでなく、暴力団員、暴力団準構成員、共生者及び密接関係者も反社会勢力として捉えられます。

社会からの企業に対する暴力団排除の要請は強く、暴力団と関係を持つことは絶対に避けなければなりません。しかしながら、巧妙に事業者のふりをして

接近してくる暴力団等を見抜くことは容易ではないので、反社会勢力を排除する条項を盛り込んでおくことにより、万が一、契約相手が反社会勢力であると判明した場合に、即刻無条件に契約を解除できるようにしておきます。

第29条（反社会的勢力の排除）

1　甲及び乙は、それぞれ相手方に対して、次の各号の事項を確約する。

（1）　自ら若しくはその子会社が、暴力団、暴力団関係企業、総会屋若しくはこれらに準ずる者又はその構成員（以下、併せて「反社会的勢力」という。）ではないこと

（2）　自ら若しくは子会社の役員（業務を執行する社員、取締役、執行役又はこれらに準ずる者をいう。）が反社会的勢力ではないこと

（3）　反社会的勢力に自己の名義を利用させ、本契約を締結するものでないこと

（4）　本契約が終了するまでの間に、自ら又は第三者を利用して、本契約に関して次の行為をしないこと

ア　相手方に対する脅迫的な言動又は暴力を用いる行為

イ　偽計又は威力を用いて相手方の業務を妨害し、又は信用を毀損する行為

（5）　反社会的勢力が経営に実質的に関与していないこと

（6）　反社会的勢力に対して資金の提供等の利益の供与、又は便宜を供与するなどの関与をしていないこと

2　甲又は乙の一方について、次のいずれかに該当した場合には、その相手方は、何らの催告を要せずして、本契約を解除することができる。

（1）　前項第1号、第2号、第5号及び第6号確約に反することが判明した場合

（2）　前項第3号の確約に反し本契約を締結したことが判明した場合

（3）　前項第4号の確約に反した行為をした場合

（4）　前項第5号又は第6号の確約に反する事実が判明した場合

3　前項の規定により本契約が解除された場合には、解除された者は、解除により生じる損害について、その相手方に対し一切の請求を行わない。

（30）契約の変更

　5頁で述べたとおり、契約は口頭の合意でも有効です。契約書を作るのは証拠とするためです。したがって、契約書で結んだ契約も理論的には口頭で変更できてしまいます。しかし、それでは契約関係が不安定かつ不明確になってしまうので、契約書を作った意味が半減してしまいます。そこで、契約の変更は書面をもって行うことを定めたのが本条項です。

　具体的には、例えば、開発が思うように進まず、ユーザー、システム開発会社で話合い、システム開発会社が申出たリスケしたスケジュールをユーザーはやむなく受入れたとします。そうした場合、システム開発会社の履行期限は延長されたのか否かが後で問題になることがあります。そこで、書面の合意がない限り契約変更とはならないことを明確にしておくことが重要なのです。

第30条（契約の変更）
本契約及び個別契約は、甲及び乙の代表者が記名捺印した書面をもって合意した場合に限り、その内容を変更することができる。

（31）管轄等

　本条項は契約書であれば一般的に入れる条項です。○○地方裁判所の○○をどこにするかは留意してください。ユーザーもシステム開発会社も、自分の事実上の所在地（登記上の所在地ではない）に近い裁判所を管轄にするのが一般的には有利です。

　なお、この規定がない場合、裁判の管轄は被告の住所地を基準に決まるのが原則です。ただし、民事訴訟法では多くの例外が規定されています。

　2項は準拠法について定めたものです。契約の相手方が外国に所在する場合に意味のある規定です。日本企業同士の契約であれば、日本法が準拠法になるのは当然なので、2項は入れる必要はありません。

第31条（合意管轄及び準拠法）
1　本契約に関する訴えは、○○地方裁判所を第一審の専属的合意管轄裁

判所とする。

2　本契約の成立及び効力並びに本契約に関して発生する問題の解釈及び履行等については、日本国の法令に準拠するものとする。

（32）協議

これも、契約書であれば一般的に入れる条項です。

第 32 条（協議）

本契約及び個別契約に定めのない事項又は疑義が生じた事項については、信義誠実の原則に従い甲乙協議し、円満に解決を図るものとする。

【準委任契約の場合】

第 33 条と第 34 条は準委任契約の場合のみ適用します。

準委任契約が、要件定義フェーズだけであれば、このタイトルは「要件定義」でも結構です。

（33）業務完了報告

準委任契約の場合は、仕事の完成が目的とはならないので、検収という概念がありません。しかし、仕事を受託し、その対価として委託料の支払を受けるのですから、やはり、仕事をしたことのエビデンスは明確にしておくべきです。そこで、システム開発会社は業務完了報告書を作成し、ユーザーが業務完了確認書を作成するのが望ましいといえましょう。

第 33 条（業務完了報告）

1　乙は、個別契約に定められた本件業務の完了後、速やかに乙所定の形式による業務完了報告書を作成し、甲に対し、個別契約に定められた納入物とともに交付する。

2　甲は、前項の業務完了報告書を受領後〇日以内に、その内容を確認し、業務完了確認書を乙に対し、交付する。

3　前項に基づいて甲が乙に業務完了確認書を交付した時に本件業務が完了したものとする。

（34）任意解除の禁止

　委任契約は、双方からいつでも解除できるのが民法の原則です（民法651条）。しかし、例えば、要件定義を準委任契約でシステム開発会社が受託しているのに、システム開発会社が別のもっと条件の良い仕事を受託できたため、要件定義フェーズの途中で一方的に契約を解除したら、ユーザーとしては困ってしまいます。同様に要件定義フェーズの途中で、ユーザーがもっと良い委託先が見つかったからと言って一方的に契約を解除したら、要員を確保したシステム開発会社としては困ってしまいます。そこで、一定の事由がない限り準委任契約であっても第27条に該当する事由がなければ解除できないように契約書に定めておく必要があります。

第34条（任意解除の禁止）
個別契約が準委任契約であっても、甲及び乙は第27条によらなければ、本契約及び個別契約は解除できない。

【請負契約の場合】
第35条から第38条は請負契約の場合のみ適用します。
準委任契約が、要件定義フェーズだけであれば、このタイトルは「要件定義以外」でも結構です。

（35）納入

　請負契約の単位は個別契約毎になります。したがって、個別契約毎に成果物を納入する必要があります。例えば、外部設計フェーズだけを対象とする個別契約を締結した場合は、外部設計書が成果物になります。

　実務的には、設計から本番リリースまでを1つの個別契約で請負契約を締結することが多いと思います。その場合、プログラム（ソース、オブジェクト）

が成果物になるのは当然ですが、成果物はそれだけではありません。設計書も成果物としては重要です。また、テストフェーズの成果物も忘れずに個別契約書に明記しておきましょう。

> 第35条（納入）
> 乙は甲に対し、個別契約で定める期日までに、個別契約所定の成果物を納入する。

（36）検収

①検収とは

本条項は、「検収」というタイトルを用いていますが、「検査」というタイトルを用いている契約書もよく見かけます。どちらでも結構です。ちなみに、民法の請負に関する規定では、「検収」「検査」の条項はありません。商法の売買の規定には「検査」の条項があります（商法526条）。

「検収」とは、大辞林によると「送り届けられた品を、数量・種類などを点検して受け取ること。」とされています。また、goo国語辞書によると「納入品が発注どおりか検査して受け取ること。品物の種類や数量、破損の有無、機器の動作確認などを行って品物を引き取ること。また、コンピューターのシステム開発を外注したときに、納品されたシステムを検証すること。」とされています。つまり「検査して受け取ること」ですから、完璧なものができているか検査することだと理解している方も多いようです。しかし、法的に請負契約における「検収」とは、"最後の工程まで完了したことを確認すること"をいいます。

②なぜ検収が必要か

請負契約は、仕事の完成を目的とする契約です。では、仕事の完成とは何でしょうか。例えば、建築請負契約で耐震強度を満たさない住宅を建築した場合、仕事を完成したと言えるのでしょうか。この点、請負契約における仕事の完成とは、最後の工程まで完了したことと解されています。建築物であれば、たとえ使った柱が細くて耐震強度を満たさなくても、屋根も外壁も内装も完成すれ

ば、最後の工程まで完了したことになります。しかし、システム開発の工程は外部からは見えにくいので、発注者（ユーザー）としては、最後の工程まで完了したのかが一目瞭然にわかる訳ではありません。そこで、検収という行為により、発注者であるユーザーが、受注者であるシステム開発会社が最後の工程まで完了したことを確認する必要があります。

③検収の目的

　検収は、最後の工程まで完了したことを確認するのが目的です。不具合が全くないことの確認を目的とするものではありません。この点は誤解されている方も多いと思うので注意してください。裁判例でも、「請負人が仕事を完成させたか否かについては、仕事が当初の請負契約で予定していた最後の工程まで終えているか否かを基準として判断すべきであり、注文者は、請負人が仕事の最後の工程まで終え目的物を引渡したときには、単に、仕事の目的物に瑕疵があるというだけの理由で請負代金の支払を拒むことはできない」とされています（東京地方裁判所平成14年4月22日判決）。一般に、請負代金（委託料）の支払は検収合格が条件です。バグがあるというだけの理由で検収が不合格となるのであれば、大規模なシステム開発においては永遠に請負代金の支払がなされなくなってしまいます。しかし、このようなことが常識的に認められるべきでないことはいうまでもありません。

　したがって、検収で検査するのは、「最後の工程」が完了したかです。バグが山ほどあれば、テストフェーズが完了していないとの評価になりますが、バグのないシステム開発など事実上有り得ないのですから、多少バグがあっても、最後のフェーズまで完了したと評価できます。

④検査仕様書の重要性

　そうは言っても、「最後の工程が完了したか」との基準は曖昧さがあります。一方、システム開発会社からすれば検収に合格しないと委託料の支払を受けられないので、検収合格は重要な問題です。そこで、検査仕様書を作成し、「最後の工程が完了した」と判断する基準をできる限り具体的にしておく必要があ

ります。

　そうすると、検査仕様書の中身が大事となります。したがって、検査仕様書の内容については、ユーザーとシステム開発会社とで合意しておく必要があります。検査に合格しないと困るのはシステム開発会社なので、システム開発会社側で検査仕様書を作成し、ユーザーに承認を得て、双方の責任者が承認するのが良いでしょう。また、検査仕様書が確定した（双方で承認した）旨は連絡協議会で報告し議事録に残すべきです。もちろん、ユーザーが検査仕様書を作成し、それにシステム開発会社が同意する形でも構いません。さらに言えば、検査仕様書の作成、承認プロセスを基本契約書に明記できれば、より望ましいといえましょう。

　実際に検収で揉めるケースは多いようです。原因の１つは、検収は最後の工程まで完了したことを確認するのが目的であることをユーザーが理解していないことが多いことにあります。しかし、それがわかっていても、検収合格として委託料を支払ってしまえば、バグの修正に速やかに応じてくれなくなるのではないかとの疑心暗鬼があるからだと思います。このユーザーの疑心暗鬼は当然といえるものなので、検収で揉めないためには、検査仕様書で客観的基準を具体的に示すことが極めて重要です。

⑤検収後に不具合が見つかったら

　検収合格後に不具合が見つかった場合、ユーザーはシステム開発会社に対し、契約不適合責任（民法改正前は瑕疵担保責任）を追及することになります。これについては、67頁以下を参照してください。

⑥検収の期間

　検収の期間は、実態に合わせて合意すべきです。システムの規模が大きければ必要期間も長くなるのが一般でしょう。したがって、本条項例では「個別契約に定めのないときは30日」としました。

　一方で下請法にも注意してください。一般に委託料は「検収後○○日払い」ですが、ユーザーとシステム開発会社が下請法の適用を受ける規模関係の場合、

支払が納入から60日以上後になることは許されません。したがって、検査期間が45日、検収後30日払いでは下請法違反になってしまいます。なお、下請法については84頁以下を参照ください。

⑦みなし検収条項

以下の条項例の3項は、いわゆるみなし検収条項です。ユーザーが真摯に検収をしないことにより、いつまでたっても委託料の支払期限が到来しない（システム開発会社は委託料を払ってもらえない）という事態が発生することを防ぐため、「検査合格書が交付されない場合であっても、検査期間内に甲が書面で具体的かつ合理的な理由を明示して異議を述べない場合は、納入物は、本条所定の検査に合格したものとみなされる。」と規定しています。ここで注意していただきたいのは、ユーザーが不合格とする理由を示したとしても、それが合理的な理由でなければ、みなし検収合格となるということです。前述のとおり検収は最後の工程を終えたかを判断するものであり、多少のバグが残っていることは検収を不合格とする合理的な理由とはなりません。

第36条（検収）

1　甲は、納入物を受領後、個別契約に定める期間（個別契約に定めのないときは30日とする。以下、「検査期間」という。）内に検査仕様書に基づいて、納入物を検査する。

2　甲は、納入物が前項の検査に合格する場合、検査合格書を乙に交付するものとする。又、甲は、納入物が前項の検査に合格しないと判断する場合、乙に対し不合格となった具体的な理由を明示した書面を速やかに交付し、修正を求めるものとし、乙は不合格理由が認められるときには、甲と乙で協議の上定めた期限内に無償で修正して甲に納入するものとする。

3　検査合格書が交付されない場合であっても、検査期間内に甲が書面で具体的かつ合理的な理由を明示して異議を述べない場合は、納入物は、本条所定の検査に合格したものとみなされる。

4　本条所定の検査合格をもって、納入物の検収完了とし、納入物の引渡

しが完了したこととする。

（37）契約不適合の責任

契約不適合責任の基本的な理解については67頁以下を参照してください。

現民法の条文にそった条項例

次の条項例は、民法の条文に従った条項例です。民法637条1項に合わせ、修正を請求できる期間を「甲が不適合を知った時から1年以内」にしました。なお、民法の契約不適合の責任の条文は任意規定なので、「1年」を「〇ヶ月」にしても問題はありません。

なお、以下の条項例の期間制限は「修正」を義務付けられる期間であり、損害賠償請求の期間には適用されません。そのことを明らかにする趣旨でタイトルは「契約不適合の場合の修正義務」としています。

第37条（契約不適合の場合の修正義務）

1　前条の検査完了後、納入物についてシステム仕様書との不適合（以下本条において「不適合」という。）が発見されたとき、甲は乙に対して不適合の修正を請求することができ、乙は、不適合を修正するものとする。但し、乙がかかる修正責任を負うのは、甲が不適合を知った時から1年以内に甲から通知がなされた場合に限る。

2　甲は、前項の不適合の修正の請求に代えて、乙に対し、その不適合の程度に応じて代金の減額を請求することができる。

3　第1項に基づく請求は、損害賠償の請求及び解除権の行使を妨げない。

民法改正前の瑕疵担保責任の条文にそった条項例

実務的には、令和2年4月施行の民法改正前の瑕疵担保責任の条文に沿って、引渡し（検収合格）後、1年以内に通知することを契約不適合責任追及の要件としている契約が多いように見受けられます。背景には、「不適合を知ってから1年」では、契約不適合責任を追及できる期間が長すぎるとの意識が当事者（特にシステム開発会社）にあると思われます。

この場合、民法637条1項よりも期間制限を短縮していますので、71頁及び158頁で前述のとおり、修補（追完）だけでなく、代金減額請求、損害賠償請求及び解除の期間制限も平仄がとれるようにしないといけません。

第37条（契約不適合の場合の修正義務）

　前条の検査完了後、納入物についてシステム仕様書との不適合（以下本条において「不適合」という。）が発見されたとき、甲が検収完了後1年以内に不適合を乙に対し通知した場合は、甲は乙に対して不適合の修正、報酬の減額の請求、損害賠償の請求及び契約の解除を請求することができる。

モデル契約書

　「情報システム・モデル契約書」の民法改正版では、契約書の契約不適合責任の権利行使期間は検収基準を原則としたうえで、ケースに応じていくつもの選択肢が提示されています。その解説では、ユーザーが求める稼働期間、開発環境、要員維持コスト、保守契約、などの事情はそれぞれ異なり、それらの事情に応じた妥当な期間とすべきと書かれています。

　「情報システム・モデル契約書」の契約不適合責任に関する条文を引用すると以下のとおりです。

（契約不適合責任）

第29条　前条の検収完了後、納入物についてシステム仕様書との不一致（バグも含む。以下本条において「契約不適合」という。）が発見された場合、甲は乙に対して当該契約不適合の修正等の履行の追完（以下本条において「追完」という。）を請求することができ、乙は、当該追完を行うものとする。但し、甲に不相当な負担を課するものでないときは、乙は甲が請求した方法と異なる方法による追完を行うことができる。

2.　前項にかかわらず、当該契約不適合によっても個別契約の目的を達することができる場合であって、追完に過分の費用を要する場合、乙は前項

所定の追完義務を負わないものとする。

3. 甲は、当該契約不適合（乙の責めに帰すべき事由により生じたものに限る。）により損害を被った場合、乙に対して損害賠償を請求することができる。

4. 当該契約不適合について、追完の請求にもかかわらず相当期間内に追完がなされない場合又は追完の見込みがない場合で、当該契約不適合により個別契約の目的を達することができないときは、甲は本契約及び個別契約の全部又は一部を解除することができる。

5. 乙が本条に定める責任その他の契約不適合責任を負うのは、前条の検収完了後○ヶ月／○年以内【であって、かつ甲が当該契約不適合を知った時から○ヶ月以内】に甲から当該契約不適合を通知された場合に限るものとする。但し、前条の検収完了時において乙が当該契約不適合を知り若しくは重過失により知らなかった場合、又は当該契約不適合が乙の故意若しくは重過失に起因する場合にはこの限りでない。

【○. 前項にかかわらず、前条の検査によって甲が当該契約不適合を発見することがその性質上合理的に期待できない場合、乙が本条に定める責任その他の契約不適合責任を負うのは、甲が当該契約不適合を知った時から○ヶ月以内に甲から当該不適合を通知された場合に限るものとする。】

6. 第1項、第3項及び第4項の規定は、契約不適合が甲の提供した資料等又は甲の与えた指示によって生じたときは適用しない。但し、乙がその資料等又は指示が不適当であることを知りながら告げなかったときはこの限りでない。

基幹システムの場合

　上記条項例は、様々な案件に対応できるよう、オプション条項が内包されていて、複雑化しているので、この情報システム・モデル契約書の考え方をベースに基幹システム等ライフサイクルの長いシステムの開発において筆者が妥当と考える条項としたものが以下の条項例です。

第37条（契約不適合責任）

1　前条の検収完了後、納入物についてシステム仕様書との不適合（以下本条において「不適合」という。）が発見されたとき、甲は乙に対して不適合の修正（以下、「追完」という。）を請求することができ、乙は、追完するものとする。

2　前項にかかわらず、当該契約不適合によっても個別契約の目的を達することができる場合であって、追完に過分の費用を要する場合、乙は前項所定の追完義務を負わないものとする。ただし、その場合甲は乙に対して、当該契約不適合の程度に応じて代金の減額を請求できる。

3　甲は、当該契約不適合（乙の責めに帰すべき事由により生じたものに限る。）により損害を被った場合、追完の有無にかかわらず、乙に対して損害賠償を請求することができる。

4　当該契約不適合について、追完の請求にもかかわらず相当期間内に追完がなされない場合又は追完の見込みがない場合で、当該契約不適合により個別契約の目的を達することができないときは、甲は本契約及び個別契約の全部又は一部を解除することができる。

5　乙が本条に定める責任その他の契約不適合責任を負うのは、前条の検収完了後1年以内に甲から当該契約不適合を通知された場合に限るものとする。但し、前条の検収完了時において乙が当該契約不適合を知り若しくは重過失により知らなかった場合、若しくは当該契約不適合が乙の故意若しくは重過失に起因する場合、又は甲が当該契約不適合を発見することがその性質上合理的に期待できない場合はこの限りでない。

上記条項例のポイントは次のとおりです。

ア　第2項で、追完に過分の費用を要する場合のみ、追完に代えて代金減額請求ができることとしました。

イ　注文者と請負人の帰責事由と請負人の契約不適合責任の負担の関係は以

下のとおりです（○は請負人が請求に応じる義務がある場合を指します）。

帰責事由がある当事者	注文者	双方なし	請負人
追完請求	×	○	○
代金減額請求	×	○	○
損害賠償請求	×	×	○
解除	×	○	○

　すなわち、当事者双方に責められる事情がない場合、請負人は損害賠償に応じる義務はありませんが、追完請求等損害賠償請求以外の契約不適合責任を理由とする請求には応じないといけません。

　そこで、損害賠償請求に関する３項のみ「乙の責めに帰すべき事由により生じたものに限る。」との文言をカッコ書きで入れています。

ウ　追完と損害賠償請求は両立し得ます。なぜなら、追完がなされるとしても、注文者（ユーザー）としては、追完が完了するまでの期間、余計に人件費を要したり、利益が減少するなどの損害を被るからです。追完と損害賠償請求は両立することを明確にするために、３項に「追完の有無にかかわらず」との文言を入れています。

エ　完成したシステムを無駄にする（使用しない）ことは社会的損失ですので、解除できるのは追完がなされない場合に４項で限定しました。

オ　５項で契約不適合責任の通知期間を民法637条１項より短くしています。その期間について、追完請求、損害賠償請求、代金減額請求、解除で平仄をとるために、契約不適合を理由とする追完請求、損害賠償請求、代金減額に請求、解除について、すべて１項から４項で記載したうえで、５項で期間制限について記載しています。

カ　システム開発の請負契約に関し、民法改正前は、検収合格から１年を瑕疵担保責任の期間とする契約が主流であり、それで大きな不都合の声も聞いていないので、契約不適合責任の期間は原則検収合格から１年としました。しかし、契約不適合が請負人の故意・重過失の場合まで、民法637条１項の期間制限より短縮することは不公平です。

　この点、民法637条は１項で契約不適合責任の通知期間を注文者がそ

の不適合を知った時から1年以内に通知したときとしたうえで、同条2項で「前項の規定は、仕事の目的物を注文者に引き渡した時（その引渡しを要しない場合にあっては、仕事が終了した時）において、請負人が同項の不適合を知り、又は重大な過失によって知らなかったときは、適用しない。」と規定しています。

　悪意・重過失の場合に、民法の規定より短い期間制限を課する合理的理由はないので、5項では但し書きで「前条の検収完了時において乙が当該契約不適合を知り若しくは重過失により知らなかった場合、若しくは当該契約不適合が乙の故意若しくは重過失に起因する場合、（中略）はこの限りでない。」としています。但し書きに該当する場合は、本文の適用がないので、民法の原則に戻り民法637条2項の適用を受け、契約不適合責任の通知期間の制限は受けなくなり、時効が完成するまで権利行使可能となります。

キ　当該契約不適合を発見することがその性質上合理的に期待できない場合も民法637条1項の期間制限より短縮することは不公平なので、その場合は民法637条1項の期間制限によるものとしています。「当該契約不適合を発見することがその性質上合理的に期待できない場合」とは、データが蓄積して発生する不具合や、災対システムの不具合などを想定しています。

　「甲が当該契約不適合を発見することがその性質上合理的に期待できない場合」に該当する場合は、本文の適用がないので、原則に戻り民法637条1項の適用を受けることになります。すなわち、「注文者がその不適合を知った時から1年以内」に通知することが要件となります。

（38）注文者が受ける利益の割合に応じた委託料

本条項は、令和2年4月施行の民法改正で新たに規定された民法634条に対応するものです（65頁参照）。民法634条は、①注文者の責めに帰することができない事由（請負人の責めに帰すべき事由が含まれます）によって仕事を完成することができなくなったとき、②請負契約が仕事の完成前に解除されたときにおいて請負人が既にした仕事の結果のうち可分な部分の給付によって注文者が利益を受けるときは、請負人は、注文者が受ける利益の割合に応じて報酬を請求することができることを規定しています。「可分」であるかが問題になりますが、ウォーターフォールの開発であれば、フェーズ毎に可分と評価される可能性が高いと思われます。なお、請負人が報酬を請求できるのは「注文者が受ける利益の割合に応じて」であり、請負人が行った作業量（工数）に応じるのではありません。

なお、以下の条項だけでは、具体的にいくらなのかが不明確で、紛争予防という点では不十分です。個別契約書で、具体的に「このフェーズまでで解除したらいくら」と具体的金額を記載することが望ましいです。IPAから公表されたモデル契約書の民法改正版の解説（～情報システム・モデル取引・契約書～（受託開発（一部企画を含む）、保守運用）〈民法改正を踏まえた、第一版の見直し整理反映版〉の60頁）にも「システム開発が中途で終了した場合に、何が「可分な部分」なのか、何が注文者たるユーザーの「利益」なのか、「履行の割合」をどう評価するのかは自明ではなく、個別の案件によっても異なると考えられるため、個別契約では中途で終了した場合の精算をどうするのかも含めて定めることが望ましい。」との記載があります。

第38条（甲が受ける利益の割合に応じた委託料）

次に掲げる場合において、乙が既にした仕事の結果のうち可分な部分の給付によって甲が利益を受けるときは、仕事が完成していない個別契約について、乙は甲が受けた利益の割合に応じて委託料を請求することができる。

（1）甲の責めに帰することができない事由によって仕事を完成することができなくなったとき。

（2）本契約又は個別契約が仕事の完成前に解除されたとき。

プログラム製造の途中で解除された場合

　仮にプログラム製造フェーズにおいて、本契約全体が解除された場合、ユーザーとシステム開発会社間の委託料は以下の通りとなります。

基本契約		
個別契約①	要件定義（準委任）	支払済み→返金 ×
個別契約②	外部設計（準委任）	支払済み→返金 ×
個別契約③ 〜システムテスト（請負）	内部設計	内部設計書が完成しプログラム製造の途中で解除された場合、内部設計書及び完成したプログラムの対価の支払義務が発注者に生じる
個別契約④	導入・受入試験	支払未済み・作業未着手→支払不要
個別契約⑤	運用テスト	支払未済み・作業未着手→支払不要

図 1.4　本契約全体が解除された場合の委託料

●ユーザーの立場から

　ユーザーの立場からは、民法634条は、排除したい規定です（任意規定なので契約で排除できます）。解除した場合、例えばシステム設計書は完成しているから、要件定義〜システム設計の代金は払えといわれても、ユーザーとしては事実上不利益を被ることが多いでしょう。他のシステム開発会社が、そのシステム設計書をもとにプログラミング以降のフェーズをスムーズに進めるこ

とは至難の業と思えるからです。

　そこで、ユーザーとしては以下の条項が好ましいでしょう。

第38条（仕事の完成ができなくなった場合の委託料）

乙が個別契約の目的である仕事が完成できなくなったとき、その仕事が可分であっても乙は甲に対し、委託料を請求することはできない。但し、個別契約の目的である仕事が完成できなくなったのが甲の責任によるときはこの限りではない。

---

2 ソフトウェア開発契約書（一括請負型）

※契約書例の全文を Word ファイルで Web 提供いたします。詳しくは、v 頁の「読者特典ダウンロードのご案内」をご覧ください。

1　本契約書例の対象

　契約書例２は、契約１本で、請負契約とするものです。以下の２ケースを設定ケースとして想定しています。

設定ケース1（全工程1本）

・契約当事者：委託者はユーザー、受託者はシステム開発会社

・開発規模：数十人月以下

・開発モデル：（緩やかな）ウォーターフォールモデル

・ハードウェア取引については、本ソフトウェア開発委託契約の対象としない。

・要件定義を含めた全工程を１本の請負契約とする。

設定ケース2（外部設計〜リリースを1本）

・契約当事者：委託者はユーザー、受託者はシステム開発会社

・開発規模：数十人月〜千人月

・開発モデル：ウォーターフォールモデル

・ハードウェア取引については、本ソフトウェア開発委託契約の対象としない。

・要件定義は別途準委任契約を締結し、本契約では外部設計〜リリースを１本の請負契約とする。

　要件定義フェーズ前では、どんなシステムを作るのか見えていないので、本来、全体工数や金額の話はできないはずです。しかしながら、要件定義フェー

ズ前に要件定義フェーズからリリースまでを一括して契約している例を多見します。また、システム開発会社の方から、〇〇案件は大赤字だったなどとの話をよく耳にします。でも、何を作るか決まっていない段階で契約しているのですから、大幅赤字になっても当然でしょう。筆者は、要件定義フェーズ前に要件定義フェーズからリリースまでを一括して契約することはお勧めしません。それでもたぶん、今後もこのような契約形態は続くでしょう。その理由は、ユーザー、システム開発会社双方にあると思っています。

ユーザーの事情

　ユーザーとしては、案件の最初に稟議をあげて予算取りを行いますが、ここで金額を確定したいとの強いニーズがあります。システムを開発するか否かは、費用対効果の経営判断になります。したがって、制度対応は別ですが、一般の案件であれば、社内決裁の過程でこのシステムを稼働させればいくら売上が増えるとか、いくらコストを削減できるとかを謳います。その上で、「〇万円のシステム開発費用であれば、利益の方が遥かに大きいので、本件システム開発に着手すべき」との稟議を書いて決裁を受けることになります。そして、ユーザーの担当者は、その〇万円でシステム開発会社と一括契約してしまえば、後でお金のことで頭を悩まされることはありません。しかし、要件定義フェーズを別契約にした場合、設計以降の契約をしようとすると、稟議決裁を得た〇万円を超過してしまうことがよくあります。この場合は再稟議が必要になりますが、ユーザーの担当者は社内で"お前の見積が甘い"と責められることになるので、どうしてもそれを避けたい、だから要件定義からリリースまで一括で契約したいとの意識がユーザーの担当者には強くあります。

システム開発会社の事情

　システム開発会社の方は、そのような要望を受けなければ良いのですが、これを受けないと仕事を失注してしまうとの強迫観念があるので、リスクがあると認識していながら、ついつい受けてしまいます。そして、ユーザーに相見積を依頼された場合に、システム開発会社は適当な工数見込みで安易に安価で受

けてしまいがちです。これでは赤字案件となって当然でしょう。また、ユーザーの方の中には、システム開発会社が赤字であってもユーザーには却って有利ではないかと感じておられる方も多いと思います。しかし、結局は品質に跳ね返ってきてしまいます。システム開発会社が大幅な赤字となるような案件は概してリリースしたシステムの品質も悪く、ユーザーの社内では"失敗"の烙印が押されがちです。

全フェーズを一括で契約して問題ない案件

　このような観点から、要件定義からリリースまで一括で契約することは、避けた方が良い場合が多いと筆者は考えますが、それで問題ない案件もあります。例えば、①業務仕様は変更しない更改案件、②業務仕様に振れ幅がない案件、③小規模な案件などです。①はハードウェアの更改目的で業務仕様は確定している案件（リプレース）やレガシーシステムを OS やプラットフォームなどの基盤となる部分を変更し再構築する場合（マイグレーション）です。②の例としてはホームページの作成が挙げられます。ページ数をユーザーとシステム開発会社で約束しておけば、その構築に必要な工数の幅は限られるでしょう。③は小規模であれば、見積誤りによるブレの工数・金額の絶対値も小さいため、システム開発会社で飲み込み可能だからです。ただし、システム開発会社も小規模な場合は、小さな工数のブレも飲み込めないので注意しましょう。実は、このケースが裁判にまで発展しやすいのです。

全フェーズを一括で契約してはいけない案件

　逆に、要件定義からリリースまで一括で契約することを絶対に避けるべきは、ユーザーの全社的プロジェクトです。全社的プロジェクトの場合、システム開発プロジェクトの企画担当者は全社の業務を熟知している訳ではないので、要件定義フェーズで社内の各部署から様々な（想定外）の要件が出される可能性が高いからです。

設定ケース2について

　要件定義からリリースまで一括で契約することを避けるにしても、そのことが、契約書例1で示した基本契約書＋個別契約書のパターンに直結する訳ではありません。58頁で述べたとおり、要件定義フェーズの契約書と、設計〜リリースまでの契約の2本を作れば良いとも言えるからです。契約書例2は、この設計〜リリースまでの契約としても使えます（設定ケース2）。

　なお、この契約は1本の契約書で契約するものであり、個別契約書はありません。

2　契約条項と解説

（0）タイトル＆前文

　以下の例では、タイトルを「〇〇システム開発委託契約書」としていますが、「〇〇システム開発請負契約書」でも問題ありません。前文については、38頁以下を参照ください。

〇〇システム開発委託契約書

〇〇株式会社（以下、「甲」という。）と〇〇株式会社（以下、「乙」という。）は、甲が、甲の〇〇〇システムのコンピューターソフトウェア（以下、「本件システム」という。）の開発にかかる業務（以下「本件業務」という。）を乙に委託し、乙はこれを受託することに関し、以下のとおり、契約（以下、「本契約」という。）を締結する。

（1）目的

　契約書例1の第1条と同じです。108頁を参照ください。

（2）本件システムの拠るべき仕様

設定ケース１（全行程１本）の場合

　設定ケース１の場合は要件定義以前に契約するため、作るシステムの詳細な機能は書けません。トラブル防止のため、作り込むシステムの機能をできる限り詳細に書き出すようにしてください。詳細であればある程良いです。契約書の本紙に３行程度書いてあるだけの契約書をよくみかけますが、これはトラブルになった場合に火種になります。契約書でシステムの機能がわからない場合は、トラブルになった際に、契約に至る過程の、議事録、メールやプレゼンテーション資料で契約対象となった機能を確定することになります。それは大変な作業ですし、喰い違いが生じることも多いです。したがって、別紙に書き出すことをお勧めします。

第２条（本件システム）
本件システムの機能は、別紙機能概要書のとおりとする。

設定ケース２（外部設計～リリースを１本）の場合

　設定ケース２の場合は、要件定義書を別契約（準委任契約）で作成し、それを踏まえての本契約となりますので、要件定義書どおりのシステムを作ることを明記します。

第２条（本件システム）
本件システムは、「○○○システム要件定義書」記載の要件を実現するものとする。

（3）請負契約

　システムが完成しなかった場合、請負契約であればシステム開発会社は委託料をユーザーに請求できませんが、準委任契約であればたとえシステムをリリースできなくても、かかった工数分の委託料が生じるのが原則です。そこで、システムを完成できなかった場合、請負契約か準委任契約なのかが問題になる

ケースがあります。そのようなトラブルを防ぐため、請負契約である旨を明記するのが本条です。そして、それは"請負契約"と書いただけでは、実質が準委任契約である場合、請負契約として認められないことがあるので、請負契約と準委任契約との分水嶺である"仕事の完成"が契約の目的であることを契約書自体に書き込みます。

第3条（請負契約）
本契約は、請負契約であり、乙は本件システムを次条記載の日までに完成させることを約する。

(4) 本番稼働時期

本番稼働期限に、本件システムを本番稼働できない場合は、履行遅滞として、システム開発会社は債務不履行による損害賠償責任を負うことになります。また、本番稼働時期＝仕事の完成時期が契約書上で明記されていることは、当該契約が請負契約であると判断することの1つの要素になります。したがって、この条項はユーザーにとっては必須です。

一方、システム開発会社としては、法的にはこの条項はない方が有利とは思うものの、契約書で本番稼働時期を謳わないと、システム開発会社としての姿勢を問われかねません。契約書の原案をシステム開発会社が提示する場合も、本条項は入れておくべきでしょう。

第4条（本番稼働時期）
本件システムは、令和○年○月○日までに本番稼働するものとする。

(5) 請負代金及びその支払方法
①支払時期

委託料については、ⓐいくらか、ⓑいつまでに支払うのか（分割支払の合意を含む）、ⓒどのような方法で支払うのかの3点について合意が必要です。こ

のうち、@と⑥を本条の1項と2項で規定しています。

　消費税が含まれるか否かも明確にする必要がありますが、消費税率は改定される可能性があるので、契約書上は「消費税は除く」とするのが良いです。

第5条（請負代金及びその支払方法）

1　本契約に基づいて、甲が乙に対して支払う請負代金額は金〇〇円（消費税を除く）とする。

2　前項の請負代金は以下のとおりに分割して、甲が乙に対して支払う。

着手金　〇〇円（消費税を除く）　支払期限　令和〇年〇月〇日

中間金　〇〇円（消費税を除く）　支払期限　仕様書確定後7日以内

終金　〇〇円（消費税を除く）　支払期限　検収後7日以内

---

②支払方法

　契約書例1と基本的に同じです。118頁を参照ください。

3　前項の支払は、甲が乙の指定する預金口座に振込む方法で行う。但し、振込手数料は甲の負担とする。

---

③費用負担

　契約書例1と基本的に同じです。119頁を参照ください。

4　本件業務の遂行に必要な旅費交通費、器具・備品、消耗品等にかかる費用はすべて乙が負担するものとし、乙は甲に対し第1項で定めた請負代金以外の費用を請求できないものとする。

---

④途中で解除の場合

　契約事例1の第38条と基本的に同じです。175頁を参照ください。

（6）再委託

契約書例1の第7条と同じです。120頁を参照ください。

（7）協働と役割分担

設定ケース1（全工程1本）の場合

協働と役割分担の重要性は、契約書例1第8条の解説（125頁参照）で詳述していますので、そちらをご一読ください。

設定ケース1の場合は、ユーザーの担当者はシステム開発に慣れていないことが多いと思われます。そこで、ユーザー側の役割として「要件の提示」を明記します。

ただし、契約書上は、要件の提示がユーザーの役割分担であると明示しても、プロジェクトマネジメント義務から、要件定義の失敗の責任を問われる可能性は十分あるので、システム開発会社の方は注意してください。

特に、本契約書は、設定ケース1の場合は要件定義フェーズからリリースまでを一括した請負契約ですので、要件定義もシステム開発会社が請負った"仕事"です。要件定義の失敗の責任をユーザーに問えるケースはユーザーが全く協力しない場合や、提示した要件を二転、三転させる場合等、かなり限られることを自覚してください。

第7条（協働と役割分担）

1　甲及び乙は、本件システムの構築には、甲による要件の提示と、乙の有するシステムに関する技術及び知識の提供並びにプロジェクトマネジメントの遂行が必要であり、甲と乙の双方の作業が必要とされることを認める。

2　甲及び乙は、各自の実施すべき分担作業を遅延し又は実施しない場合、それにより相手方に生じた損害の賠償も含め、かかる遅延又は不実施について相手方に対して責任を負うものとする。

設定ケース２（外部設計～リリースを１本）の場合

　設定ケース２の場合は、既に別契約で要件定義は完了していますので、本条はなくて良いとも思えます。

　しかし、設計フェーズで、要件定義書では要件が不明確な点について明らかにしなければならないケースもあります。また、システムテスト以降のフェーズはユーザーの参画も必要なので、設定ケース１（全工程１本）と同じ条項を入れておいた方が良いでしょう。

（8）責任者（主任担当者、連絡協議会）

　責任者については、契約書例１の第９条と基本的に同じです。126頁を参照ください。

　本契約書例は、設定ケース１（全工程１本）を前提に、比較的小規模な開発を想定しているため、「主任担当者」の規定は設けていません。また、小規模な開発の場合は開発期間も短期間であり、定期的な連絡協議会を設けるよりも逐次協議をする場を設けた方が適切なので、「連絡協議会」の規定も設けていません。しかし、開発期間が長くなる場合は、開発規模が大きくなくても「連絡協議会」の規定（契約書例１第11条）を設けた方が良いでしょう。

　なお、設定ケース２（外部設計～リリースを１本）の場合は、「主任担当者」「連絡協議会」の規定も設けた方が良いでしょう。条項は、契約書例１の第10条および第11条と同一で問題ありません。

（9）仕様書（要件定義書、外部設計書）

設定ケース１（全工程１本）の場合

①仕様書

　要件の提示はユーザーの役割分担であっても、本契約書は要件定義フェーズからリリースまでを一括した請負契約ですので、仕様書の作成はシステム開発会社の仕事です。ユーザーが提示した要件をブレイクダウンして仕様書にするのがシステム開発会社の仕事です。

　また、開発の規模が大きくないため、要件定義書、外部設計書、内部設計書

といった多段階のドキュメントを作るのではなく、1種類の設計書でコーディングに入ることを想定し、本契約書例では「仕様書」という言葉を使っています。要件定義書と設計書を別に作成する場合は、本契約書例で「仕様書」としている個所は「要件定義書」と置き換えてください。

第9条（仕様書）
1　本件システムの仕様書を乙が作成するにあたり、乙は甲に要件の提示を求めるものとし、甲は乙の求めに応じて要件を提示しなければならない。

---

②承認

本契約では、仕様書の作成も受注者（システム開発会社）の仕事ですが、要件はユーザーから出てくるものなので、システム開発会社の立場からすれば、仕様書を必ずユーザーに確認させ、後から「この機能はおかしい」とか「この機能が足りない」とユーザーがいわないようにする必要があります。また、ユーザーとしても、完成したシステムに不具合があった場合に、それを"システム開発会社のミスだ"というためには、その根拠として仕様書が必要であり、面倒でもきっちり仕様書を確認することは身を守るために重要なことです。そこで、ユーザー・システム開発会社双方の責任者が仕様書を承認した証を明確にするようにしましょう。

2　乙が仕様書の作成を完了した場合、甲は、仕様書の記載内容が本件システムの仕様書として必要事項を満たしていることを確認し、確認できた場合は、甲乙双方の責任者が承認するものとする。

設定ケース2（外部設計～リリースを1本）の場合

設定ケース2の場合は、別契約である準委任契約で作成した要件定義書に

基づいてシステムを構築することになります。したがって、要件定義書に関する規定は不要です。

　外部設計を本契約の中で行う場合は、契約書例1第13条（外部設計書）と同一の条項を（133頁参照）規定してください。

（10）課題管理・変更管理
設定ケース1（全工程1本）の場合

　契約書例1の契約案では、「第14条（課題管理）」と「第15条（変更管理手続）」の条項を設けました。それに対して、設定ケース1の場合は開発規模が小さく課題管理として必要な課題の数も限られるため、「課題管理」の条項は入れなくても良いですが、課題管理が不要という訳ではありません。契約書に記載があろうとなかろうと「課題管理表」を作成し、課題管理は行ってください。

　一方、「変更管理手続」は設定ケース1でも入れています。これは、ユーザー、システム開発会社双方で合意した仕様書の内容は契約に取り込まれ、そのとおりのシステムを構築することがシステム開発会社の義務となるところ、その変更はまさに契約の変更なので、そのプロセスは契約書に明示すべきだからです。

第10条（変更管理手続）

1　甲又は乙は、仕様書の確定後に、仕様書に記載された仕様等の変更を必要とする場合は、相手方に対して、「変更提案書」を交付する。変更提案書には次の事項を記載するものとする。

（1）変更の名称

（2）提案者

（3）提案の年月日

（4）変更の理由

（5）変更にかかる仕様を含む変更の詳細事項

（6）変更のために費用を要する場合はその額

（7）変更作業のスケジュール

2　甲又は乙が相手方に「変更提案書」を交付した場合、変更の可否について甲と乙とで協議を行うものとする。

3　前項の協議の結果、甲及び乙が変更を可とする場合は、甲乙双方の責任者が、変更提案書の記載事項（なお、協議の結果、変更がある場合は変更後の記載事項とする。以下同じ。）を承認するものとする。

4　前項による甲乙双方の承認をもって、変更が確定するものとする。但し、変更が本契約書の記載事項に影響を及ぼす場合は、変更契約を締結した時をもって変更が確定するものとする。

設定ケース2（外部設計～リリースを1本）の場合

　設定ケース2の場合は、契約書例1の第14条（課題管理）（134頁参照）と第15条（変更管理手続）（135頁参照）と同一の条項を設けてください。

（11）資料の提供・管理等

　契約書例1の第16条と同じです。136頁を参照ください。

（12）開発環境の提供

　契約書例1の第17条の解説（139頁参照）でも述べたとおり、請負契約では、仕事に必要な機材は請負人が用意するのが原則です。しかし、システム開発においては、請負契約であっても開発環境を発注者であるユーザーが（少なくとも費用負担としては）提供することがよくあります。開発に使うマシンをそのまま本番に移行する、あるいは開発に使ったマシンを本番稼働後もテスト環境としてユーザーが保持しておく方が合理的なことが多いからです。

　そこで、開発環境をユーザー側で提供する場合は、以下の条項を入れておきましょう。開発環境をシステム開発会社側で用意する場合は、本条は不要です。

第12条（開発環境の提供）

1　甲は、本件業務の遂行のために必要なソフトウェア及びハードウェア

（以下、「開発環境」という。）を、乙に提供する。

2　乙は、開発環境を、本件業務の遂行以外の目的で使用してはならない。

3　乙は、前項のほか、開発環境の使用にあたり、甲の指示に従わなければならない。

4　開発環境の提供に関する詳細条件は、別途書面で定めるものとする。

（13）秘密情報

契約書例1の第18条と同じです。139頁を参照ください。

（14）個人情報

契約書例1の第19条と同じです。141頁を参照ください。

（15）納入

本条項は、本番稼働時期に一括してプログラムと仕様書を納入することとしています。

システム開発に慣れていないユーザーは、プログラムがシステムにインストールされ、それで稼働すれば良いと考えているかもしれませんが、その後のメンテナンスのため、必ず仕様書とソースプログラムの納品も受けるようにしましょう。

ソースプログラムは、プログラマーが作成したプログラムです。いわゆるプログラム言語で書かれており、その言語がわかる人であれば読んで意味がわかりますが、そのままではコンピューターで実行はできません。コンピューターで実行するにはコンパイラーというもので、機械語に変換する必要があります。その機械語に変換されたプログラムをオブジェクトプログラムといいます。

第15条（納入）

乙は甲に対し、第4条で定める期日までに、以下の物を納入する。

オブジェクトプログラム

ソースプログラム

(16) 検収

　検収の意義については、契約書例1第36条の解説（164頁）を参照ください。本契約書案は、小規模なシステムを想定しているため、以下のとおりの案文としました。

　　・システムが小規模であることに鑑み、検収期間を14日間としました。
　　・契約書例1第36条（165頁）では、「検査仕様書」の存在を前提にしていましたが、本契約書案では「検査仕様書」は存在しないことを前提にしています。

第16条（検収）

1　甲は、納入物を受領後14日以内に、納入されたプログラムが仕様書どおりに稼働することを検査する。

2　甲は、納入物が前項の検査に合格する場合、検査合格書を乙に交付するものとする。又、甲は、納入物が前項の検査に合格しないと判断する場合、乙に対し不合格となった具体的な理由を明示した書面を速やかに交付し、修正を求めるものとし、乙は不合格理由が認められるときには、甲と乙とで協議の上定めた期限内に無償で修正して甲に納入するものとする。

3　検査合格書が交付されない場合であっても、検査期間内に甲が書面で具体的かつ合理的な理由を明示して異議を述べない場合は、納入物は、本条所定の検査に合格したものとみなされる。

4　本条所定の検査合格をもって、納入物の検収完了とし、納入物の引渡が完了したこととする。

---

(17) 契約不適合責任

　契約書例1の第37条と同じです。168頁を参照ください。

---

*1　設定ケース2では設計書。

（18）納入物の所有権

契約書例1の第20条と同じです。141頁を参照ください。

（19）納入物の著作権

契約書例1の第22条と同じです。144頁を参照ください。

なお、契約書例1の契約書案では、「第21条（納入物の特許権等）」という規定を入れていましたが、本契約書案は小規模なシステムを対象としていることから、案文上は割愛しています。しかし、発明に関連するシステムであれば（例えば、特定の特許を実施するシステムであれば）、小規模でもそのような条項を入れておきましょう。

（20）知的財産権侵害の責任

契約書例1の第23条と同じです。146頁を参照ください。

（21）第三者ソフトウェアの利用

契約書例1の第24条と同じです。147頁を参照ください。

（22）セキュリティ

設定ケース1（全工程1本）の場合

契約書例1の第25条と同じ条項を定めておきましょう。148頁を参照ください。

設定ケース2（外部設計～リリースを1本）の場合

設定ケース2の場合は、セキュリティ仕様は要件定義フェーズで定めるものなので、原則、本条項は不要です。ただし、要件定義フェーズでセキュリティ仕様について確定できなかった（しなかった）場合は、設定ケース2でも本条項を定めておくか否かを検討しましょう。

（23）権利義務の譲渡の禁止

契約書例1の第26条と同じです。151頁を参照ください。

（24）解除

契約書例1の第27条と同じです。152頁を参照ください。
ただし「個別契約」の記載は不要です。

（25）損害賠償

契約書例1の第28条と同じです。155頁を参照ください。ただし、個別契約はありませんので、契約書例1の第28条で「個別契約」としている部分は「本契約」とします。

（26）反社条項

契約書例1の第29条と同じです。159頁を参照ください。

（27）契約の変更

契約書例1の第30条と同じです。161頁を参照ください。

（28）合意管轄及び準拠法

契約書例1の第31条と同じです。161頁を参照ください。

（29）協議

契約書例1の第32条と同じです。162頁を参照ください。

業務委託契約書
（要件定義・準委任契約）

※契約書例の全文を Word ファイルで Web 提供いたします。詳しくは、v 頁の「読者特典ダウンロードのご案内」をご覧ください。

1　本契約書例の対象

　契約書例3は、契約書例2の設定ケース2（外部設計〜リリースを1本）に対応する、要件定義フェーズのみを括りだして準委任契約の形で契約するものです。

2　契約条項と解説

（0）タイトル＆前文

　以下の条文例は、システム開発会社が要件定義書を作成することを前提に、「要件定義作業を乙に委託し」としています。ユーザーが要件定義書を作成する場合は、「要件定義の作成支援業務を乙に委託し」としてください。

業務委託契約書

○○株式会社（以下、「甲」という。）と○○株式会社（以下、「乙」という。）は、甲が、甲の○○○システム（以下、「本件システム」という。）の開発にかかる要件定義作業を乙に委託し（以下、「本件業務」という。）、乙はこれを受託することに関し、以下のとおり、契約（以下、「本契約」という。）を締結する。

（1）委託業務

　以下の条文例は、システム開発会社が要件定義書を作成することを前提に、要件を提示するのはユーザー、それを要件定義書に記載するのはシステム開発会社であることを記しています。不完全な要件定義書とならないように、機能

要件と非機能要件について明確に定義しておくことが重要です（110頁参照）。

第1条（委託業務）

乙は、甲から提示を受けた本件システムの機能要件（甲の要求を満足するために、ソフトウェアが実現しなければならない機能にかかる要件。）及び非機能要件（機能要件以外のすべての要素にかかる要件。品質、性質、運用等に関する目標値及び具体的事項により定義される。）を基に、要件定義書を作成する。

ユーザーが要件定義書を作成する場合の条文例は以下のとおりです。

第1条（委託業務）

甲は、本件システムの機能要件（甲の要求を満足するために、ソフトウェアが実現しなければならない機能にかかる要件。）及び非機能要件（機能要件以外のすべての要素にかかる要件。品質、性質、運用等に関する目標値及び具体的事項により定義される。）を検討し本件システムの要件定義書を作成するにあたり、技術面の支援等を乙に委託し、乙はこれを受託する。

（2）準委任契約

準委任契約であることを明示します。

第2条（準委任契約）

本契約は、準委任契約とする。

（3）作業分担

システム開発会社が要件定義書を作成する場合

　システム開発会社が要件定義書を作るといっても、要件はユーザーが提示する必要があるので、その点を1項で明確にしています。特に非機能要件は漏れやすいので注意してください。

> 第3条（作業分担）
> 1　甲は、本件システムの機能要件及び非機能要件を乙に提示する。
> 2　乙は、甲から提示された機能要件及び非機能要件に基づいて要件定義書を作成する。

ユーザーが要件定義書を作成する場合

　システム開発会社側の作業（2項）は、実態にあわせて記載してください。

> 第3条（作業分担）
> 1　甲は、本件システムの機能要件及び非機能要件を検討し、要件定義書を作成する。
> 2　乙は、甲が本件システムの機能要件及び非機能要件を検討するにあたり、現行システムの機能分析及び甲が検討した要件実現の技術的フィージビリティの検討を行う。

（4）作業期間

　準委任契約なので、仕事の完成が目的ではないことから「納期」ではなく「作業期間」とします。

> 第4条（作業期間）
> 本件業務の作業期間は、令和○年○月○日から令和○年○月○日までとする。

（5）委託料及びその支払方法

　委託料は、月次等定期的に支払う方法と、要件定義書の完成と引換えに支払う方法があります。月次で支払う場合は、毎月、システム開発会社が作業報告書と請求書を作成し、それを基にユーザーが支払うこととなります。

なお、法的には「委託料」という言葉よりも「報酬」が適切ですが、一般的な語感として報酬は個人に支払うイメージがあるので、ここでは「委託料」としています。

第5条（委託料及びその支払方法）

1　委託料は1人月あたり以下のとおりとする。

Aランク　○○円（消費税を除く）

Bランク　○○円（消費税を除く）

Cランク　○○円（消費税を除く）

2　甲及び乙は、毎月○日までに、次月のランク別投入工数について合意をする。

3　乙は、毎月○日までに、前月の作業報告書及び請求書を甲宛に発行する。

4　甲は、第3項の作業報告書及び請求書の内容を確認し、問題がなければ、月末日までに前月作業分の委託料を、乙の指定する口座に振込む方法で支払う。

一方、要件定義書の完成と引換えに支払うような契約類型を、成果完成型の委任契約といい、令和2年4月施行の民法改正で明文規定ができました（民法648条の2）。

この場合、1人月いくらで報酬額を決めるのではなく、全体としていくらと決めることが多いと思われるので、その場合の条文例を以下に示します。

第5条（委託料及びその支払方法）

1　本件業務に対する乙の予定工数は○人月とし、委託料は金○○円とする（消費税別）。

2　甲は、乙から要件定義書を受領した後○日以内に、第1項の委託料を、乙の指定する口座に振込む方法で支払う。

3　本件作業が、第1項で定める予定工数で完了しない場合は、甲乙間で

対応を協議する。

(6) 費用分担

契約書例 1 の解説（119 頁）を参照ください。

第 6 条（費用分担）
本件業務の遂行に必要な旅費交通費、器具・備品、消耗品等にかかる費用はすべて乙が負担するものとする。

(7) 再委託

契約書例 1 の第 7 条と同じです。120 頁を参照ください。

(8) 責任者

契約書例 1 の第 9 条と同じです。126 頁を参照ください。

(9) 主任担当者

契約書例 1 の第 10 条と同じです。128 頁を参照ください。特に、本件は要件定義フェーズの契約なので、ユーザーの主任担当者をユーザーの部署毎に明確化することが重要です。

(10) 連絡協議会

契約書例 1 の第 11 条と同じです。129 頁を参照ください。

(11) 要件定義書

次フェーズのためには、本件契約の中で、設計に耐え得る要件定義書を作成し、後戻りが発生しないようにすることが大事です。

そのためには、システム開発会社からみれば、ユーザーの責任者に承認させることにより、設計フェーズ以降にユーザーから「実は大事な要件が漏れていました」と言えないようにしておくことが重要です。一方、ユーザーからみれ

ば、システム開発会社の責任者に承認させることにより、後で「そんなシステムは技術的に作れません」と言えないようにしておくことも大事です。

> 第 11 条（要件定義書）
> 要件定義書の作成を完了した場合、甲及び乙は、要件定義書の記載内容が本件システムの要件定義として必要事項を満たしていることを確認し、確認できた場合は、甲乙双方の責任者が承認するものとする。

（12）資料の提供・管理等

契約書例 1 の第 16 条と同じです。136 頁を参照ください。

（13）秘密情報

契約書例 1 の第 18 条と同じです。139 頁を参照ください。

（14）個人情報

契約書例 1 の第 19 条と同じです。141 頁を参照ください。

（15）著作権

ここで問題となる著作権は、プログラム著作権ではなく、要件定義書の文書作成物としての著作権です。基本的には契約書例 1 の第 22 条の解説で述べたとおりですが（144 頁参照）、著作権法 47 条の 3 及び 47 条の 6 はプログラム著作権に関する規定なので、これに関する条項は不要となります。

システム開発会社が要件定義書を作成する場合

いくら要件をユーザーが提示しても、要件定義書自体をシステム開発会社が作成した場合、その著作権は原始的にシステム開発会社（あるいはその社員）に属します。著作権はアイデアを保護するものではないからです。そこで、要件定義書の著作権をシステム開発会社からユーザーへ契約で移転させます。

> 第15条（要件定義書の著作権）
> 要件定義書に関する著作権（著作権法第27条及び第28条の権利を含む。以下同じ。）は、甲より乙へ委託料が完済された時に、乙から甲へ移転する。なお、かかる乙から甲への著作権移転の対価は、委託料に含まれるものとする。又、乙は甲に対して著作者人格権を行使しない。

ユーザーが要件定義書を作成する場合

　ユーザーが要件定義書を作成する場合、その著作権は原始的にユーザーに帰属しますので、以下は注意的な規定です。

> 第15条（要件定義書の著作権）
> 要件定義書の著作権は、甲に帰属する。

（16）セキュリティ

　契約書例1の第25条と同じです。148頁を参照ください。

（17）権利義務の譲渡の禁止

　契約書例1の第26条と同じです。151頁を参照ください。

（18）解除

　契約書例1の第27条の解説（152頁）を参照ください。

　本契約は準委任契約です。準委任契約は、双方からいつでも解除できるのが民法の原則です（民法651条）。しかし、例えば、要件定義を準委任契約でシステム開発会社が受託していたのに、システム開発会社が別のもっと条件の良い仕事を受託できたため、要件定義フェーズの途中で一方的に契約を解除したら、ユーザーは困ってしまいます。同様に要件定義フェーズの途中で、ユーザーがもっと良い委託先が見つかったからといって一方的に契約を解除したら、システム開発会社は困ってしまいます。そこで、本条3項では、本条1項または2項に該当しない場合は解除できないことを定めています。つまり、任

意解除の原則を否定しています。

第18条（解除）

1　甲又は乙は、相手方に次の各号のいずれかに該当する事由が生じた場合には、何らの催告なしに直ちに本契約の全部又は一部を解除することができる。

(1)　支払の停止があった場合、又は仮差押、差押、競売、破産手続開始、民事再生手続開始、会社更生手続開始、特別清算開始の申立があったとき

(2)　手形交換所の取引停止処分を受けたとき

(3)　公租公課の滞納処分を受けたとき

(4)　背信的行為があったとき

(5)　その他前各号に準ずるような本契約を継続し難い重大な事由が発生したとき

(6)　前各号に定めるほか、民法第541条1項で定める要件に該当するとき

2　甲又は乙は、相手方が本契約のいずれかの条項に違反し、相当期間を定めて催告をしたが相当期間内に、相手方の債務不履行が是正されない場合は、本契約の全部又は一部を解除することができる。

3　本契約は、前2項に定める場合、又は甲乙双方の合意があるとき以外は、解除をすることができない。

---

(19) 損害賠償

契約書例1の第28条と同じです。155頁を参照ください。ただし、個別契約はありませんので、契約書例1の第28条で「個別契約」としている部分は「本契約」とします。

(20) 反社条項

契約書例1の第29条と同じです。159頁を参照ください。

（21）契約の変更

契約書例1の第30条と同じです。161頁を参照ください。

（22）合意管轄及び準拠法

契約書例1の第31条と同じです。161頁を参照ください。

（23）協議

契約書例1の第32条と同じです。162頁を参照ください。

4 業務委託基本契約書

※契約書例の全文を Word ファイルで Web 提供いたします。詳しくは、v 頁の「読者特典ダウンロードのご案内」をご覧ください。

1 本契約書例の対象

　契約書例 4 は、システム開発会社間の基本契約です。1 次請けのシステム開発会社が 2 次請けに出す、または 2 次請けのシステム開発会社が 3 次請けに出す発注は繰返し行われます。そのため、基本契約書を締結しておき、案件毎に個別契約書を交わすことが多いですが、契約書例 4 はその基本契約書です。

> **設定ケース**
>
> ・契約当事者：委託者は元請のシステム開発会社、受託者は下請けのシステム開発会社
> ・委託者と受託者は、恒常的に発注関係があることを想定している。発注対象となるシステム開発は様々であり、案件毎に個別契約書を交わすが、本契約書は各個別契約に共通的に適用される事項を定めるもの。
> ・ハードウェア取引については、本ソフトウェア開発委託契約の対象としない。

2 契約条項と解説

(0) タイトル&前文&第 1 条

　本契約書は、準委任契約、請負契約を問わず適用されることを前提にしています。「委託」という言葉は、民法上の用語ではありません。ここでは、「仕事を他人に任せること」との意味で使っています。

　前文は、当事者がわかれば良いレベルの記載としています。

業務委託基本契約書

○○株式会社（以下、「甲」という。）と、○○株式会社（以下、「乙」という。）は以下のとおり、システム開発に関する基本契約を締結する。

（1）基本契約

　本契約書例では、第1条で基本契約であることを宣言しています。基本契約で共通事項を定めますが、発注される案件は様々です。本基本契約で不都合がある場合は、基本契約と抵触する事項を個別契約で定め、それが優先適用されることとし、案件毎に柔軟な対応がとれるようにしておきます。

　「付帯する業務」とは、導入支援業務、マニュアルやトラブルシュートの作成等を指しています。

第1条（基本契約）

本契約は、甲が乙に対して委託するシステム開発に関する業務及びこれに付帯する業務に共通に適用される。但し、甲乙間の個々の業務委託に関する契約（以下、「個別契約」という。）において本契約と異なる定めをした場合は、個別契約の定めが優先的に適用されるものとする。

（2）個別契約

①個別契約書の形式

　本来、契約書は口頭合意でも有効に成立するのが原則です。しかし、口頭合意の成立を立証することは困難です。口頭合意で契約が成立するとすれば、言った言わないで争いになり、契約の存否が不安定な状態となってしまいます。そこで、本条項は「個別契約書の締結、注文書及び注文請書の取り交わし、又は業務委託書及び業務委託請書の取り交わしにより成立するものとする」とし、口頭合意やメールによる合意だけでは契約が成立したことにはならないことを明記しています。

　一方、「注文書及び注文請書の取り交わし、又は業務委託書及び業務委託請

書の取り交わし」としていますから、個別契約書は必ずしも必要がないとしています。

> 第2条（個別契約）
> 1　個別契約は、随時、個別契約書の締結、注文書及び注文請書の取り交わし、又は業務委託書及び業務委託請書の取り交わしにより成立するものとする。

②個別契約書の記載事項

①で述べたように、個別契約は注文書及び注文請書の取り交わしで良く、個別契約書は必要ありませんが、注文書には必ず「作業項目・範囲、準委任契約・請負契約の別、作業分担、作業期間・納期、納入場所、成果物、委託代金その他必要な事項」を記載するようにしてください。

なお、準委任契約・請負契約の別は、「準委任契約」や「請負契約」と書かなくても、その記載内容から「仕事の完成」を目的としているか否かが明確であれば結構です。

> 2　個別契約には、作業項目・範囲、準委任契約・請負契約の別、作業分担、作業期間・納期、納入場所、成果物、委託代金その他必要な事項を定めるものとする。

◆受託会社の立場から

発注書は委託側の会社が作成しますが、必要事項が漏れなく記載されているかを注意してチェックし、漏れがあれば発注書の再発行を依頼しましょう。特に、作業項目・範囲と、作業分担には注意してください。委託側の会社は、これらの事項を曖昧な発注書にしておき、取引関係において優越的地位にあることを背景に、後から受託側の会社に無理難題を押し付けてくるかもしれません。

受託側の会社と一定の資本金額の大小関係にあるとき、いわゆる下請法の適用を受けます（84頁参照）。「下請代金支払遅延等防止法第3条の書面の記載事項等に関する規則」にて、親事業者が下請事業者に発注に際して交付すべき発注書面には、次の具体的記載事項がすべて記載されている必要があるとされているので注意してください。

1. 親事業者及び下請事業者の名称（番号、記号等による記載も可）
2. 情報成果物作成委託をした日
3. 下請事業者の給付の内容
4. 下請事業者の給付を受領する期日
5. 下請事業者の給付を受領する場所
6. 下請事業者の給付の内容について検査をする場合は、その検査を完了する期日
7. 下請代金の額
8. 下請代金の支払期日
9. 手形を交付する場合は、その手形の金額（支払比率でも可）と手形の満期
10. 一括決済方式で支払う場合は、金融機関名、貸付け又は支払可能額、親事業者が下請代金債権相当額又は下請代金債務相当額を金融機関へ支払う期日
11. 電子記録債権で支払う場合は、電子記録債権の額及び電子記録債権の満期日
12. 原材料等を有償支給する場合は、その品名、数量、対価、引渡の期日、決済期日、決済方法

③注文書の例

注文書の例を以下に示します。これは大手システム開発会社である株式会社○○システムソリューションズが○○食品の基幹システムの構築を受託し、そのうちの在庫管理システムの開発の内部設計フェーズからシステム結合フェーズまでを、請負契約で○○システム開発株式会社へ再委託する例です。

注文書

〇〇システム開発株式会社　御中

2023 年 2 月 1 日

東京都〇〇区〇〇町〇丁目〇番〇号
株式会社〇〇システムソリューションズ
代表取締役　〇〇　〇〇　㊞

2022 年 4 月 1 日付け「業務委託基本契約書」に基づき、以下のとおり注文いたします。

1　発注業務
　　〇〇食品の基幹システムのうちの在庫管理システムの開発
　　（内部設計フェーズからシステム結合まで）
2　契約形態
　　請負契約
3　納品物
　　内部設計書　　　　　　　　　　　　1 式
　　テスト計画書、チェックリスト、テスト結果　1 式
　　ソースプログラム　　　　　　　　　1 式
　　オブジェクトプログラム　　　　　　1 式
4　納品期限
　　2023 年 10 月 31 日
5　納品場所
　　株式会社〇〇システムソリューションズ　京浜事業所
6　検査完了期限
　　2023 年 11 月 30 日
7　請負金額
　　中間金 50 百万円、最終金 50 百万円、計 100 百万円（消費税別）
8　支払期日
　　中間金：2023 年 6 月 30 日、最終金：検査完了後 10 日以内

以上

（3）適用条項

　本契約書例は基本契約書です。委託会社と受託会社間においては、当初の契約が準委任契約であっても、今後、取引が広がり請負契約を締結する可能性もあります。そのため、当初から双方の契約形態に対応できる基本契約書とすることが望まれます。委託会社と受託会社との基本契約書は、継続的取引の契約書なので、4000円の収入印紙が必要となります。後で無駄にならないように、最初から想定できるあらゆる契約形態をカバーしておくようにしておいた方が良いです。

第3条（適用条項）

1　本契約書の第1条から第27条は、準委任契約・請負契約の別に関わりなく個別契約に適用する。

2　個別契約において、準委任契約と定められた場合、本契約書の第28条から第31条を適用する。

3　個別契約において、請負契約と定められた場合、本契約書の第32条から第35条を適用する。

（4）委託料及びその支払方法

　契約書例1の第5条と同じです。118頁を参照ください。

　特に、受託会社の要員が委託会社に常駐する場合は偽装請負になりやすいので、本条2項が遵守されるように委託会社は気を配りましょう。受託会社の要員が委託会社に常駐する場合、委託会社の机・椅子やパソコンを受託会社の要員に使わせることはありますが、その場合は、別途、机・椅子やパソコンを委託会社が受託会社に貸す契約を手当てしておきましょう。

（5）再委託

　システム開発は、1次請け、2次請け、3次請け…という多重の委託構造で成立っています。しかし、再委託先からの情報漏えいリスクや、再委託先の倒産リスクを抱えているのも事実です。そこで、再委託を行う場合は、委託元に

承諾を得る必要がある旨を定めたのが本条項です。

第5条（再委託）

1　乙は、事前の甲の書面による承諾がある場合に限り、本件業務の一部を第三者に再委託することができる。当該第三者がさらに第三者に委託する場合、それ以降の場合（以下、第三者を総称して「再委託先」という。）も同様とする。

2　乙は、前項の甲の承諾を得ようとする場合、別途甲が定める方法により再委託の内容、再委託先の情報を甲に通知するものとする。

3　乙は当該再委託先との間で、再委託にかかる業務を遂行させることについて、本契約に基づいて乙が甲に対して負担するのと同様の義務を、再委託先に負わせる契約を締結するものとする。

4　乙は、再委託先の履行について、自ら業務を遂行した場合と同様の責任を負う。但し、甲の指定した再委託先の履行については、乙に故意又は重過失がある場合を除き、責任を負わない。

●委託会社の立場から

　委託会社の立場からすれば、本条項例を基本契約書に入れるようにするのが適切です。案件によっては、秘密事項を扱う案件など、一切再委託を許すべきでない案件もあります。しかし、その場合は、個別契約で再委託不可にすれば問題ありません。システム開発業界が多層の委託構造で成立っているのは動かし難い現実ですから、開発を円滑に進めるためには、合理的な再委託は受入れるべきです。本条項例では、再委託を認めるか否かの権限は委託会社側にあるので、委託会社側にとって都合の良い条項となっています。

　また、再委託を許可制にすると、再委託の割合や再委託先の会社の顔ぶれにより、発注先（受託会社）の能力がよくわかります。

　なお、委託元に隠して再委託を行っているケースも散見されるようなので、注意してください。

◆受託会社の立場から ···

　受託会社の立場からすれば、自由に再委託したいところです。そこで、理想は、

> 第5条（再委託）
> 乙は、乙の責任において、<u>甲の承諾なく、</u>本件業務の全部又は一部を第三者へ再委託することができる。

としたいところです。

　しかし、これを正面から切り出しては、委託会社に NO と言われてしまうでしょう。なお、再委託に関する条項がなければ、<u>準委任契約の場合は再委託は不可、請負契約の場合は自由です。</u>

　現実的には、受託会社寄りの着地点としては、以下の条項例が考えられます。

> 第5条（再委託）
> 1　乙は、乙の責任において、<u>甲の承諾なく、</u>本件業務の全部又は一部を第三者へ再委託することができる。<u>但し、乙は、甲が要請した場合、当該第三者の名称及び住所等を甲に報告するものとし、甲において当該第三者に再委託することが不適切となる合理的な理由が存する場合、甲は乙に、書面により、その理由を通知することにより、当該第三者に対する再委託の中止を請求することができる。</u>
> 2　乙は再委託を行うとき、本契約に基づいて乙が甲に対して負担するのと同様の義務を、再委託先に負わせる契約を締結するものとする。
> 3　乙は、再委託先の履行について甲に帰責事由がある場合を除き、自ら業務を遂行した場合と同様の責任を負うものとする。但し、甲の指定した再委託先の履行については、乙に故意又は重過失がある場合を除き、責任を負わない。
> 4　再委託先がさらに再委託をする場合も同様とする。

（6）主任担当者

　ユーザーとシステム開発会社との間では、責任者が大事でしたが、<u>委託会社</u>（元請会社）と受託会社（下請会社）との関係では、責任者よりも作業推進体制が大事です。委託会社にとっては、受託会社がちゃんと仕事をしてくれる体制を作ってくれるかが重要なので、本条項を基本契約書に盛り込みましょう。作業推進体制の中でも、それを現場ベースでマネジメントする主任担当者が極めて大事なので、本条項の標題は主任担当者にしています。

　受託会社としては、どの会社に再委託を出すかは、再委託先の主任担当者の"顔"による部分も多分にあります。中小のシステム開発会社としては、受注をとるためには、主任担当者を育て、その主任担当者を売り込むことも戦略だと思います。

第6条（主任担当者）

1　甲及び乙は、個別契約毎に、それぞれ<u>主任担当者及び作業推進体制</u>を定める。

2　甲及び乙は、本契約又は個別契約に定めた事項のほか、業務遂行に関する相手方からの要請、指示等の受理及び相手方への依頼、その他相手方との連絡、確認等は主任担当者を通じて行うものとする。

（7）連絡協議会

　ユーザーとシステム開発会社の連絡協議会は、仕様検討や課題管理がメインの議題になるのに対し、委託会社と受託会社の連絡協議会は、進捗管理と品質管理がメインとなります。委託会社としては、ユーザーに対しては、受託会社の不始末の責任も負う立場にあるので、プロとしてしっかり、進捗管理と品質管理を行っていかなければなりません。

　現実には、連絡協議会の条項が基本契約書になくても、定期的なミーティングは行っている場合が多いとは思いますが、契約書に謳うことにより、受託会社を法的に拘束すると同時に、自らも流されないように律することが重要です。

　連絡協議会の条項を契約書に入れることにより、委託会社としては、受託会

社が連絡協議会の開催に応じない場合は、催告をした上で契約を解除すること
ができます。

　受託会社としては、委託会社から細かく管理されるのは嫌かもしれません。
しかし、連絡協議会で進捗を正直に報告しておくことは、納期遅れや品質不良
等の問題が後日発覚した際のリスクヘッジになるので、きっちり連絡協議会で
対応をするべきです。一時の少しの恥を嫌がると、後日に大火傷をしてしまう
ことがよくあることは、システム開発会社の方なら少なからず心当たりがある
と思います。

第 7 条（連絡協議会）

1　甲及び乙は、個別契約による作業期間においては、その進捗状況、リ
スクの管理及び報告、問題点の協議及び解決その他本件業務が円滑に遂行
できるよう必要な事項を協議するため、連絡協議会を開催する。

2　連絡協議会は、原則として、個別契約で定める頻度で定期的に開催す
るものとし、それに加えて、甲又は乙が必要と認める場合に随時開催する
ものとする。

3　連絡協議会には、甲乙双方の主任担当者及び主任担当者が適当と認め
る者が出席する。

4　甲及び乙は、本件業務の遂行に関し連絡協議会で決定された事項につ
いて、本契約及び個別契約に反しない限り、これに従わなければならない。

5　乙は、連絡協議会の議事内容及び結果について、書面により議事録を
作成し、これを甲に提出し、その承認を得るものとする。

6　甲及び乙は、本条に定める連絡協議会のほか、本件業務の遂行に必要
な会議体を定義し、開催することができる。

---

(8) 資料の提供・管理等

　契約書例 1 の第 16 条と同じです。136 頁を参照ください。

（9）開発環境の提供

契約書例 1 の第 17 条と同じです。139 頁を参照ください。

特に、委託会社（元請会社）・受託会社（下請会社）間は、ユーザー・元請会社間の関係以上に偽装請負を疑われやすいので、注意しましょう。

（10）業務従事者
①業務従事者の選定

請負契約の場合はもちろん、準委任契約であっても、委託会社が受託会社の業務従事者を選任する権限はありません。しかしながら、受託開発は、"人"が商品といっても過言ではなく、実際には、バイ・ネームで業務従事者を指定し、それを事実上の条件に委託会社が受託会社に発注することは垣間見られます。それが行きすぎると、偽装請負を疑われる要素にもなってしまいます。そこで、基本契約書では、原則を確認しておきましょう。

第 10 条（業務従事者）
1　業務に従事する乙の従業員（以下、「業務従事者」という。）の選定は、乙が行う。

---

②指揮命令等

本条項には 2 つの意味があります。1 つは偽装請負とならないように襟を正すことです。本条 2 項に違反するような関係であれば、偽装請負と評価されても致し方ありません。2 つ目は、労働関係上の義務を負わないことを明確にすることです。特に、労働契約の直接の当事者でない者であっても「労働者の基本的な労働条件等について、雇用主と部分的とはいえ同視できる程度に現実的かつ具体的に支配、決定することができる地位にある」者は労働組合法上「使用者」としての責任を負う可能性があります（朝日放送事件：最判平成 7 年 2 月 28 日）。受託会社の従業員が加入する労働組合から、委託会社が団体交渉を求められる可能性もあるので注意しましょう。

2　業務従事者に対する業務遂行に関する指示、労務管理及び衛生管理等に関する一切の指揮命令は乙が行う。

3　甲は、業務従事者に対し、雇用主としての一切の義務を負担しない。

（11）作業場所の提供

①委託者の事務所で作業する場合

　システム開発において、いわゆる客先で開発に従事することは、普通のことです。受託会社の従業員が、委託会社の作業スペースで仕事をすることも普通のことです。確かに、同じ作業場所で作業した方が、打合わせなどには便利です。また、開発環境の制約で同じ場所で作業せざるを得ないこともよくあることです。しかし、委託会社の従業員が受託会社の担当者に直接指示をしたら、偽装請負と評価されてしまいます。そこで、偽装請負とならないように、同一の事務所内であっても、その中で受託会社の作業区画を定めて独立性を物理的に確保する必要があります。

第 11 条（作業場所の提供）

1　業務遂行上、甲の事務所等で乙が作業を実施する必要がある場合、甲は乙に対してその事務所内に乙の業務従事者の作業区画を定めて、乙に作業場所を提供する。この場合の使用方法、料金等の使用条件は、各個別契約又は覚書で定めるものとする。

②受託者の遵守事項

　以下の条項例では、「甲の防犯、秩序維持等に関する諸規則を当該業務従事者に遵守させる。」と規定していますが、一番重要なのは、情報管理に関するルールの遵守です。例えば、委託会社がカメラ付き携帯電話の持ち込みを禁じているのであれば、受託会社の従業員を委託会社の事務所で作業させる場合には、それを受託会社の従業員にも遵守させなければなりません。

> 2 前項の場合、乙は乙の業務従事者を乙の主任担当者の指揮命令下において本件業務に従事させるとともに、甲の防犯、秩序維持等に関する諸規則を当該業務従事者に遵守させる。

(12) 秘密情報

　契約書例1の第18条と同じです。139頁を参照ください。

(13) 個人情報

　契約書例1の第19条と同じです。141頁を参照ください。

(14) 納入物の所有権

　契約書例1の第20条と同じです。141頁を参照ください。

(15) 納入物の著作権

　委託会社としては絶対に忘れてはいけない条項です。受託会社がコーディングしたプログラムの著作権は、原始的に著作権が受託会社に帰属します。委託会社がユーザーから著作権移転の義務を負いながら、受託会社から自己に著作権の移転を受けていないと、ユーザーに著作権を移転できず債務不履行になってしまいます。

　契約書例1第22条では、著作権の移転時期を委託料支払と同時としましたが、ユーザー⇒委託会社の支払の方が、委託会社⇒受託会社の支払よりも早い場合にも対応できるように、本条項例では納品と同時に著作権が移転することとしました。しかし、受託会社の立場としては、委託料の支払と同時に著作権が移転するような条項となるよう交渉すべきです。

　また、著作権は委託会社からさらにユーザーに移転することを想定し、著作者人格権は「甲から著作権の譲渡を受けた者」に対しても行使しないとしています。

　なお、本条項例では、ユーザー、委託会社間の契約条項例には入れた「納入

物の特許権等」に関する条項を入れていません。それは、受託会社において、著作権以外の知的財産権が生じることはあまり想定できないからです。しかし、例えば、委託会社が2次請けの会社に丸投げするような場合など、受託会社で著作権以外の知的財産権が発生する可能性がある場合は、「納入物の特許権等」に関する条項も入れておきましょう。

第
2
部

第15条（納入物の著作権）

納入物に関する著作権（著作権法第27条及び第28条の権利を含む。以下同じ。）は、乙より甲へ当該個別契約にかかる納入物が納品された時に、乙から甲へ移転する。なお、かかる乙から甲への著作権移転の対価は、委託料に含まれるものとする。又、乙は甲及び甲から著作権の譲渡を受けた者に対して、著作者人格権を行使しない。

（16）知的財産権侵害の責任

契約書例1の第23条と同じです。146頁を参照ください。

（17）第三者ソフトウェアの利用

ユーザーに提供するシステムに第三者ソフトウェアを使用する場合、委託会社は第三者ソフトウェアに関して、著作権その他の権利の侵害がないことおよび瑕疵のないことについて必要十分な調査を行った上で、ユーザーに承諾を得るべきです（契約書例1第24条）。147頁の解説を参照ください。

それに対して本条項は、開発にあたり第三者ソフトウェアを使用する場合を規定しています。「乙が本件業務を遂行するにあたり」とは、乙がシステムを開発するにあたりと同義ですが、漏れが生じないように「乙が本件業務を遂行するにあたり」という表現を使用しています。

契約書例1では、ユーザーとシステム開発会社との間には、第三者ソフトウェアに関する知識に乖離がある（当然、システム開発会社が詳しい）ことを前提としていましたが、本契約書例では、委託会社と受託会社とは、第三者ソフトウェアに関する知識は対等であることを前提としています。

契約書例 **4**　業務委託基本契約書

第17条（第三者ソフトウェアの利用）

乙が本件業務を遂行するにあたり、第三者が権利を有するソフトウェア（以下「第三者ソフトウェア」という。）の利用が必要となるときは、甲及び乙は、その取扱いについて協議し、甲又は乙と当該第三者との間でライセンス契約の締結等、必要な措置を講ずるものとする。

（18）コンピューターウイルスに対する措置

受託会社が委託会社の環境にコンピューターウイルスを持ち込んではいけないことは当然ですが、それを注意的に規定したものです。

第18条（コンピューターウイルスに対する措置）

乙は、納入物、及び、甲若しくは甲のクライアントのネットワークと接続するコンピューターに、コンピューターウイルスを含む悪質なコードが混入しないよう、最大限の注意をし、適切かつ合理的な措置をとらなければならない。

（19）商流飛ばしの禁止

例えば、3次請けの会社が、次の案件で、2次請けの会社を飛ばし直接1次請けの会社と契約をし（すなわち、次の案件では3次請けの会社が2次請けとなり、元々2次請けの会社は商流から排除される）、トラブルとなることが散見されます。

本条項は、そのようなトラブルとなった際に、従来の2次請けの会社が従来の3次請けの会社に損害賠償請求をできるようにするための条項です。

したがって、受託会社としては不利な条項であり、また本来委託会社（例でいえば2次請けの会社）がその委託会社（上位会社）から評価をされていれば、そのような事態にはならない訳で委託会社が自己の低評価のリスクを受託会社に負わせようとする不合理な面がある条項なので、受託会社としては、このような条項を入れられないように粘り強く交渉しましょう。

第 19 条（商流飛ばしの禁止）

乙は、本件契約期間終了後〇年間、直接または間接を問わず、甲（本契約上の甲の受注元を含む）を除外した契約を締結してはならない。

（20）権利義務の譲渡の禁止

契約書例 1 の第 26 条と同じです。151 頁を参照ください。

（21）経営状況に関する報告

システム開発会社が経営危機に陥れば、社員の退社により納期を守れなくなったり、士気の低下による情報漏えいリスクが発生します。委託会社としては受託会社に案件を発注する時には、受託会社の経営状況はチェックすべきです。委託会社が恒常的に受託会社に再委託をしているのであれば、その委託会社は年に 1 回は、その受託会社に税務申告書等、経営状況がわかる資料を提出させるべきです。

第 21 条（経営状況に関する報告）

甲は乙に対して、必要に応じ乙の経営状況に関する報告を求めることができる。

（22）解除

契約書例 1 の第 27 条と同じです。152 頁を参照ください。

（23）損害賠償

契約書例 1 第 28 条の解説（155 頁）で述べたように、ユーザーとシステム開発会社間の契約では、損害賠償額について制限を設ける（民法の原則より制限する）ことが多いです。理由は、そうしないと損害額が無限に大きくなってしまう可能性があるからです。

では、委託会社・受託会社間ではどうすれば良いでしょうか。もちろん一般

論としては、委託会社としては損害賠償に制限を設けない方が有利で、受託会社としてはその逆です。

しかし、ここでよく考えていただきたいのは、委託会社、受託会社間の損害は、ユーザー、委託会社間の損害によるところが大きい点です。契約関係は図4.1のとおりです。

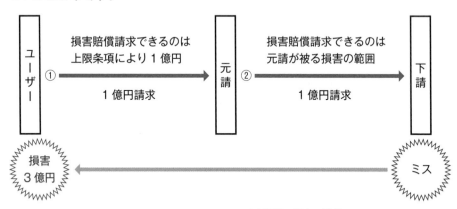

図4.1　委託会社・受託会社間の損害とユーザー・委託会社間の損害の関係

図4.1の①で損害賠償が制限されれば、委託会社はその範囲でしか損害を生じないため、②の損害も①の範囲でしか生じません。つまり、②に制限がなくても①が制限されていれば、下請会社としても請求される損害額が無限に大きくなってしまう恐れはありません。そこで本条項例のような条文であっても、受託会社が著しく不利という訳ではありません。

第23条（損害賠償）

甲は、本契約又は個別契約の履行に関し、乙の責に帰すべき事由により甲が被った通常の損害に関して、乙に対して損害賠償請求をすることができる。

（24）契約期間

委託会社、受託会社間の委託関係（発注関係）は、永続的に続くことがよくあります。そのため、契約期間を定めて、期限到来時に契約内容を見直すこと

ができるようにしておきましょう。そうでないと、当初の契約に永久に縛られることになりかねません。

　一方で、毎年契約書を作るのも面倒なので自動更新としておきましょう。

第 24 条（契約期間）

1　本契約の有効期間は本契約締結日より 1 年間とする。但し、契約期間満了の 3 ヶ月前までに甲乙いずれかから書面若しくは電子メールによる本契約終了の意思表示がない限り、自動的に期間満了の翌日から 1 年間延長されるものとし、以後同様とする。

2　本契約第 12 条及び第 13 条に定める守秘義務は、前項の有効期間終了後も存続する。

（25）反社条項

　契約書例 1 の第 29 条と同じです。159 頁を参照ください。

（26）合意管轄及び準拠法

　契約書例 1 の第 31 条と同じです。161 頁を参照ください。

（27）協議

　契約書例 1 の第 32 条と同じです。162 頁を参照ください。

【準委任契約の場合】

第 28 条から第 31 条は、準委任契約の場合のみ適用します。

（28）納期の変更

①納期の変更

　準委任契約であっても、システム開発プロジェクトを管理していくためには納期は必須です。しかし、請負契約と異なり仕事の完成が契約の目的となってはいません。開発作業が遅延していても、納期が到来すれば当該個別契約は終

了してしまうため、そうならないように変更契約を締結する必要があります。

　その際、委託会社としては、増加する工数分の費用を受託会社に支払わざるを得ないでしょう。受託会社は仕事の完成義務を負っている訳ではないので、"お金を払ってくれないなら延長しない"と言うことができるからです。

第28条（納期の変更）

1　甲及び乙は、個別契約に定める納期を変更する必要が生じた場合、甲乙協議の上、別途当該個別契約にかかる変更契約を締結することにより、納期の変更及びこれに伴う委託料の増減等の変更等を行うことができる。

---

②損害賠償との関係

　準委任契約の場合、受託会社は仕事の完成義務は負っていませんが、善管注意義務は負っています。そこで、開発作業が遅延したのが受託会社の善管注意義務違反である場合は、委託会社は受託会社に対し善管注意義務違反を理由に損害賠償を請求することができます。しかし、法律理論としてはそうであっても、善管注意義務違反を立証するのは難しい面があります。開発作業が遅延した場合で、その原因が受託会社にある場合は、委託会社としてはそれを指摘し、損害賠償を請求するのではなく、1項の変更契約の際の委託料の増加を抑えるように交渉するのが現実的な場合が多いと思われます。

2　前項は、第23条に定める損害賠償の請求を妨げるものではない。

（29）実地検査

　準委任契約の場合、仕事の完成義務を負いません。したがって、受託会社がサボっても委託会社は支払義務を免れません。システム開発の準委任契約の場合、工数で契約するのが一般ですが、極論を言えば、受託会社側に契約どおりの要員数がいないかもしれません。

　また、情報管理については、受託会社側の現実的な対応状況は受託会社の事業所に行って確かめないとわかりません。そこで、委託会社の人間が受託会社

の作業場所に立入り、実施検査をすることができるようにしておくのが本条項です。

　委託会社としては、連絡協議会等で受託会社の状況におかしな点を感じたら、実施検査に入ることを求めましょう。受託会社側にやましい点がなければ、拒否する理由もなく、受託会社側が拒絶しても、本条項をもとに実施検査を行いましょう。

> 第29条（実地検査）
> 甲又は甲の代理人は必要に応じ、乙の従業員の立会いの下、乙の通常の就業時間内に限り、乙の事業所に立入り、作業の実施状況について、実地検査ができるものとする。

（30）業務完了報告

　契約書例1の第33条と同じです。162頁を参照ください。

（31）任意解除の禁止

　契約書例1の第34条と同じです。163頁を参照ください。

> 【請負契約の場合】
> 第32条から第35条は、請負契約の場合のみ適用します。

（32）納入

　契約書例1の第35条と同じです。163頁を参照ください。

（33）検収

　契約書例1の第36条と同じです。164頁を参照ください。

　委託会社はユーザーから、リリースまでの全工程を請負で受けていても委託会社が受託会社に請負契約で下請に出しているのは内部設計〜システム結合で、システムテスト以降は委託会社、受託会社間は準委任であるような場合があり

ます。その場合は受託会社⇒委託会社の納入と、委託会社⇒ユーザーの納入は
タイミングが異なるので問題はありません。

　しかし、委託会社が受託会社に、リリースまでの全工程を請負契約で下請け
に出している場合など、受託会社⇒委託会社の納入と、委託会社⇒ユーザーの
納入が同タイミングの場合は悩ましい問題が生じます。本来は、受託会社⇒委
託会社の納入後、委託会社は独自の検収を行うべきです。しかし実際には、受
託会社が構築した部分については委託会社は受託会社に丸投げをしており、検
収をする要員もノウハウもないことが多いからです。現実的には、委託会社独
自の検収は行わず、ユーザーの検収に委ねていることが多いと思われます。そ
の場合、委託会社⇒ユーザーの検収期限よりも、受託会社⇒委託会社の検収期
限が先になっていないと、委託会社⇒ユーザーの検収で不合格となっても、も
はや委託会社・受託会社間では不合格とできず、委託会社が窮してしまうこと
が有り得るので注意してください。

（34）契約不適合の責任
　契約書例1の第37条と同じです。168頁を参照ください。

（35）委託者が受ける利益の割合に応じた委託料
　契約書例1の第38条と同じです。174頁を参照ください。

ソフトウェア開発基本契約書（アジャイル）

※契約書例の全文を Word ファイルで Web 提供いたします。詳しくは、v 頁の「読者特典ダウンロードのご案内」をご覧ください。

1　本契約書例の対象

　契約は約束です。最初に約束をして、それを破ったら契約違反です。この思考はウォーターフォールにはマッチします。しかし、アジャイル開発[*1]は臨機応変さが求められるため、約束に拘ったらアジャイル開発の良さが失われてしまいます。そこがアジャイル開発の契約書を作る上で悩ましい点です。

2　契約条項と解説

（0）タイトル＆前文

　アジャイル開発の契約書は、基本契約書＋個別契約書の構成にするのが良いでしょう。

　前文で、アジャイル開発で行うことを宣言します。

ソフトウェア開発基本契約書

○○（以下株式会社「甲」という。）と○○（以下株式会社「乙」という。）は、○○システムの開発をアジャイル型開発で行うことを目的とするプロジェクト（以下、「本件プロジェクト」という。）に関して、以下のとおり基本契約（以下「基本契約」という。）を締結する。

（1）本件プロジェクト

　本件プロジェクトは、アジャイル開発で行うことを具体的に宣言している条項です。ウォーターフォールであれば、○○システムに求められる機能は、ユーザーが要件を出し、それを実現するためにシステム開発会社が設計していき

---

*1　ウォーターフォールモデルの弱点を克服するために考案されたモデルの 1 つがアジャイル開発モデルです。詳しくは P.250 のコラムを参照ください。

ます。しかしアジャイル開発では、求める機能が最初からFIXしている訳ではなく、機能をユーザーとシステム開発会社の協力と合意で決めていきます。

なお、アジャイル開発の契約は準委任契約とすべきか、請負契約でも可能かとの議論があります。「（準）委任契約」「請負契約」という用語は民法上、13の典型契約に分類した際の用語であり、それに拘り過ぎるとミスリードをしてしまいます。なぜなら、民法の規定より、当事者間の合意が優先されるのが原則だからです。

ただし、アジャイル開発の特性を考えれば、契約時に「仕事の完成」と「請負代金」を合意する典型的な請負契約はそぐわないことは間違いありません。

そもそも、契約とは「合意のうち法的拘束力を持つことを期待して行われるもの」です。アジャイル開発を開始する契約は、「今後、合意事項が逐次、追加・変更される」という合意を中心とするものです。

したがって、「合意ありき」の一般的な契約とは性質が全く異なります。

第1条（本件プロジェクト）
甲及び乙は、本件プロジェクトは、甲の○○システムの開発を目的とするが、○○システムに求められる機能は、本件プロジェクト遂行の中で、甲と乙の相互の協力と合意により決められていくものであることを確認する。

（2）協働と役割分担

アジャイル開発においては、ユーザーとシステム開発会社の密接な協力体制が必須であるため、その協力を法的な義務としています。

特に、ユーザーの開発への積極的関与が求められる度合がウォーターフォール開発よりも遥かに大きくなります。もっとも、ユーザーの関与の仕方にも柔軟性を持たせるため、具体的な役割分担は個別契約に委ねることとしています。

法的な義務の意味は、義務を果たさないと損害賠償責任を負うということです。ウォーターフォールの開発でもユーザーの協力義務は法的な義務ですが、本契約書例ではそれをユーザーに強く認識してもらうため「法的義務であることを確認する」との文言を敢えて入れました。

第2条（協働と役割分担）

1　甲及び乙は、本件プロジェクトの遂行においてはお互いに協力しなければならないこと、かかる義務は<u>法的義務であること</u>を確認する。

2　甲と乙の作業分担は、個別契約において定める。

（3）個別契約

①個別契約の単位

　アジャイル開発の場合、ユーザーとシステム開発会社で、"こうした方がいい、ああした方がいい"と議論をしているうちに、出口を見失ってしまう危険があります。そこで、図5.1のように一定の機能群あるいは一定の開発期間毎に個別契約を締結し、契約上からも、出口を見失うことがないようにしましょう。

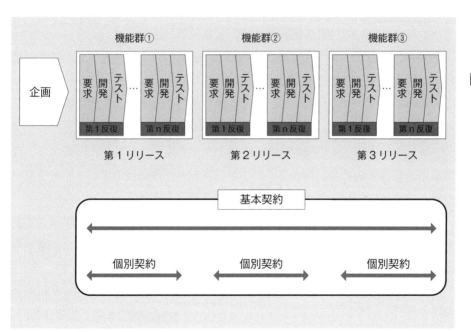

図5.1　機能群毎に個別契約を締結

機能群毎に個別契約を締結することが相応しくない場合は一定の期間毎に個別契約を締結します。

> 第3条（個別契約）
> 1　甲と乙は、○○システムの一定の機能群又は本件プロジェクト遂行の一定の期間毎に個別契約を締結する。

②個別契約の内容

個別契約のサンプルは、229頁を参照ください。

229頁のサンプルはシンプルなものにしています。それは当初から詳細な契約書を交わしてしまうと、アジャイル開発の特徴である柔軟な対応の足枷となってしまいかねないからです。アジャイル開発を行う以上、契約書もアジャイル的でないと整合しません。

29頁でも述べたとおり、契約（合意のうち法的拘束力を持つことを期待して行われるもの）の内容は契約締結時の合意に限りません。

開発の過程のすべての合意事項が契約の内容に取り込まれます。契約書に記載のない合意事項も契約を構成する内容となります。したがって、アジャイル開発の中でのすべての合意について契約内容として当事者を法的に拘束すると理解してください。

ウォーターフォールの開発でも、紛争となった場合、契約書に記載のない合意事項が結論を決することが多いですが、アジャイル開発の場合、ウォーターフォール以上に、契約書に記載のない合意事項が重要です。

もっとも口頭の合意では証拠となりませんので、すべての合意事項は必ず文書化する必要があります。文書化は電子的な方法で問題ありませんが、後から改竄したとの誹りを受けない仕組みは必要です。

IPA・経済産業省の「情報システム・モデル取引・契約書＜アジャイル開発版＞」は、アジャイル開発の手法としてスクラム開発を採用することを前提に、体制や役割分担については踏み込んで契約書に記載するようになっています。もちろん、契約前に、ユーザー・システム開発会社がスクラム開発について完

全に理解をしていれば、体制や役割分担について踏み込んだ記載を契約書にした方が良いです。しかし、ユーザーがアジャイル開発の経験がない場合、ユーザーが体制や役割分担をどうするのが望ましいのか、的確に判断することは困難です。そのような場合、システム開発会社が提案をした体制や役割分担を契約条項に入れてしまうと、体制や役割分担の押し売りとなり、アジャイル開発の趣旨にそぐいません。筆者としては、ユーザーがアジャイル開発の経験がない場合、基本契約書においては、体制や役割分担についても、アジャイル的に柔軟に適切の形態にしていった方が良いと思います。体制や役割分担を変更する都度ドキュメント化すれば問題はありません。

> 2　個別契約には、作業項目・範囲、作業分担、委託代金その他必要な事項について定めるものとする。

③基本契約と個別契約の関係

　アジャイル開発では柔軟性が重視されるので、基本契約と個別契約が抵触する場合は、個別契約を優先しなければなりません。

> 3　個別契約において、本契約の条項と異なる記載がある場合は、個別契約の記載を優先する。

④個別契約に向けた誠実義務

　アジャイル開発の場合、一定の機能群あるいは一定の開発期間で区切られた、ある単位の開発をすると、当初（基本契約締結時）に予想していない方向に開発が進むかもしれません。

　本来、個別契約は契約自由の原則により、ユーザーもシステム開発会社も相手方と合意せず、契約をしない自由を有していますが、ユーザー、システム開発会社のいずれかが逃げていってしまっては、相手方に迷惑がかかります。

　そこで「個別契約の締結に向けて誠実に対応する義務」を規定し、相手方が

誠実に個別契約の交渉に応じない場合は、損害賠償を請求できるようにし、無責任に個別契約の締結を拒否することを抑止しようとする条項です。

> 4　甲及び乙は、個別契約の締結に向けて誠実に対応する義務を負うが、個別契約を締結する法的義務を負うものではない。

⑤個別契約書の例

　個別契約書の例を以下に示します。これは、〇〇システムをアジャイル型開発で開発する基本契約を前提に、その〇〇機能の開発を行う部分の個別契約です。

○○システム○○機能開発契約書

○○株式会社（以下、「甲」という。）と○○株式会社（以下、「乙」という。）は、令和○年○月○日付けソフトウェア開発基本契約書に基づき、○○システム○○機能をアジャイル型開発で開発するため、以下のとおり個別契約を締結する。

1　作業項目・範囲
　　　○○システムのうち○○機能部分
2　作業分担等
　　　甲と乙とでチームを作成し、甲の担当者が出したアイデアに対し、乙の担当者がそれを実装し、実装後甲と乙双方の担当者で協働で評価を行う。その評価に基づき、さらに乙の担当者が実装し、実装後甲と乙双方の担当者で協働で評価を行うとの作業を繰返し行う。
3　作業期間
　　　令和○年○月○日から○年○月○日まで
4　作業場所
　　　甲の○○事業所
　　　ただし、テレワークも可とする
5　乙の工数
　　　○人月
6　委託代金
　　　金○円（消費税別）
7　支払期限
　　　○年○月○日

○年○月○日

　甲　　住所、会社名、代表者名　印

　乙　　住所、会社名、代表者名　印

(4) 責任者

契約書例１の第９条と同じです。126頁を参照ください。

責任者とは、開発において最終責任を負う者です。現場の管理者（プロダクトオーナー、スクラムマスター）よりも、上位の人を想定しています。

アジャイル開発は現場志向なので、責任者の役割は、ウォーターフォールよりも小さいように思えます。しかし、アジャイル開発は、現場レベルで「ああでもない、こうでもない」と言って、１つの機能群の開発が延々と続いてしまうリスクがあります。開発の無限ループに陥らないようにコントロールするのが、アジャイル開発における責任者の役割です。そこで、現場レベルより一段上席の役職の人を責任者に指名し、プロジェクトを管理することが重要です。

(5) 主任担当者
①主任担当者（プロダクトオーナー、スクラムマスター）

アジャイル開発では、ユーザーとシステム開発会社とで"こうした方がいい、ああした方がいい"と言い合うリーダーの役割が重要です。ウォーターフォールの場合はリーダーよりも一歩上の役職の人がプロジェクトをコントロールすることが大事ですが、アジャイル開発は現場志向なので、ユーザーにしろシステム開発会社にしろ、リーダークラスの一番実務に長けた人が重要です。そこで、そのような立場の人を主任担当者とし、そのポジションを明確にします。

なお、手法としてスクラム開発を採用することで合意をしている場合は、主任担当者の条項に替え、「プロダクトオーナー」「スクラムマスター」に関する条項にした方が良いでしょう。

第５条（主任担当者）
１　甲及び乙は、それぞれ本件プロジェクトの主任担当者を選任し、基本契約締結後速やかに相手方に通知するものとする。

②変更

アジャイル開発が成功するか否かは、システム開発会社側の主任担当者（ス

クラムマスター）の力量による面が大きいことは否めません。そこで、ユーザーとしては、システム開発会社に主任担当者（スクラムマスター）を頻繁に変えられては困ります。ユーザーからみれば、システム開発会社の主任担当者（スクラムマスター）は他社の従業員ですから、それを拘束することはできませんが、変更には事前の合理的な理由の説明を要するとして、一定の歯止めはかけるべきです。

> 2　甲及び乙は、事前に合理的な変更理由を記載した書面により相手方に通知することにより、主任担当者を変更できるものとする。

③業務従事者に対する指揮命令

　アジャイル開発は、ユーザーとシステム開発会社との共同作業であり、そこでは担当者同士の会話も生じますので、偽装請負にあたるのではないかと心配される方もおります。

　この点、発注者（ユーザー）側と受注者（システム開発会社）側の開発関係者が相互に密に連携し、随時、情報の共有や、システム開発に関する技術的な助言・提案を行っていたとしても、実態として、発注者と受注者の関係者が対等な関係の下で協働し、受注者側の開発担当者が自律的に判断して開発業務を行っていると認められる場合であれば、偽装請負と判断されるものではありません。

　しかし、実態として、発注者側の開発責任者や開発担当者が受注者側の開発担当者に対し、直接、業務の遂行方法や労働時間等に関する指示を行うなど、指揮命令があると認められるような場合には、偽装請負と判断されることになります。そこで、それを防止するため、以下の規定をおきます。

> 3　甲及び乙の主任担当者は、それぞれ自らの業務従事者に対して本件業務の遂行、労務管理及び安全衛生管理等に関する一切の指揮命令を行う。

（6）連絡協議会

　契約書例１第11条の解説（129頁）を参照ください。

　アジャイル開発の場合、システムの仕様は現場中心に決めていきます。ウォーターフォールのように計画スケジュールが明確ではないので、プロジェクト管理はウォーターフォールよりも難易度が高いといえます。ウォーターフォールの場合は計画と実績の乖離を管理していけば良いですが、アジャイル開発の場合はソリッドな計画がある訳ではないので、現場に任せると時間とお金の無駄使いに陥ってしまうリスクがあります。そこで、責任者が全体プロジェクトを円滑に遂行できるよう必要な事項を協議するため、連絡協議会を開催する必要があります。

第6条（連絡協議会）

1　甲及び乙は、本件プロジェクトが終了するまでの間、開発する機能の内容決定、全体プロジェクト及び機能開発の進捗状況、リスクの管理及び報告、甲及び乙双方による作業の実施状況、問題点の協議及び解決、その他全体プロジェクトが円滑に遂行できるよう必要な事項を協議するため、連絡協議会を開催する。

2　連絡協議会は、原則として、個別契約書で定める頻度で定期的に開催するものとし、それに加えて、甲又は乙のいずれかが必要と認める場合に随時開催する。

3　連絡協議会には、甲及び乙の責任者、主任担当者及び責任者が適当と認める者が出席する。又、甲及び乙は、連絡協議会における協議に必要となる者の出席を相手方に求めることができ、相手方はこれに応じない合理的な理由がある場合を除き、これに応じるものとする。

4　甲及び乙は、連絡協議会において、開発する機能の内容を決定し、機能開発の進捗状況を確認する。

5　甲及び乙は、開発する機能等甲乙間で既に合意した事項について変更すべき事由が生じた場合は、速やかに連絡協議会にてその変更について協議する。

6　甲及び乙は、本件プロジェクトの遂行に関し連絡協議会で決定された事項について、基本契約に反しない限り、これに従わなければならない。

7　乙は、連絡協議会の議事内容及び結果について、議事録を作成し、これを書面又は電子メールにより甲に提出する。甲は、これを受領した日から〇日（個別契約において期間を定めた場合は当該期間）以内にその点検を行い、異議がなければ書面又は電子メールにより承認を行う。但し、甲が当該期間内に書面又は電子メールにより具体的な理由を明示して異議を述べない場合には、乙が作成した議事録を承認したものとみなす。

（7）変更管理
①変更協議

アジャイル開発では、両当事者が一旦合意した事項を事後的に変更される場合があることは前提事項といえます。そこで、変更管理に関するルールを決めておくことが必要となります。

変更協議は連絡協議会で行うこととし、一方当事者から変更協議の要請があった場合は、相手方当事者が速やかに協議に応じることを義務付けます。

第7条（変更管理）

1　甲及び乙は、アジャイル開発においては、両当事者が一旦合意した事項（開発対象機能、開発期間、開発費用等を含むが、これらに限られない。）が、事後的に変更される場合があることに鑑み、一方当事者より個別契約の内容又は第6条（連絡協議会）に定める連絡協議会で合意した事項について、変更の協議の要請があったときは、速やかに協議に応じなければならない。

2　前項の変更協議は、連絡協議会において行う。

開発規模が小さく、連絡協議会を設けない場合は、以下の条項となります。

> 第7条（変更管理）
>
> 1　甲及び乙は、アジャイル開発においては、両当事者が一旦合意した事項（開発対象機能、開発期間、開発費用等を含むが、これらに限られない。）が、事後的に変更される場合があることに鑑み、一方当事者より個別契約の内容その他甲乙間で合意した事項について、<u>変更の協議の要請があったときは、速やかに協議に応じなければならない。</u>
>
> 2　前項の変更協議は、<u>甲と乙の責任者との間で行う。</u>

②誠実義務

　アジャイル開発の場合、両当事者が一旦合意した事項を事後的に変更される場合があることは前提事項であるものの、民法の原則では、契約変更に応じる義務はありません。つまり、ユーザーもシステム開発会社も、一度合意したことについては、相手方に合意の履行を強制し、変更に応じない権利を有していることになります。しかし、この権利の面が強調されるとアジャイル開発が上手く進まなくなってしまいます。そこで、「変更を行うかどうかについて誠実に協議する義務」を明記することにより、相手方が誠実に変更協議に応じない場合は損害賠償を請求できるようにし、誠実に話合いが行われることを担保することを目的とする条項を定めます。

> 3　変更協議においては、変更の対象、変更の可否、変更による委託代金・納期に対する影響等を検討し、変更を行うかについて両当事者とも誠実に協議する。

③変更の方法

　一般論としては、契約書で合意された事項を変更する場合、変更契約書がないと変更の効力が生じないとするのが望ましいです。なぜなら、そうでないと安易に契約を変更することができ、かつ契約が変更されたのか否かが不明確となり、法的安定性を欠いてしまうからです。しかし、アジャイル開発の場合は

臨機応変な対応が求められます。個別契約の変更に必ず変更契約書が必要とすると、アジャイル開発の良さが阻害されてしまいます。

　そこで、本条項案は、委託代金を変更する場合のみ変更契約書が必要であるとし、その他の事項の変更であれば、連絡協議会の議事録で効果が認められるとし、法的安定性よりも柔軟性を重視しました。

4　変更協議の結果、委託代金を変更することが合意された場合には、甲及び乙は、変更内容が記載された変更契約書に記名押印又は電子契約により承認しなければ、当該変更は有効とならない。

5　変更協議の結果、個別契約で規定されている事項（委託代金を除く）を変更することが合意された場合には、前条7項に定める議事録の承認により、個別契約変更の効果が生じる。

なお、連絡協議会を設けない場合は、5項は以下の条項となります。

5　変更協議の結果、個別契約で規定されている事項（委託代金を除く）を変更することが合意された場合には、甲乙双方の責任者の記名押印又は電子的署名のある書面に変更内容を記すことにより、個別契約変更の効果が生じる。

法律余話　署名と記名

　署名とは、自筆で名前を書くことをいいます。記名とは名前を記してあればよく、印刷やゴム印でも構いません。

　日本においては、契約書には記名・押印を求めることが一般です。しかし、そこで求められる印鑑が三文判でよければ、誰でも簡単に偽造できてしまいます。そこで、重要な契約書であれば、実印が要求されます。

　しかし、実印を求めるほど重要でない場合は、署名・捺印とし、自署にすれば、偽造がしづらくなります。

④変更協議が調わない場合

　変更協議が調わなかった場合の契約解除に関する条項です。契約の一般原則では、途中で解約できるのは、双方が解除について合意した場合か、相手方に債務不履行があった場合です。つまり契約に拘束力を持たせることにより、履行を担保するのです。しかし、アジャイル開発において、あまり拘束力を強めてしまうとアジャイル開発の良さを失ってしまいます。そこで、変更協議が調わないと解除できるとするのが本条項です。この条項の目的は、解除を認めることよりも、解除されるリスク（ユーザーもシステム開発会社も、解除は一般に不利益を生じる）を後ろ盾として、むしろ変更協議において歩みよる動機付けを与えることにあります。

> 6　変更協議を行っても協議が調わないまま、最初の変更協議から〇日間が経過した場合は、甲又は乙は、書面によって相手方に通知することにより、当該変更協議の原因となった個別契約を将来に向かって解除することができる。この場合、当該解除までに乙が負担した合理的費用については甲が負担し、他方、甲は当該解除までの作業報告を行うとともに、当該個別契約に基づき開発された成果物（未完成品を含む。）を甲に納品するものとする。なお、当該成果物に関する所有権並びに著作権、特許権等の帰属は、第 15 条及び第 16 条の定めに従う。

⑤基本契約及び他の個別契約との関係

　ある機能群について変更協議が調わなかったとしても、他の機能群についてまで解除の効果を及ぼす必要はないため、その旨を規定したものです。しかし、実際には、ある機能群で変更協議が調わなかった場合は、全体を合意解除するか、他の機能群も変更協議が調わないことを理由に解除する、あるいは個別契約を締結しないことが多いとは思われます。

> 7　前項による個別契約の解除は、基本契約及び他の個別契約の効力に影響するものではなく、又、基本契約及び他の個別契約の解除原因となるも

のではない。

(8) 再委託

契約書例1第7条の解説（120頁）も参照ください。

アジャイル開発は、ユーザーとシステム開発会社との現場レベルの議論により開発を進めていくので、本来、再委託にはあまり向きません（再委託でアジャイル開発を行っていても、その実は偽装請負状態だったりします）。したがって、発注者の書面による承認がない限り再委託できないとし、安易に再委託が行われることを防止しています。

第8条（再委託）

1　乙は、事前の甲の書面による承諾がある場合に限り、本件プロジェクトの一部を第三者に再委託することができる。

2　乙は再委託を行うとき、本契約に基づいて乙が甲に対して負担するのと同様の義務を、再委託先に負わせる契約を締結するものとする。

3　乙は、再委託先の履行について、自ら業務を遂行した場合と同様の責任を負う。但し、甲の指定した再委託先の履行については、乙に故意又は重過失がある場合を除き、責任を負わない。

4　第1項の承諾がある場合でも、再委託先がさらに第三者に再委託をすることはできない。

(9) 委託料及びその支払方法

契約書例1の第5条と同じです。118頁を参照ください。

(10) 資料の提供・管理等

契約書例1の第16条と同じです。136頁を参照ください。

(11) 開発環境の提供

契約書例1の第17条と同じです。139頁を参照ください。

（12）秘密情報

契約書例 1 の第 18 条と同じです。139 頁を参照ください。

（13）個人情報

契約書例 1 の第 19 条と同じです。141 頁を参照ください。

（14）納入物の所有権

契約書例 1 の第 20 条と同じです。141 頁を参照ください。

（15）納入物の特許権等

契約書例 1 の第 21 条と同じです。142 頁を参照ください。

著作権以外の知的財産権について、全くかかわりのないような開発であれば、本条項はなくても良いです。確かに、特許権がかかわるような開発は希でしょうが、意匠権、商標権、ノウハウが予期せずトラブルのもとになる可能性もあるので、入れておいた方が無難ではあります。

（16）納入物の著作権

契約書例 1 の第 22 条と同じです。144 頁を参照ください。

（17）知的財産権侵害の責任

契約書例 1 の第 23 条と同じです。146 頁を参照ください。

（18）第三者ソフトウェアの利用

契約書例 1 の第 24 条と同じです。147 頁を参照ください。

（19）権利義務の譲渡の禁止

契約書例 1 の第 26 条と同じです。151 頁を参照ください。

（20）解除

　契約書例１の第27条の解説（152頁）を参照ください。

　本契約は準委任契約です。準委任契約は、双方からいつでも解除できるのが民法の原則です（民法651条）。しかし、何も落ち度がないのに開発途中で相手方から一方的に解除されると、ユーザーもシステム開発会社も困ってしまいます。そこで、本条３項では、本条１項または２項に該当しない場合は、解除できないことを定めています。つまり、任意解除の原則を否定しています。

第20条（解除）

1　甲又は乙は、相手方に次の各号のいずれかに該当する事由が生じた場合には、何らの催告なしに直ちに本契約及び個別契約の全部又は一部を解除することができる。

（1）支払の停止があった場合、又は仮差押、差押、競売、破産手続開始、民事再生手続開始、会社更生手続開始、特別清算開始の申立があったとき

（2）手形交換所の取引停止処分を受けたとき

（3）公租公課の滞納処分を受けたとき

（4）背信的行為があったとき

（5）その他前各号に準ずるような本契約又は個別契約を継続し難い重大な事由が発生したとき

（6）前各号に定めるほか、民法第542条１項で定める要件に該当するとき

2　甲又は乙は、相手方が本契約又は個別契約のいずれかの条項に違反し、相当期間を定めて催告をしたが、相当期間内に、相手方の債務不履行が是正されない場合は、本契約及び個別契約の全部又は一部を解除することができる。但し、その期間を経過した時における債務の不履行がその契約及び取引上の社会通念に照らして軽微であるときは、この限りでない。

3　本契約は、第７条６項、本条１項、又は本条２項に定める場合、若しくは甲乙双方の合意があるとき以外は、解除をすることができない。

4　第１項又は第２項により解除が行われたときは、解除をされた当事者は、相手方に対し負担する一切の金銭債務につき当然に期限の利益を喪失

し、直ちに弁済しなければならない。

5　第1項又は第2項による解除が行われたときは、解除を行った当事者
は、相手方に対し、損害賠償を請求することができる。

（21）損害賠償

契約書例1の第28条と同じです。155頁を参照ください。

（22）反社条項

契約書例1の第29条と同じです。159頁を参照ください。

（23）契約の変更

アジャイル型開発では柔軟性が求められるので、第7条5項により、個別
契約は変更契約書がなくても連絡協議会の議事録等で変更可能としました。し
かし、基本契約で規定した事項は開発の中身とは関係せず、柔軟性は不要なの
で、「甲及び乙の代表者が記名捺印又は電子的署名した書面をもって合意した
場合に限り、その内容を変更することができる」とし、契約の拘束力を強めて
います。なお、電子的署名した書面とは、立会人電子型の電子契約（26頁）
を主に想定していますが、それに限りません。

第23条（契約の変更）
本契約は、甲及び乙の代表者が記名捺印又は電子的署名した書面をもって
合意した場合に限り、その内容を変更することができる。

（24）合意管轄及び準拠法

契約書例1の第31条と同じです。161頁を参照ください。

（25）協議

契約書例1の第32条と同じです。162頁を参照ください。

コンサルティング業務委託契約書

※契約書例の全文を Word ファイルで Web 提供いたします。詳しくは、v 頁の「読者特典ダウンロードのご案内」をご覧ください。

1 本契約書例の対象

　システム開発において、ユーザーのノウハウやマンパワー不足を補うために、コンサルティング契約が締結されることがあります。報酬体系を中心に、開発型の契約とは異なる視点が必要ですので、以下に条項例を示し解説します。

　なお、以下の条項例では、他の契約書例にある解除と損害賠償の条項がありません。解除の条項がないのは、コンサルティング契約の場合、民法の準委任契約の原則どおり、当事者のどちらからでもいつでも解除できるとするのが妥当だからです。損害賠償の条項がないのは、損害賠償額の算定については、民法の規定（4 頁参照）に委ねる趣旨です。

2 契約条項と解説

（0）タイトル＆前文

　タイトルは、「コンサルティング契約書」でも結構です。

コンサルティング業務委託契約書

○○株式会社（以下、「甲」という。）と○○株式会社（以下、「乙」という。）は、甲が、甲の○○○システムの○○にかかるコンサルティング業務（以下「本件業務」という。）を乙に委託し、乙はこれを受託することに関し、以下のとおり、基本契約（以下、「本契約」という。）を締結する。

（1）委託業務

　以下の条項例の「甲の○○○システムの○○にかかる○○業務」の部分は、

例えば、「甲の顧客管理システム構築のベンダー選定にかかる助言業務」であるとか、「甲の人事管理システム構築の要件定義における助言業務」と記載します。委託する業務内容が多岐にわたる場合は、本文は「以下の業務を委託し」とし、本文の後、箇条書きで委託業務を列記します。

コンサルティング業務には、作業時間に応じて委託料を支払うものと、一定のアウトプット（提案書や評価書）の完成をもって委託料を支払うものがあります。前者を「時間報酬型」、後者を「成果報酬型」といいます。

時間報酬型の場合は、本条項の委託業務はある程度概括的で構いません。作業を進めていくと、当初予定していなかった業務をコンサルタントに依頼したくなることはよくあることであり、むしろ概括的に委託業務を定義しておいた方が柔軟に対応でき好ましいといえます。一方、成果報酬型の場合は、成果物の引渡が委託料支払の条件になるので、委託業務の内容をできるだけ詳細に定義し成果物を明確にしておくべきです。

第1条（委託業務）

甲は乙に対し、甲の〇〇〇システムの〇〇にかかる〇〇業務、その他これに付帯する業務（以下「本件業務」という）を委託し、乙はこれを受託する。

コラム　成果報酬型の委任契約

令和2年4月に施行された民法改正で成果報酬型の委任契約に関する条文が整備されることになりました。

新648条の2（成果等に対する報酬）

1　委任事務の履行により得られる成果に対して報酬を支払うことを約した場合において、その成果が引渡を要するときは、報酬は、その成果の引渡と同時に、支払わなければならない。

2　第634条の規定は、委任事務の履行により得られる成果に対して報酬

を支払うことを約した場合について準用する。

成果報酬型の委任は、仕事の完成義務を負わない点で請負と異なりますが（仕事を完成できなくても債務不履行責任は負わない）、成果が生じてはじめて報酬を請求することができる点で請負に類似します。2項は、事務処理が不能となった場合の報酬について、成果報酬型の委任が請負に類似することから、請負の条文を準用するものです。

(2) 契約期間

　コンサルティング業務は、何かの問題解決を目的とするものであり、恒常的な事務の委託を目的とするものではありません。契約期間について自動更新にはそぐわないことが通常なので、2項は延長について、当事者双方の協議による合意が必要としました。

第2条（契約期間）
1　本契約の有効期間は、令和○年○月○日から令和○年○月○日までとする。
2　本契約の延長については、契約満了の1ヶ月前までに両者が協議のうえ、委託料・契約期間を取り決めることができるものとし、別途書面にて契約締結することとする。

---

(3) 委託料及び支払方法

時間報酬型の場合

　1項で月額報酬を定めます。

　2項は、経費負担に関する条項です。「交通費等の経費」と記載していますので、すべての経費を対象にしています。

　経費を委託者、コンサルタントのどちらが負担するかは決めの問題ですが、すべての経費を委託者が負担すると精算業務が煩雑となるので、本条項例のよ

うに、原則はコンサルタントが負担することとし、地方出張の旅費など、多額の経費がかかる場合のみ別途協議とするのが事務運営上好ましいと思われます。

3項では、コンサルタント側が毎月請求書を発行することとしています。請求書を発行することとしたのは、委託者側の支払漏れをなくすためなので、請求書の要否は当事者間の都合で決めて問題ありません。

第3条（委託料及び支払方法）

1　本契約に基づく委託料は月額金〇万円（消費税別）とする。

2　本件業務にかかる交通費等の経費は、原則として乙が負担するものとする。但し、甲の依頼により遠隔地出張など多額の経費を必要とする場合には、別途協議のうえ取り決める。

3　甲は、本条に定める委託料を、乙の発行する請求書に基づき、翌月末までに乙の指定する銀行口座への振込により支払うものとする。なお、振込にかかる手数料は甲の負担とする。

タイムチャージ制の場合は、1項を、

1　本契約に基づく委託料は1時間あたり金〇万円（消費税別）とする。

とした上で、3項および4項を、

3　乙は毎月1日から月末日までの本件業務について、毎月翌月〇日までに、本件業務に従事した日時及び時間を記載した書面（以下、「作業報告書」という。）と、請求書を、甲に提出する。

4　甲は、前項により乙から提出された作業報告書の内容を確認のうえ、その内容に疑義がなければ、乙の発行する請求書に基づき、本条に定める委託料を翌月末までに乙の指定する銀行口座への振込により支払うものとする。なお、振込にかかる手数料は甲の負担とする。

とします。

成果報酬型の場合

　成果物は第1条で明確にしておいてください。以下の条項例3項の「〇〇を引渡した後」の〇〇は成果物を指しています。

　民法の規定（648条の2）によれば、成果報酬型の委任契約の場合、成果物の引渡と委託料の支払は同時履行ですが、実務上は後払いが通例です。

第3条（委託料及び支払方法）

1　本契約に基づく委託料は金〇万円（消費税別）とする。

2　本件業務にかかる交通費等の経費は、原則として乙が負担するものとする。但し、甲の依頼により遠隔地出張など多額の経費を必要とする場合には、別途協議のうえ取り決める。

3　乙が、甲に対し、〇〇を引渡した後、〇日以内に、甲は、乙に対して、前2項に定める委託料を、乙の指定する銀行口座への振込により支払うものとする。なお、振込にかかる手数料は甲の負担とする。

（4）資料・情報の管理等

　システム開発委託契約における同趣旨の条項（契約書例1第16条）が「資料の提供・管理等」という標題なのに対し、本条は「資料・情報の管理等」という標題としています。つまり本条は「提供」に関する規定がありません。

　システム開発を委託内容とする場合、委託者から資料の開示がないと受託者は作業ができません。また、請負契約の場合、仕事が完成しないと報酬支払義務が生じません。そのため、契約で受託者の求めにより資料を開示する義務を委託者に課すことが必要です。

　一方コンサルティングの場合、委託者の資料の提供が必須という訳ではありません（コンサルタントが委託者にヒアリングを行うだけで進める場合もある）。また、時間報酬型の場合は、委託者が資料を提供しないことがコンサルタントの作業阻害要因になってもコンサルタントの委託料は発生するので、コ

ンサルタントの資料等の開示請求権を規定する必要は薄いといえます。しかし、コンサルティング業務を行うにあたり、委託者の資料開示が重要であり、かつ成果報酬型の場合は、契約書例1第16条1項と同様の条項を挿入すべきでしょう。

　なお、最近はコンサルティング業務の受託者側がテレワークで作業をすることも多いので、契約書例1第16条5項と同様の条項を入れておいた方が良いでしょう。

第4条（資料・情報の管理等）
1　乙は、甲から貸与された資料、機器及び情報等がある場合、本件業務以外の用途に使用してはならず、善良な管理者の注意をもって使用・保管・管理するものとする。
2　乙は甲から提供された本件業務に関する資料等を本件業務遂行上必要な範囲内で複製又は改変できる。
3　甲から提供を受けた資料等（前項による複製物及び改変物を含む。）が本件業務遂行上不要となったときは、乙は遅滞なくこれらを甲に返還又は甲の指示に従った処置を行うものとする。
4　乙は、乙の従業員にテレワークで本件業務を遂行させる場合は、甲から提供された本件業務に関する一切の資料及び成果物が、従業員の私物である情報機器に書き込まれないようにしなければならない。

---

(5) 秘密情報

　契約書例1の第18条と同じです。139頁を参照ください。

　なお、コンサルティング業務では個人情報を扱わないことが多いので、個人情報に関する規定は本契約書例には入れていません。しかし、例えば人事管理システムに関するコンサルティングで、コンサルタントが委託者の人事データを参照する場合など、コンサルタントが個人情報に接する場合は、契約書例1第19条（141頁参照）と同様の条文を入れておきましょう。

第5条（秘密情報）

1　甲及び乙は、相手方から秘密である旨の告知とともに知り得た情報（以下「秘密情報」という。）についてはこれを厳重に管理するものとし、第三者に開示・漏えいしないものとする。但し、次の各号のいずれかに該当するものについてはこの限りでない。

(1)　相手方から知り得た時点で既に公知又は公用であるもの。

(2)　相手方から知り得た時点で既に自己が所有していたもの。

(3)　正当な権限を有する第三者から、秘密保持義務を負わずに適法に知り得たもの。

(4)　相手方から知り得た後に自己の責めによることなく公知又は公用となったもの。

(5)　機密情報に依拠せず独自に創出したもの。

2　甲及び乙は、秘密情報につき、裁判所又は行政機関から法令に基づき開示を命じられた場合は、次の各号の措置を講じることを条件に、当該裁判所又は行政機関に対して当該秘密情報を開示することができる。

(1)　開示する内容をあらかじめ相手方に通知すること。

(2)　適法に開示を命じられた部分に限り開示すること。

(3)　開示に際して当該秘密情報が秘密である旨を書面により明らかにすること。

3　本条の規定は、本契約終了後、〇年間存続する。

(6) 著作権の帰属

①著作権の帰属

契約書例1第22条の解説（144頁）も参照ください。

一般に知的財産権とは、特許権、実用新案権、意匠権、商標権、著作権等の総称です。このうちコンサルティング業務で問題となり得るのは著作権なので、本条項では著作権について規定しています。

ここでいう著作権は、コンサルティングの成果物の著作権ですから、プログ

ラムではなく文章や図を保護対象と想定しています。

規定の仕方として、77頁で述べたとおり、著作権法27条の権利（翻訳権、翻案権等）と28条の権利（二次的著作物の利用に関する原著作者の権利）は特掲しないと移転しないので、本条項例では「著作権（著作権法第27条及び第28条の権利を含む。以下同じ。）」としています。

さらに、78頁で述べたとおり、著作者人格権は譲渡できないので、「著作者人格権を行使しない。」との不行使特約を入れておく必要があります。

第6条（著作権の帰属）

1　本件業務に基づき乙が甲のために作成した成果物（中間成果物も含む）の著作権（著作権法第27条及び第28条の権利を含む。以下同じ。）は、成果物の引渡と同時に甲に移転する。又、乙は著作者人格権を行使しない。

---

②発注者による保有・利用

コンサルティング業務終了後もコンサルタントが成果物のコピー等を保有していると、企業秘密が漏えいしたり、アイデアがライバル会社に真似されるリスクがあります。そこで、コンサルティング業務終了後は、コンサルタントは成果物のコピー等は保有しないことを原則とし、そうでない場合は委託者の承諾を必要とします。

2　乙は、甲の書面による承諾を得なければ、成果物の全部あるいは一部及びその複製物を保有し、利用することはできないものとする。

（7）権利の侵害

第三者の権利の侵害としてもっとも想定され得るのは、コンサルタントが他のクライアントの仕事で以前に作成した成果物を使い回すことによる著作権侵害です。本条項は、そのような事態に備えたものです。

第7条（権利の侵害）

乙は、本件業務を行うにあたり、第三者の権利を侵害しないよう留意する
とともに、乙が甲のために作成した成果物（中間成果物も含む）及び役務
の提供の結果について第三者との間で紛争が生じた場合、乙は、自己の責
任と負担において処理・解決するものとする。

(8) 報告義務

　コンサルタントの仕事状況は委託者からは見えにくい場合があるので、コン
サルタントが仕事を進めているか確認するために、報告義務を定めたものです。

第8条（報告義務）

乙は、甲の請求があるときは、口頭又は書面にて、遅滞なく本件業務の実
行状況を報告しなければならない。

(9) 再委託

　コンサルティング業務の委託は、コンサルタントの力量を見込んで委託する
ものですから、再委託不可が原則であるべきです。

　ただし、コンサルタントの子会社に再委託するケースなど、再委託が合理性
を有するケースも中には存在します。その場合は、委託者の承諾により再委託
します。しかし秘密保持義務や著作権の移転義務等について、本契約に定める
義務と同一の義務をコンサルタントと再委託を受けたものとの間で締結する契
約で規定しないと、本契約が骨抜きになってしまいます。

第9条（再委託）

1　乙は、甲による事前の承諾がない限り、本件業務の全部又は一部を第
三者に再委託できない。

2　甲の事前の承諾を得て第三者に再委託する場合には、乙は当該第三者
に対し、本契約における乙の義務と同様の義務を遵守させ、その行為につ

いて一切の責任を負う。

（10）権利義務の譲渡の禁止

契約書例 1 の第 26 条と同じです。151 頁を参照ください。

（11）反社条項

契約書例 1 の第 29 条と同じです。159 頁を参照ください。

（12）契約の変更

契約書例 1 の第 30 条と同じです。161 頁を参照ください。

（13）合意管轄及び準拠法

契約書例 1 の第 31 条と同じです。161 頁を参照ください。

（14）協議

契約書例 1 の第 32 条と同じです。162 頁を参照ください。

コラム　開発モデル

ウォーターフォールモデル

古くからあり、もっともポピュラーな開発モデルが、ウォーターフォールモデルです。この開発モデルにおいては、「要件定義」「外部設計（基本設計）」「内部設計（詳細設計）」「製造（プログラミング／コーディング／単体テスト）」「システム結合」「システムテスト」「運用テスト」といった工程を、"水が高い所から低い所に流れる"ように上流工程から下流工程へ順次実施していきます。

各工程が逐次実施され、前行程への手戻りが少ないことから、工程の進捗が管理しやすい点がこのモデルのメリットです。一方で、小回りが利かない、後戻りが大変であるといったデメリットがあります。

アジャイル開発モデル

ウォーターフォールモデルの弱点を克服するために考案されたモデルの1つが、アジャイル開発モデルです。

アジャイル開発モデルでは、開発対象となるシステムを機能毎の小さな単位に分割します。そして「要求」「開発」「テスト」といった工程を、分割した単位内で反復的に行い機能毎に追加開発していくことで、最終的にシステム全体の開発を行います。

小回りが利き、ユーザーのニーズに的確に対応したシステムを構築しやすいという点がこのモデルのメリットです。一方で、小さな反復を繰返すという性質上、大規模なシステム開発には向かず、工程の進捗管理も難易度が高い、と一般には言われています。しかし米国等海外では日本と比べ物にならない程度に普及しています。

7 システム保守委託契約書

※契約書例の全文を Word ファイルで Web 提供いたします。詳しくは、v 頁の「読者特典ダウンロードのご案内」をご覧ください。

1 本契約書例の対象

　システムは、それを構築した人（会社）でないと保守は難しいのが実情です。そこで、システムを構築したシステム開発会社に、システムのリリース後の保守を依頼することを想定した契約書です。

2 契約条項と解説

(0) タイトル＆前文

システム保守委託契約書

○○株式会社（以下、「甲」という。）と、○○株式会社（以下、「乙」という。）は以下のとおり、○○システムの保守に関する契約を締結する。

---

(1) 目的

　目的条項は、それが直接の法的義務となることはありませんが、解釈において参考にはされます。例えば、「甲の○○システムのシームレスな稼働を維持することを目的とする」とした方が、システム開発会社の保守対応がチンタラしていた場合に、ユーザーはシステム開発会社に対し責任を問いやすくなります。

第1条（目的）
甲及び乙は、甲の○○システム（以下、「本件システム」という。）について、乙が第2条所定の保守業務を受託することにより、本件システムの正

常稼働を維持することを目的として締結する。

（2）本件業務の範囲

　保守契約は、そのシステムを構築したシステム開発会社とユーザーとの間で締結されることが一般ですが、両者の間で議論になりやすいのが、保守契約の締結時期と、障害対応は保守契約の範囲なのか否かです。

障害対応と保守契約

　まず、障害対応は保守契約の範囲なのか、保守契約がなくてもシステム開発会社は義務を負うのかについてですが、契約不適合責任（**67 頁参照**）の範囲内であれば、システム開発会社は障害対応の責任を負います。契約不適合責任の範囲の障害対応の工数を、保守契約の報告書で報告してくるシステム開発会社がありますが、厳密には正しくありません。

保守契約の締結時期

　保守契約の締結時期は、検収終了時とするケースが多いように思われます。それで両者が合意すればもちろん問題ありません。

　論理的に突き詰めれば、本番リリースと同時に保守契約をスタートさせるのが素直なようにも思えます。しかし、①リリース直後の障害はシステム開発会社が責任を持つべきとの意識がユーザーにはあること、②リリース直後の問合せに対応する義務はシステム開発に伴う付随的な説明義務としてシステム開発会社が負っていると考えられること、③リリース直後には第三者ソフトウェアのバージョンアップは行わないこと等の理由から、検収後に保守契約をスタートさせることが多いように思われます。ただし①は必ずしも理由になりません。検収後であっても、システム開発会社は契約不適合責任を負うからです。

　なお、検収してしまうと、契約不適合責任を追及できないと考えている人もいますが、それは誤解です。検収は、請負契約の最後の工程が完了したのかを確認する行為です。バグがないことを確認する行為ではありません。システム開発にバグは付き物であり、最後の工程（最終のテスト工程）まで完了しても、

バグは完全にはなくならないものです。検収後であってもバグがあれば、契約不適合責任を追及できます。

　ただしシステムリリース当初は、ユーザーからの問合せは山のようにあるのが通例であり、それに答えるのはシステム開発会社の請負契約に付随する説明義務の範囲でしょう。よって、②の問合せ対応の観点から、保守契約のスタート時期を検収終了時とするのは合理的といえます。

　ざっくばらんにいえば、リリース直後のドタバタが落ち着いた時期が保守契約のスタート時期として適切であり、それは大方、検収時期と一致するということでしょう。

第2条（本件業務の範囲）

甲は、乙に対し、本件システムに関する以下の業務（以下、「本件業務」という。）を委託する。

(1)　本件システムに関する甲からの問合せ対応

(2)　本件システムの障害調査、不具合の補修

(3)　第三者ソフトウェアのバージョンアップに関する対応

---

(3) 本件業務の提供時間

①提供時間

　保守契約の対応時間を、以下の条項例のように、一般的な業務時間に限るのか24時間にするのかは悩ましいところです。24時間対応を求めれば、当然保守料は高くなるので、ユーザーとしての費用対効果の判断となります。

　夜間においても速やかな障害対応をしないと、ユーザー企業の信用にかかわるようなシステムであれば、保守契約も24時間対応とするのが好ましいでしょう。例えば、インターネットバンキングのように夜間もサービスを提供することが商品のウリである場合や、夜間のバッチ処理が止まってしまうと、翌日の顧客サービスに影響が出る場合です。確かに契約不適合責任の範囲内の障害であれば、システム開発会社は保守契約の範囲外で責任を負わなければなりませんが、保守契約を締結していないと体制的に速やかな対応はできませんし

（夜間の障害に速やかに対応するためにはシステム開発会社側の待機態勢が必要）、障害にはハードウェア障害、ネットワーク障害等、システム開発会社の契約不適合責任の範囲外の障害もあります。

> 第3条（本件業務の提供時間）
> 1　乙が甲に対し本件業務を提供するのは、土・日曜日、祝日、12月30日〜翌年1月3日を除く日の午前9時から午後6時までとする。

②提供時間帯以外の対応

　上記条項例の1項のように、保守契約による対応時間を一般的な業務時間に限った場合において、保守契約による対応時間外に障害が起きた場合にどう対処するかの問題があります。そのシステムの特性上、速やかな対応が不要であれば、ユーザーが翌朝にシステム開発会社に対応を依頼すれば良いでしょう。しかし、そうはいっていられない場合もシステムによってはあります。その場合、システム開発会社にオンコール保守を依頼することになります。そのオンコール保守に関する条項が2項です。ただし、システム開発会社としてはオンコール保守のために体制を組む（専任の要員を張り付ける）訳にはいきませんので、システム開発会社に速やかな対応を求める契約上の義務までは課せられません。

> 2　甲が乙に対し、前項の時間帯以外に本件業務の提供を要請した場合で、乙が緊急性が高いと判断した場合には、前項で定める時間帯以外であっても乙は必要なサービスを提供する。その場合、乙は当該サービス提供に要した委託料及び費用を甲に請求することができる。

　夜間等の障害発生の緊急対応の必要性と保守契約の関係を表にすると、表7.1のようになります。

表7.1 緊急対応の必要性と保守契約の関係

緊急対応の必要性	本条1項	本条2項
大	対応時間に夜間等を含める	不要
中	対応時間は一般的な業務時間	必要
小	対応時間は一般的な業務時間	不要

(4) 委託料

当然ながら、第3条2項を規定しない場合は、本条3項は不要です。

第4条（委託料）

1　本契約に基づく保守委託料については、月額〇万円（消費税別）とする。

2　甲は前項の保守委託料を各月末日までに、乙が指定する預金口座へ振込む方法で支払う。なお、振込手数料は甲の負担とする。

3　前条2項に基づき乙が対応した場合の委託料は、乙の要員1人1時間あたり〇円（消費税別）とし、乙は甲に対して請求書にて請求する。

---

(5) 費用

「甲の特別な依頼に基づき乙が支出した費用」とは、地方出張の旅費や、第3条2項に基づき夜間にオンコール保守対応をした場合のタクシー代を指します。

第5条（費用）

本件業務の遂行に関する費用は、乙が負担するものとする。但し、甲の特別な依頼に基づき乙が支出した費用については、甲が負担するものとする。

---

(6) 再委託

システムの保守は、システム開発とは異なり生の本番データに触れる機会があるため、情報漏えいリスクはシステム開発に比べ遥かに高いといえます。そ

こで、厳格な情報管理、ひいてはコンプライアンス全体に対する態勢が求められるため、再委託には慎重に対応すべきです。

　システムの特性にもよりますが、保守対象システムが個人情報や営業秘密に関するデータを有するシステムであれば、ユーザーは保守契約先のシステム開発会社に情報管理態勢の説明をさせ、研修内容も定期的に報告させるなど厳格な姿勢で臨むべきです。

第6条（再委託）

1　乙は、事前の甲の書面による承諾がある場合に限り、本件業務の一部を第三者に再委託することができる。当該第三者がさらに第三者に委託する場合、それ以降の場合（以下、第三者を総称して「再委託先」という。）も同様とする。

2　乙は、前項の甲の承諾を得ようとする場合、別途甲が定める方法により再委託の内容、再委託先の情報を甲に通知するものとする。

3　乙は当該再委託先との間で、再委託にかかる業務を遂行させることについて、本契約に基づいて乙が甲に対して負担するのと同様の義務を、再委託先に負わせる契約を締結するものとする。

4　乙は、再委託先の履行について、自ら業務を遂行した場合と同様の責任を負う。但し、甲の指定した再委託先の履行については、乙に故意又は重過失がある場合を除き、責任を負わない。

コラム　身上把握の重要性

情報漏えい事故は、従事者の故意によるもの、従事者の過失によるもの、第三者攻撃によるものがあります。これは、どれも防ぐように努めなければなりませんが、従事者の故意によるものを防ぐのに重要なのが身上把握です。

故意による情報漏えいの大半はお金目当てです。つまり情報を売却してお金を儲けようとする犯罪行為です。このような事件の動機はお金に窮した

ことにありますが、その多くは背景に、色情、ギャンブル、買い物癖、配偶者の失職があります。そこで、故意の情報漏えいを防止するためには、従事者の生活ぶりを日頃から把握し、金銭的な黄色のシグナルがないかを注意すべきです。私が勤務していた銀行では、賞与時に上司が部下の生活状況をヒアリングする制度がありました。しかし、これだけでは不十分だと思います。改まって上司が部下にヒアリングしてもなかなか本音を引出せません。上司は常日頃の観察、例えば飲み会での会話、通勤の服装をチェックするなどして部下の金銭事情の異変に気が付くべきです。例えば、妻帯者の男性が着ているYシャツが突然よれよれになったのであれば、妻との不仲が疑われます。妻との不仲の背後には、女性問題を抱えている可能性が考えられます。

　システム開発会社としては、このように生活ぶりに異変を感じた社員は本番データに触れられる業務からは外すのが、故意の情報漏えいを未然に防止するための対策の1つです。

　しかし、システム開発会社としては、自社の社員の身上把握はできますが、再委託先の社員の身上把握はなかなかできません。したがって、保守のように本番データに触れる業務の再委託は慎重にならざるを得ないのです。

（7）業務責任者・業務従事者

　この条項は、システム開発会社側に体制明示を義務付けたものです。システム開発契約における責任者や主任担当者の条項は、ユーザーとシステム開発会社双方が、責任者や主任担当者を指名しお互いに通知する条項としていますが（契約書例1第9条及び第10条参照）、保守契約ではシステム開発会社側にだけ通知を義務付けています。これは、システム開発がユーザーとシステム開発会社との共同作業という側面が強いのに対し、保守はそうではないからです。

　システム開発会社が、保守契約を締結したユーザーに責任者の氏名を通知するのは当然といえますが、業務従事者の氏名も通知することにより、ユーザーとしては保守料の適切性を見極めることができます。保守といっても結局は要

員を抱える費用ですから、ユーザーからみて業務従事者が顔も名前もわからなければ、システム開発会社にぼったくられているかもしれません。その意味では、システム開発会社側からすれば、本条2項は入れない方が良いかもしれません。ただし、逆に高い保守料をユーザーに理解してもらうためには、業務従事者をユーザーに通知することが有益な場合もあります。

4項は、偽装請負とみなされないための条項です。なお、偽装請負とみなされないためには、作業指示はユーザーから業務従事者に対して直接行ってはなりませんが、問合せや障害の連絡は直接業務従事者に対して行っても問題ありません。

第7条（業務責任者・業務従事者）

1　乙は、本件業務に関する責任者（以下、「業務責任者」という。）を本件契約締結後速やかに選任し、その氏名を甲に書面で通知するものとする。

2　乙は、本件業務に関する作業員（以下、「業務従事者」という。）を、本件業務の遂行に十分な経験・スキルを有するものから選定し、その氏名を甲に書面で通知するものとする。

3　乙は、業務責任者又は業務従事者を交代させる場合は、新旧の業務責任者又は業務従事者の氏名を甲に書面で通知するものとする。

4　乙は、労働基準法、労働安全衛生法、労働者災害補償保険法、職業安定法その他の関係法令に基づいて、業務従事者に対する雇用主としての一切の責任を負うものとし、業務従事者に対する本件業務遂行に関する指示、労務管理、安全衛生管理等に関する一切の指揮命令を行うものとする。

---

(8) 資料の提供・管理等

契約書例1の第16条と同じです。136頁を参照ください。

なお、開発を行ったシステム開発会社が保守も請負うのが一般ですが、形式的には、開発時にシステム開発会社が作成した資料等はユーザーに納品していますので、保守にあたっては、新たにユーザーから資料等の貸与を受ける形になります。

(9) 開発環境の提供

　システム開発会社は、障害対応や第三者ソフトウェアのバージョンアップ対応を行うために開発環境でテストをすることは必須ですから、ユーザーはシステム開発会社に開発環境の使用を許可しなければなりません。本条項はその開発環境をシステム開発会社が悪用・流用することを防ぐことを目的とするものです。例えば、ユーザーが提供した開発用サーバーの一部をシステム開発会社が自社の業務に使用したり、他のユーザーから受託した業務に使用してしまう可能性が全くない訳ではありません。

第9条（開発環境の提供）

1　甲は、本件業務の遂行のために必要なソフトウェア及びハードウェア（以下、「開発環境」という。）を、乙に対して提供することができる。

2　乙は、開発環境を、本件業務の遂行以外の目的で使用してはならない。

3　乙は、前項のほか、開発環境の使用にあたり、甲の指示に従わなければならない。

---

(10) 作業場所の提供

　システム開発会社の業務従事者が、ユーザーの事務所に常駐する場合を念頭においた条項です。そのようなことがない場合（システム開発会社の業務従事者が自社の事務所で作業を行う場合）は、本条項は入れなくても構いません。

第10条（作業場所の提供）

1　甲は、本件業務の遂行のために甲の事業所等に立入ることが必要な場合、本件業務に必要な範囲で、乙に対し作業場所を提供するものとする。

2　乙は、前項に基づき提供された作業場所を本件業務の遂行以外の目的で使用してはならない。

---

(11) 秘密情報

　契約書例1の第18条と同じです。139頁を参照ください。

(12) 個人情報

契約書例1の第19条と同じです。141頁を参照ください。

(13) 一時停止

保守契約により、システム開発会社は、毎日、障害対応や問合せ対応の義務を負っています。したがって、ユーザーから障害対応や問合せ対応を求められたのに応じない場合は、債務不履行として損害賠償責任を負います。

しかし、例えば大地震が発生した場合、システム開発会社としては対応できないことが想定されます。このような場合に、障害対応や問合せ対応の義務を一時停止させる条項です。

第13条（一時停止）

1　乙は、次の各号の場合には本件業務の全部又は一部を停止することができるものとし、これに対し何らの責任も負担しないものとする。

（1）天災・事変等の非常事態により本件業務の遂行が不能となったとき

（2）本件業務の用に供する建物、通信回線、電子計算機その他の設備の保守、工事その他やむを得ない事由があるとき

（3）本件業務の対象となっている甲の設備（ハードウェア及びソフトウェアを含む。）が不具合等により停止したとき

（4）本件業務において、又は本件業務の対象に、電気通信事業者が提供する電気通信がある場合、当該電気通信が中断・中止したとき

2　前項の場合、乙は、その事由の発生後直ちに本件業務を停止する時期及びその期間（但し、可能な限り）を甲に対し通知するものとする。但し、緊急やむを得ない場合は、事後相当期間内の通知をもって足りるものとする。

---

(14) 契約期間

保守契約の期間は、長いのが有利か、短いのが有利か、ユーザー、システム開発会社とも一概にどちらが有利とはいえません。

ユーザーとしては、契約期間が長い方が、システム開発会社に逃げられるリスクはありませんし、保守料の値上げを要求されるリスクもありません。一方で、そのシステムの稼働を契約期間中にやめても、保守料を払い続けなければならないというリスクがあります。

　システム開発会社としては、契約期間が長い方が保守料収入を見込めますが、途中で保守料の値上げをできないという短所があります。

　そこで、1年契約とした上で、自動更新とする例が多いですが、それに拘る必要もありません。

第14条（契約期間）

1　本契約の有効期間は本契約締結日より1年間とする。但し、契約期間満了の3ヶ月前までに甲乙いずれかから書面若しくは電子メールによる本契約終了の意思表示がない限り、自動的に期間満了の翌日から1年間延長されるものとし、以後同様とする。

2　本契約第11条及び第12条に定める守秘義務は、前項の有効期間終了後も存続する。

（15）権利帰属

　著作権の概要については、74頁以下で詳述していますので、それを前提に解説します。

　保守業務のうち、障害対応ではプログラムおよび設計書等の資料の修正を行うので、著作権についての手当てが必要です。障害対応でシステム開発会社がプログラムを修正した場合、その著作権は修正対象のプログラム本体と同一主体に帰属させないと権利関係が複雑になってしまいます。プログラム本体の著作権をユーザーに移転させている場合、この一部をシステム開発会社が修正したとすると、2次的な著作権が発生します。これを、権利発生と同時にユーザーに権利移転させるのが本条項です。すなわち本条項は、システム開発時に、プログラム本体の著作権をユーザーに移転していることを前提としています。システム開発時に、プログラムの著作権をシステム開発会社に留保している場

<u>合は、本条項は不要です。</u>

第15条（プログラム等の権利帰属）

本件業務の遂行の結果得られた著作権（著作権法第27条及び第28条の権利を含む。以下同じ。）は、権利発生と同時に（乙が本件業務の全部又は一部を第三者に委託している場合は、第三者から乙に移転した時に）甲に帰属するものとする。又、乙は著作者人格権を行使しない。

（16）解除

契約書例1の第27条の解説（152頁）を参照ください。

本契約は準委任契約です。準委任契約は、双方からいつでも解除できるのが民法の原則です（民法651条）。しかし、いつでも解除できるとすると、システムの保守の安定性、ひいてはシステム稼働の安定性にマイナスです。そこで、本条3項では、本条1項または2項に該当しない場合は解除できないことを定めています。つまり、任意解除の原則を否定しています。

なお、以下の条項例は、3項以外は契約書例1の第27条と同一です（4項と5項は、契約書例1第27条の3項と4項が繰り下がっています）。

第16条（解除）

1　甲又は乙は、相手方に次の各号のいずれかに該当する事由が生じた場合には、何らの催告なしに直ちに本契約の全部又は一部を解除することができる。

(1)　支払の停止があった場合、又は仮差押、差押、競売、破産手続開始、民事再生手続開始、会社更生手続開始、特別清算開始の申立があったとき

(2)　手形交換所の取引停止処分を受けたとき

(3)　公租公課の滞納処分を受けたとき

(4)　背信的行為があったとき

(5)　その他前各号に準ずるような本契約を継続し難い重大な事由が発生した場合

（6）　前各号に定めるほか、民法第542条1項で定める要件に該当するとき

2　甲又は乙は、相手方が本契約のいずれかの条項に違反し、相当期間を定めて催告をしたが、相当期間内に、相手方の債務不履行が是正されない場合は、本契約の全部又は一部を解除することができる。但し、その期間を経過した時における債務の不履行がその契約及び取引上の社会通念に照らして軽微であるときは、この限りでない。

3　本契約は、前2項に定める場合、又は甲乙双方の合意があるとき以外は、解除をすることができない。

4　第1項又は第2項により解除が行われたときは、解除をされた当事者は、相手方に対し負担する一切の金銭債務につき当然に期限の利益を喪失し、直ちに弁済しなければならない。

5　第1項又は第2項による解除が行われたときは、解除を行った当事者は、相手方に対し、損害賠償を請求することができる。

（17）損害賠償

　契約書例1第28条の解説（**155頁参照**）でも述べましたが、システム開発や修正の不具合により生じる損害は金額的に膨大になる可能性があります。そこで、システム開発会社としては、民法の原則よりも損害賠償責任の範囲を絞る必要があります。絞りのかけ方は、①損害の範囲を絞る方法と②金額に上限を設ける方法があります。契約書例1第28条は、②金額に上限を設ける方法をとりましたが、保守契約の場合は金額上限の妥当な基準がなかなか見つからないので、本条項例は①損害の範囲を絞る方法としました。

第17条（損害賠償）
甲は、本契約の履行に関し、乙の責に帰すべき事由により甲が被った通常かつ直接の損害に関して、乙に対して損害賠償請求をすることができる。

しかし、これではやはり、システム開発会社としてはどこまで損害賠償責任

を負うのか計り知れない不安はあります。そこで、システム開発会社としては、以下の条項にしたいところです。

第 17 条（損害賠償）

甲は、本契約の履行に関し、乙の責に帰すべき事由により甲が被った損害に関して、第 4 条に基づき甲が乙に支払う委託料の 1 年分の金額を上限として、乙に対して損害賠償請求をすることができる。

（18）権利義務の譲渡の禁止

契約書例 1 の第 26 条と同じです。151 頁を参照ください。

（19）反社条項

契約書例 1 の第 29 条と同じです。159 頁を参照ください。

（20）契約の変更

契約書例 1 の第 30 条と同じです。161 頁を参照ください。

（21）合意管轄及び準拠法

契約書例 1 の第 31 条と同じです。161 頁を参照ください。

（22）協議

契約書例 1 の第 32 条と同じです。162 頁を参照ください。

8 SES基本契約書

※契約書例の全文を Word ファイルで Web 提供いたします。詳しくは、ⅴ頁の「読者特典ダウンロードのご案内」をご覧ください。

1　本契約書例の対象

　SES 契約という言葉は、よく耳にするわりになかなかわかりやすい定義を目にしません。筆者の感覚では、ぶっちゃけ「人出し契約」ですが、派遣契約ではなく、一方で違法な労働者供給でもないことを明確にするために恰好付けた契約名が SES 契約なのではないでしょうか。

　大企業の複雑な基幹システムを維持するには、そのシステムを熟知した SE を岩盤として抱える必要があり、そのために SES 契約が使われます。

　ユーザー企業がシステム開発会社の特定の SE を抱えるには、保守契約を締結すれば良いようにも思えます。しかし純粋な保守で合理的に説明できる工数（要員数）は限りがあるため、純粋な保守作業だけでなく、小さな開発や運用部門と開発部門の隙間に落ちるような作業も可能とする契約が SES 契約であると筆者は理解しています。

　その契約は、主目的は"人"を抱えることであり、抱えた"人"に何をやらせるのか、その個別・具体的な作業項目は後から（契約期間中に）決まってきます。

　契約としての SES 契約の特徴は、個別契約時においても契約時には"人"を抱えることを決めますが、何をやるかが具体的に確定してはいない点にあります。

2　契約条項と解説

（0）タイトル＆前文

　前文では特に定義しないで「システムエンジニアリングサービス」という内容が不明確な言葉を使用していますが、前文により直接の権利・義務が生じる

訳ではないので、構わないと考えています。しかし、契約書本文（第1条以下）で、「システムエンジニアリングサービス」という言葉を使う場合は、ブレイクダウンした定義を入れてください。

SES基本契約書

○○株式会社（以下、「甲」という。）と○○株式会社（以下、「乙」という。）は、甲が甲の○○システムについてシステムエンジニアリングサービスの提供を乙に委託し、乙はこれを受託することに関し、以下のとおり契約する。

（1）契約の目的

「乙が本件業務に従事する技術者の労働を甲に対し提供することを主な目的」とするところがSES契約たる所以です。以下の条項では、委託料も仕事内容や仕事量で決まってくるのではなく、人月で決まることを端的に表しています。

第1条（契約の目的）
1　本契約は、甲が乙に対し委託する業務（以下「本件業務」という。）に関する取引の包括的な基本事項及び甲乙間の権利義務関係等を定めることを目的とする。
2　本契約は、乙が本件業務に従事する技術者の労働を甲に対し提供することを主な目的とし、民法上の準委任契約として締結されるものとする。

（2）個別契約

SES業務を委託・受託する会社間では、他にシステム開発契約の基本契約書も交わしていることが多いので、個別契約書や注文書等には必ず本基本契約に基づく個別契約であることを明示してください。

　個別契約といっても、SES契約の場合、個別契約締結時においても何をやるかが確定していないことが多く、人月、期間、委託料、対象システム名を明

確にする程度しかできません。そのため"契約書"という標題の書面を作るまでもなく、注文書（発注書）と請書で取り交わすことを前提としています。本条2項で、注文書（発注書）と請書を"個別契約書"と定義していることに留意してください。

第2条（個別契約）

1　本契約は、本件業務に関する甲乙間の個別契約（以下「個別契約」という。）のすべてについて共通して適用されるものとする。但し、本契約と個別契約の規定が相反し、又は矛盾する場合は、個別契約の規定を優先するものとする。

2　個別契約は、本契約に基づく個別契約である旨を記載した注文書、発注書又はその他書面（以下総称して「個別契約書」という。）に、甲及び乙双方の記名捺印又は署名がなされた時点、若しくは甲が乙に対し個別契約書を提示し、乙が承諾する旨を甲に対し通知した時点で成立するものとする。

3　甲が乙に対し委託する本件業務の具体的な取引条件については、別途個別契約書において定めるとおりとする。

注文書の例

本基本契約に基づく注文書の例を以下に示します。

注文書

〇〇システム開発株式会社　御中

2022 年 2 月 18 日

東京都〇〇区〇〇町〇丁目〇番〇号
株式会社〇〇システムソリューションズ
代表取締役　〇〇　〇〇　　㊞

2020 年 4 月 1 日付け「SES 基本契約書」に基づき、以下のとおり注文いたします。

業務内容ご了承のうえ、2022 年 2 月 28 日までに注文請書をご発行ください。

1　業務内容

　　　〇〇システムの、保守メンテ、機能改善、ドキュメント整備等

2　業務期間

　　　2022 年 3 月 1 日から同年 5 月 31 日まで

3　業務場所

　　　当社　京浜事業所

　　　ただし、テレワークを可とする。

4　契約工数

　　　〇人月

5　契約金額

　　　〇〇円（消費税別）

6　経費負担

　　　交通費、消耗品費等の実費を含め貴社負担とする。

7　支払条件

　　　2022 年 6 月 30 日までに、貴社が指定する預金口座へ振り込む。

以上

（3）委託料及びその支払方法

　以下の条項案では、委託料の定めは個別契約ですることとしていますが、基本契約でランク別タリフを定めておくのも1つの方法です。

第3条（委託料及びその支払方法）

1　甲は乙に対し、本件業務の対価として、各個別契約で定めた委託料を当該個別契約で定めた方法で支払う。

　本条2項は、偽装請負とみなされないための条項です。

　SESの場合、受託会社の社員が委託会社の事務所に常駐することが多いですが、その場合は偽装請負とみなされやすいので注意しましょう。一番肝心なことは、委託会社の社員は受託会社の管理者にしか指示を出さないことを徹底することです。正面きって受託会社の担当者に指示を出さないまでも、会議の場などで、ついつい「〇〇さん（担当者の名前）、お願いします」と言ってしまうので注意してください。

　そして、旅費交通費、器具・備品、消耗品等を委託会社が負担することも、偽装請負と判断される1つの要素です。なぜなら、通常の経費は受託会社で負担するのが原則ですが、それを委託会社が負担をしているということは、委託会社は受託会社の社員を自社の社員と同列に扱っているとみることができるからです。しかし、旅費交通費、器具・備品、消耗品等を委託会社が負担したら絶対にダメという訳ではありません。委託会社が負担する場合は、例外として委託会社が負担することに合意したことを書面で残しておきましょう。

2　本件業務の遂行に必要な旅費交通費、器具・備品、消耗品等にかかる費用はすべて乙が負担するものとし、甲と乙との間で別途の合意がある場合を除き、乙は甲に対し前項で定めた委託料以外の費用を請求できないものとする。

（4）作業期間又は納期

　SES 契約なので、納期や納品はないことがあります。というよりもないのが普通です。ですので、本条項は、作業期間又は納期としています。SES 契約においては、納期ではなく作業期間を定めることが多いと思われます。

第 4 条（作業期間又は納期）

作業期間又は納期は、個別契約で定める。

（5）再委託

　契約書例 1 第 7 条の解説（120 頁）も参照してください。

　SES 契約は技術者の知識や能力が重視されるので、再委託には委託者の承諾を必要としています。

第 5 条（再委託）

1　乙は、事前の甲の書面による承諾がある場合に限り、本件業務の一部を第三者に再委託することができる。当該第三者がさらに第三者に委託する場合、それ以降の場合（以下、第三者を総称して「再委託先」という。）も同様とする。

2　乙は、前項の甲の承諾を得ようとする場合、別途甲が定める方法により再委託の内容、再委託先の情報を甲に通知するものとする。

3　乙は当該再委託先との間で、再委託にかかる業務を遂行させることについて、本契約に基づいて乙が甲に対して負担するのと同様の義務を、再委託先に負わせる契約を締結するものとする。

4　乙は、再委託先の履行について、自ら業務を遂行した場合と同様の責任を負う。但し、甲の指定した再委託先の履行については、乙に故意又は重過失がある場合を除き、責任を負わない。

（6）業務責任者・業務従事者

①業務責任者

　SES契約の業務責任者は、現場の管理者（課長ないしリーダークラス）です。同じ責任者といっても、大規模開発の責任者が担当役員（場合によっては代表取締役）であるのに対し大きく違います。それは、責任者の判断レベル（判断の大事さ）が違うからです。

　発注会社（ユーザー）の責任者を指名する必要があるのかは議論のあるところですが、SESといえども発注者の責任が問題となる（発注者の不手際により受注者に責任を問えない）ケースはあるので、発注者側の責任の所在を明確にするためには、発注者の責任者も書面で明確にすべきです。

第6条（業務責任者・業務従事者）

1　甲及び乙は、本件業務に関する責任者（以下、「業務責任者」という。）を個別契約締結後速やかに選任し、その氏名を相手方に書面で通知するものとする。

---

②業務従事者

　SES契約は人月で委託料が決まります。単に〇人月ではなく、Sランク：〇人月、Aランク：〇人月…というように、業務従事者のランクによりタリフを分けて委託料が決まる場合も多いです。契約ではAランクのはずが新人があてがわれては契約違反です。契約どおり、受託者が業務従事者をアサインした証として、業務従事者の氏名を委託者に通知しましょう。

2　乙は、本件業務に関する作業員（以下、「業務従事者」という。）を、本件業務の遂行に十分な経験・スキルを有するものから選定し、その氏名を甲に書面で通知するものとする。

---

③交代

業務責任者、業務従事者を通知した以上、交代する場合も通知が必要です。

> 3　甲及び乙は、業務責任者又は業務従事者を交代させる場合は、新旧の業務責任者又は業務従事者の氏名を甲に書面で通知するものとする。

④法令遵守

受託会社の社員が委託会社の事務所に常駐する場合、ややもすると、委託会社の従業員が受託会社の業務従事者に対して本件業務遂行に関する指示を直接出してしまいます。そうすると、偽装請負とみなされる可能性があるうえ、委託者が労組法上の使用者と判断される可能性もあります（契約書例4第10条の解説（212頁）参照）。そこで、受託者が業務従事者に対する指揮命令を行う、逆にいえば、委託者は業務従事者に対して指揮命令は行わないことを明文化したのが本条項です。本条項があるだけでなく、実際にも、委託者が業務従事者に対して指揮命令を行ってはならないことは言うまでもありません。

> 4　乙は、労働基準法、労働安全衛生法、労働者災害補償保険法、職業安定法その他の関係法令に基づいて、業務従事者に対する雇用主としての一切の責任を負うものとし、業務従事者に対する本件業務遂行に関する指示、労務管理、安全衛生管理等に関する一切の指揮命令を行うものとする。

(7) 連絡協議会

SES契約は、システム開発契約と保守契約との中間的な契約と捉えることもできます。SES契約では、業務従事者は何らかの作業を委託されて遂行するので、進捗管理も必要ですし、作業により課題も発生しますので課題管理や解決方法の模索も必要です。そもそも個別契約段階では作業内容は曖昧で、契約期間中に作業内容が確定していくので、委託者と受託者との緊密なコミュニケーションは不可欠です。そこで、それらを円滑に遂行するためには、定期的に連絡協議会を開催すべきです。連絡協議会といっても、SESの場合、責任

者の社内的ポジションが大規模開発よりはかなり低いので、連絡協議会という大層な名前よりも、進捗会議とか定例ミーティングという名前の方がマッチするかもしれません。

第7条（連絡協議会）

1　甲及び乙は、その作業状況の報告、問題点の協議・解決、その他業務が円滑に遂行できるよう必要な事項を協議するため、連絡協議会を開催するものとする。

2　連絡協議会は、原則として定期的に開催するものとし、甲乙双方の業務責任者が出席する。又、甲及び乙は連絡協議会における協議に必要な者を連絡協議会に出席させるよう甲又は乙に対し要請することができ、甲又は乙はこれに応じるものとする。

3　甲及び乙は、業務の遂行に関し、連絡協議会で決定された事項について、これに従わなければならない。

4　乙は、連絡協議会の議事録を作成し、これを甲に提出し、その承認を得るものとする。

---

(8) 一時停止

契約書例7の第13条と同じです。261頁を参照ください。

(9) 監査

SES契約の場合、システム開発と異なり成果物が目に見えにくいため、悪くいえば受託者がサボったり手を抜いてもバレにくいので、委託者による監査により牽制する必要があります。

第9条（甲による監査）

甲は、本件業務の履行状況につき、定期的又は随時監査を行うことができるものとし、乙はこれに協力し必要な情報を提供することとする。但し、監査費用は甲の負担とし、監査の対象事項及び方法の詳細については甲乙

間が別途協議のうえ定めるものとする。

（10）資料の提供・管理等

契約書例 1 の第 16 条と同じです。136 頁を参照ください。

（11）開発環境の提供

契約書例 7 の第 9 条と同じです。260 頁を参照ください。

（12）作業場所の提供

契約書例 7 の第 10 条と同じです。260 頁を参照ください。

（13）秘密情報

契約書例 1 の第 18 条と同じです。139 頁を参照ください。

（14）個人情報

契約書例 1 の第 19 条と同じです。141 頁を参照ください。

（15）業務報告

SES 契約はシステム開発契約と異なり納品という概念がないので、委託者としては、受託者から書面で作業結果の報告を受けることは必須です。

第 15 条（業務報告）

乙は、毎月翌月初 5 営業日までに、個別契約に基づき実施した業務の報告書を甲に提出する。

（16）契約期間

SES の基本契約があったとしても、個別契約を締結する義務はありません。したがって、SES 基本契約の契約期間は、保守契約の契約期間に比べ、拘る必然性は薄いといえます。ここでは、わかりやすさの観点から 1 年・自動更

新としました。

> 第16条（契約期間）
>
> 1　本契約の有効期間は本契約締結日より1年間とする。但し、契約期間満了の3ヶ月前までに甲乙いずれかから書面若しくは電子メールによる本契約終了の意思表示がない限り、自動的に期間満了の翌日から1年間延長されるものとし、以後同様とする。
>
> 2　本契約第13条及び第14条に定める守秘義務は、前項の有効期間終了後も存続する。

(17) 権利帰属

契約書例7の第15条と同じです。262頁を参照ください。

(18) 解除

契約書例1の第27条と同じです。152頁を参照ください。

SES契約は準委任契約ですが、本契約書例では、任意解除については触れていません。本契約書例は、個別契約は民法の原則に従い、当事者の一方から任意に解除ができる前提としています。個別契約の任意解除を禁じたい場合は、契約書例7（保守契約）の第16条（**263頁参照**）と同じ条項としてください。

(19) 損害賠償

契約書例1第28条の解説（**155頁参照**）でも述べましたが、システム開発や修正の不具合により生じる損害は、金額的に膨大になる可能性があります。そこで、システム開発会社としては、民法の原則よりも損害賠償責任の範囲を絞る必要があり、絞りのかけ方として①損害の範囲を絞る方法と、②金額に上限を設ける方法があります。契約書例1第28条では②金額に上限を設けましたが、SES契約の場合は委託料がそれほど高額でないケースもあることから、委託者側の立場から、本条項例は①損害の範囲を絞る方法としました。

第 19 条（損害賠償）

甲は、本契約の履行に関し、乙の責に帰すべき事由により甲が被った通常かつ直接の損害に関して、乙に対して損害賠償請求をすることができる。

　しかし、これではやはり、受託者としては、どこまで損害賠償責任を負うのか計り知れない不安はあります。そこで、受託者としては、以下の条項にしたいところです。

第 19 条（損害賠償）

甲は、本契約の履行に関し、乙の責に帰すべき事由により甲が被った損害に関して、本契約に基づく個別契約にて甲が乙に対して過去 1 年間に支払った委託料の合計金額を上限として、乙に対して損害賠償請求をすることができる。

（20）権利義務の譲渡の禁止

　契約書例 1 の第 26 条と同じです。151 頁を参照ください。

（21）反社条項

　契約書例 1 の第 29 条と同じです。159 頁を参照ください。

（22）契約の変更

　契約書例 1 の第 30 条と同じです。161 頁を参照ください。

（23）合意管轄及び準拠法

　契約書例 1 の第 31 条と同じです。161 頁を参照ください。

（24）協議

　契約書例 1 の第 32 条と同じです。162 頁を参照ください。

ソフトウェア使用許諾契約書

※契約書例の全文を Word ファイルで Web 提供いたします。詳しくは、v 頁の「読者特典ダウンロードのご案内」をご覧ください。

1　本契約書例の対象

「ソフトウェア使用許諾契約」「ソフトウェア利用許諾契約」「ソフトウェアライセンス契約」などと呼ばれる契約があります。

まず、「使用許諾」「利用許諾」「ライセンス」の違いが気になる方もおられると思いますので、これを説明いたします。

「使用」と「利用」の違いは、著作権法で明確に定義されている訳ではありません。著作権法の本を調べても、「使用」と「利用」の違いについて書かれていない本が多いようです。この違いを書かれている本を参照しても、厳密な使い分けを推奨するものから、区別は流動的・政治的なものであるとするものまであります。筆者としては、文部科学省のホームページに掲載されている[*1]、

> 「利用」とは、複製や公衆送信等著作権等の支分権に基づく行為を指す。
>
> 「使用」とは、著作物を見る、聞く等のような単なる著作物等の享受を指す。

との意味付けが参考になると思います（ただし、この定義は、「本中間まとめにおける用語の意味は、以下のとおりである」として書かれているものにすぎません）。

これを、ソフトウェアに関してあてはめてみれば、単にプログラムを「実行」するのが「使用」であり、「複製権」や「翻案権」など、著作権法第 18 条から 28 条に定める権利に基づく行為を行うことが「利用」といえます。そこで、単にプログラムの実行のみを許可するのであれば「使用」ですし、プログラムの修正も認めるのであれば「利用」です。では、プログラムの実行に加えコピーを許すのは、「使用」でしょうか「利用」でしょうか。上記定義に従えば、コピーすなわち「複製」を行うので、「利用」のようにも思えます。この点、

＊1　著作権審議会　マルチメディア小委員会ワーキング・グループ（技術的保護・管理関係）中間まとめ（コピープロテクション等技術的保護手段の回避について）（平成 10 年 2 月 20 日）　2．技術の進展に伴う著作物等の保護・活用の変化（http://www.mext.go.jp/b_menu/shingi/old_bunka/chosakuken_index/toushin/attach/1325716.htm）

一般的にはバックアップのためのコピーや冗長化のためのコピーなど、ソフトウェアを自己利用するために必要な範囲でのコピーが許されても、その範囲の「複製」であれば「使用」としているケースが多いように思われます。その背景には、著作権法47条の3以下の複製権に関する例外規定の存在があると考えますが、「使用」と「利用」の言葉の使い分けについて、過度に神経質になることもないと思いますので、その解説は割愛します。

　ライセンスという用語は、使用許諾契約、利用許諾契約双方の契約名として使われます。もっといえば、特許の実施権を付与する契約にもよく使われます。しかし、契約書本文では、「ライセンスする」とは一般に使いません。

　「ソフトウェア使用許諾契約」「ソフトウェア利用許諾契約」「ソフトウェアライセンス契約」は、多数のユーザーを対象とする場合（BtoC ビジネスの場合）と、特定のユーザーを対象とする場合（BtoB ビジネスの場合）がありますが、以下の条項例は後者を前提としています。

2　契約条項と解説

（0）タイトル＆前文

　本契約書例では「改変、翻案、加工その他の変更を加えてはならない。」（第4条）としているため、タイトルはソフトウェア「使用」許諾契約書としています。

ソフトウェア使用許諾契約書

○○システム株式会社（以下、「甲」という。）と○○株式会社（以下、「乙」という。）とは、甲が開発した○○システム（以下、「本件ソフトウェア」という。）について、以下のとおり契約（以下、「本契約」という。）を締結する。

---

(1) 使用許諾

1項で許諾されるのは「使用」ですので、前述の「使用」と「利用」の言葉遣いの違いからすれば、「譲渡不可」「再許諾不可」「非独占」は当然であり、2項は不要なようにも思えます。実際2項のような規定が存在しないソフトウェア使用許諾契約書も多く見かけます。しかし、前述のように「使用」と「利用」の区別は流動的・政治的なものであるとする立場もあり、実際の契約書においてもその使い分けがあまり厳密になされていない例が多いことから、筆者としては、念のため「譲渡不可」「再許諾不可」「非独占」を宣言しておいた方が良いと考えます。

なお、再許諾不可ですので、乙が会社であれば自社でしか使えません。子会社は乙とは別法人ですから、子会社にも使わせると再許諾禁止規定違反になるので注意してください。

第1条（使用許諾）

1　甲は、本契約所定の条件により、乙に対し、本件システムの使用を許諾する。

2　前項により許諾される権利は、譲渡不可、再許諾不可の非独占的なものである。

---

(2) 使用目的

以下の条項例の○○○○○の部分は、「自社の経理業務に使用する」などとします。例えば、会計ソフトの「使用」が許諾された場合、特段の制限がなければ、自社の経理業務に使用することも、第三者から経理代行業務を受託し経理代行業務という商売のために使用することもできます。経理代行業務のために使用することも、プログラムを実行するにすぎませんから、「使用」であり「利用」ではありません。しかし、ライセンサーからみれば、自社の経理業務に使用する場合の対価と、経理代行業務という商売に使用する場合の対価は異なって当然です（後者が高い）。そこで、ライセンサーがライセンシーの経理業務に使用すると思って安い対価にしたところ、ライセンシーが経理代行業務

に使用した場合、ライセンサーとしては儲け損なうことになってしまいます。

したがって、本条にて、使用目的を限定する必要があります。

第2条（使用目的）

乙は、○○○○○目的でのみ本件ソフトウェアを使用することができる。

---

(3) 使用条件

ライセンサーとしてきっちり対価を得るためには、使用許諾したソフトウェアの使用条件を明確にしておく必要があります。一般に、1台で使用するのと100台で使用するのとでは、対価が全く異なるからです。

ソフトウェアは、サーバーのみで稼働するもの、サーバーと端末双方で稼働するもの、端末のみで稼働するものがあります。別紙を作成する際の指定装置を記載する時に注意してください。指定装置の特定は、誰から見てもあの装置だとわかる記載をする必要がありますが、あまり厳密に特定しすぎると（例えば、シリアルナンバーで特定すると）、ハードの更新の際に変更手続が必要になるので、さじ加減に注意してください。端末であれば、「○○株式会社経理部内に設置のパソコン5台」程度の記載が良いと思います。

第3条（使用条件）

乙は、別紙1に記載された指定装置において、ソフトウェアを使用できるものとする。 但し、指定装置が故障などで使用できない場合は、一時的に他の装置で使用することができるものとする。

2　乙は、指定装置を変更する場合又は設置場所を変更する場合は、事前に甲に通知し、甲の同意を得るものとする。

---

(4) ソフトウェアの変更

本条項は、ライセンシーによるソフトウェアの変更を禁止する条項です。一般に使用許諾契約書であれば入っている条項ですが、その有効性や範囲については議論のあるところです。

著作権法には、プログラムに関する例外規定として以下の条項があります。

（プログラムの著作物の複製物の所有者による複製等）
第四十七条の三　プログラムの著作物の複製物の所有者は、自ら当該著作物を電子計算機において実行するために必要と認められる限度において、当該著作物を複製することができる。ただし、当該実行に係る複製物の使用につき、第百十三条第五項の規定が適用される場合は、この限りでない。
（翻訳、翻案等による利用）
第四十七条の六　次の各号に掲げる規定により著作物を利用することができる場合には、当該著作物について、当該規定の例により当該各号に定める方法による利用を行うことができる。
一〜五　（略）
六　第四十七条の三第一項　翻案

　この規定により、ユーザーがプログラムの記録媒体の所有権を有している場合、使用許諾を受けたプログラムを自ら電子計算機において利用するために必要と認められる限度において、当該プログラムの複製又は翻案をすることが許されます。

　そこで、特に契約に規定がなければ、プログラムのバグ、障害、不具合の改修や、ＯＳのバージョンアップに対応するための改修は認められます。しかし、著作権法47条の6で許されているのは翻案です。翻案とは「既存の著作物に依拠し、かつ、その表現上の本質的な特徴の同一性を維持しつつ、具体的な表現形式を変更して新たな著作物を創作する行為」です。したがって、同一性を維持できないような改変は翻案ではありません。問題は、この翻案の範囲が曖昧であることです。大規模なプログラムの改造作業まで許容されるのかというと、この点は必ずしも明らかではありません。

　また、著作権法47条の6は強行規定か任意規定かとの議論がありますが、これに関する裁判例はなく、どちらとも断言できません。

　以上を踏まえ、本条項の有効性についてまとめたのが表9.1です。

表 9.1　本条項の有効性

著作権法 47 条の 6 の法定性質	バグ、障害、不具合の改修等	大規模なプログラムの改修
強行規定	著作権法 47 条の 6 によりできる	△
任意規定	契約書の本条項によりできない	契約書の本条項によりできない

　プログラムの著作権者がシステム開発会社である場合、プログラムの修正を自社以外でできるということは、保守や機能改善案件の受注機会を喪失してしまうことにつながるので、ユーザー（ユーザーが委託した他のシステム開発会社）による一切の改変は禁じたいところです。著作権法 47 条の 6 の存在は気になりますが、同条が任意規定であれば、それに反しても個別の契約が優先しますので、システム開発会社としては、本条項を入れておくべきです。

　なお、複製についても、プログラムの改変に近い問題があります。複製を明文で禁じている使用許諾契約書も多数存在します。しかし、譲渡や再許諾を禁じていれば、その必要性は低いのではないでしょうか。コンピューターの稼働には、様々な複製が必要であり（例えば、ハードディスクからメモリーへの複製）、複製を禁止する条項を厳格に適用できず規定が弛緩してしまうことも懸念されます。

第 4 条（ソフトウェアの変更）

乙は、本件ソフトウェアを改変、翻案、加工その他の変更を加えてはならない。

なお、ソフトウェアの変更を認める場合の規定例を以下に掲げておきます。

第 4 条（ソフトウェアの変更）

1　乙は、第 2 条の使用目的に必要な範囲内で、本件ソフトウェアを変更できる。

2　甲は、乙が本件ソフトウェアを変更した場合、変更後のソフトウェアの稼働に関しては、一切の責任を負わない。

3　乙は、甲が第三者に対して変更の成果物を使用することを無償で認める。

変更したソフトウェアは、ユーザーに二次的著作物の権利が発生します。二次的著作物は、基となった著作物とは別個の著作物として保護を受けます。しかし、著作権法第11条にて「二次的著作物に対するこの法律による保護は、その原著作物の著作者の権利に影響を及ぼさない。」と規定されています。二次的著作物を利用する場合は、二次的著作物の著作者のほか、原著作物の著作者の許諾が必要です。

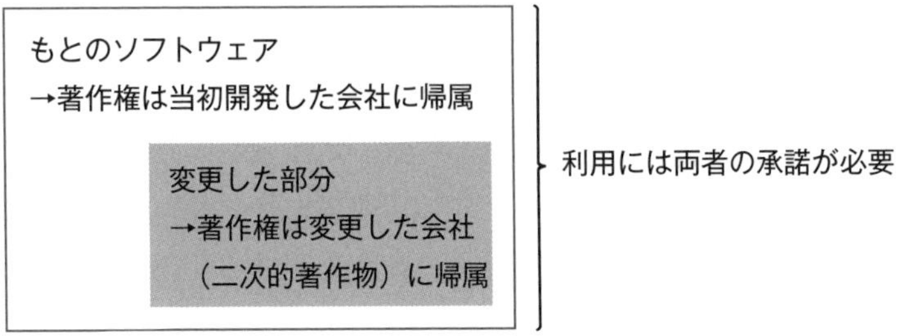

もとのソフトウェア
→著作権は当初開発した会社に帰属

変更した部分
→著作権は変更した会社
（二次的著作物）に帰属

利用には両者の承諾が必要

図9.1　著作権者以外が変更したソフトウェアの著作権

3項で、変更後のソフトウェアの著作権をライセンサーのみに帰属させるため、二次的著作物に関する権利をユーザーからライセンサーに移転させる規定をもうけることも考えられますが、独占禁止法で禁じられている不公正な取引方法の1つである拘束条件付取引として違法とされる可能性もあるので、このような条項とする場合には、十分な注意が必要です。

（5）納入

媒体で納入することを前提とした条項です。インターネットからのダウンロード等でライセンシーに使用可能とさせる場合は不要です。

第5条（納入）
甲は、乙に対し、甲及び乙が別途合意により定める日に、本件ソフトウェアを納入する。

（6）検査

　ソフトウェア使用許諾契約に検査条項を入れるか否かは、ケースバイケースです。ライセンサーとしては入れない方が有利ですし、ユーザーとしては入れた方が有利です。実際に検査条項を入れるのか否かは、当該ソフトウェアが先行してどの程度利用されているかによる部分が大きいと思われます。本件ユーザーのために作られたソフトウェアであったり、そうでなくとも本件ユーザーがファーストユーザーであれば、検査条項を入れるのが公平に資すると考えられます。一方で、既に多くの他のユーザーで使用されているソフトウェアであれば、検査は不要と考えられます。

　検査を必要とする場合は検査仕様書に基づき検査を行いますが、この場合の検査は、開発が最後の工程まで完了しているか否かを判断するものとなります。

第6条（検査）
1　乙は前条による納入後、本件ソフトウェアが別紙検査仕様書記載の検査基準に従い稼働するか否かを検査するものとし、納入後○日以内に、甲の指定する書式に従い、検査結果を甲に書面にて通知するものとする。
2　乙が前項に定める検査期間内に甲に対し検査に合格しない旨の通知をしない場合、当該ソフトウェアは、検査に合格したものとみなす。

（7）免責・非保証

　本条項は、ライセンサーの保証責任の一部を排除するものです。ソフトウェアの使用許諾契約を締結した以上、ソフトウェアは使用できることが前提であり、使用できない場合は、ライセンサーが債務不履行責任を負うのが原則です。しかし、ソフトウェアは環境が少しでも違えば、動作しなくなることがあります。そこで、契約時に本件ソフトウェアが正しく動作する環境（ハードウェア、ＯＳ等）を規定し、それ以外の環境で動作しなくても、ライセンサーは債務不履行責任を負わないものとします。

第7条（免責・非保証）
本件ソフトウェアは、別紙動作環境の限りで動作するものとし、甲は、本件ソフトウェアが他の動作環境で動作することを保証するものではない。

(8) 使用許諾期間

　使用許諾期間の定めがない場合、永久に契約は続くのかと思われるかもしれませんが、そのようなことはありません。期間の定めがないということは、当事者はいつでも契約を解除できるということを意味しています。しかし、それではユーザーとしては安心してソフトウェアを使用することができません。そこで使用許諾期間を定めます。ユーザーとしては、長期間の方が安心して使用できる面はありますが、一方でユーザーから一方的に使用を止めることもできません。日進月歩のソフトウェアの世界ですから、あまり長い使用許諾期間は却ってユーザーに不利とも考えられます。

　どの程度の使用許諾期間が妥当かは、ユーザーとしては、少なくとも○年間はこのソフトウェアを使うだろうという○年間をベースに交渉すべきです。一方、ライセンサーとしては、本契約で高めの使用許諾料を得られるのであれば、長めの期間とするのが得策ですし、そうでないのであれば1年・自動更新とし、更新の機会で値上交渉をする余地を残しておいた方が得策です。

第8条（使用許諾期間）
本件ソフトウェアの使用許諾期間は、本契約締結の日から○年間とする。但し、期間満了の○ヶ月前までに、一方当事者が他方当事者に対し書面により契約を終了させる旨を通知しない限り、○年間延長されるものとし、以後も同様とする。

(9) 使用許諾料の支払

　本条項例は、使用許諾料がイニシャル＋ランニングの体系であることを前提としています。ランニングだけの場合は、1項の（1）（2）は不要です。

第9条（使用許諾料の支払）

1　乙は、甲に対し、本件ソフトウェアの使用許諾料を次のとおり支払う。

（1）本契約締結後〇〇日以内に金〇〇円（消費税別）

（2）第6条の検査合格（合格とみなされる場合を含む）から〇〇日以内に金〇〇円（消費税別）

（3）毎月〇日限り、金〇〇円（消費税別）

2　乙は、前項の使用許諾料を、甲が指定した預金口座に振込む方法で支払う。但し、振込手数料は乙の負担とする。

（10）知的財産権侵害の責任

　ソフトウェアの開発において、プログラマーが既存のプログラムを参考にすることは少なくありません。そのシステム開発会社が手掛けた他の案件のプログラムを参考にしたり、またはインターネットで公開されているプログラムを参考にしたりすることはよくあることです。単に、お勉強の材料として参考にする分には問題ありませんが、参考にしたプログラムをなぞって、それに近似するプログラムを作った場合、その著作権が他者にあれば、著作権侵害となってしまいます。そのような形でプログラマーが他者の著作権を侵害しても、なかなか著作権者にはバレないので、著作権侵害として警告を受けるケースは多くはありません。とはいえ念のための備えとして、少なくとも第三者の著作権を侵害していないことを、ユーザーはライセンサーに保証させましょう。著作権には著作権独立の原則があり、たまたま同じものを作っても、他者のものを参照したのではなく全く独自に作ったのであれば、著作権侵害にならないという原則があります。すなわち、近似するプログラムを作ることによる著作権侵害は"カンニング"をしない限り発生しないのです。したがって、ユーザーから「第三者の著作権を侵害していないことを保証しろ」と言われたライセンサーは、嫌とは言えないはずです。

> 第10条（知的財産権侵害の責任）
> 甲は、乙に対し、本件ソフトウェアが第三者の知的財産権（特許権、実用新案権、意匠権、商標権、著作権をいう。）を侵害しないことを保証する。

◆ライセンサーの立場から

　一方、特許権を侵害しないことを保証することは、ライセンサーとしてはリスクを伴います。特許権は、第三者が特許を得ている発明を、それを知らないで別に後から考案して実施した場合、特許権侵害になってしまうからです。全世界にあまたある特許を侵害していないことを、事前に調べることは事実上不可能です。

　そこで、ライセンサーとしては、以下の条項例とすべきです。

> 第10条（著作権侵害の責任）
> 甲は、乙に対し、本件ソフトウェアが第三者の著作権を侵害しないことを保証する。

（11）解除

　契約書例1の第27条と同じです。152頁を参照ください。

　なお、ソフトウェア使用許諾契約は準委任契約ではありませんから、当事者の一方から任意に解除することは明文で禁じなくてもできません。

（12）契約終了時の措置

　本条は、契約が終了した場合、①本件ソフトウェアを消去する義務、②使用を停止する義務をユーザーに課しています。②は当たり前のことであり、本条の意義は①にあります。法的には、本条がなくても、解除の場合はユーザーは解除に伴う原状回復義務としてソフトウェアの消去義務を負うと考えられます。しかし、期間満了による終了の場合は、使用を停止する義務は負うものの消去義務まで負うかは不明確です。そこで、本条を明定する意義があります。

第12条（契約終了時の措置）

本契約が期間満了又は解除により終了した場合、乙は、直ちに、本件ソフトウェアを消去し、その使用を中止しなければならない。

(13) 損害賠償

　契約書例1第28条の解説（155頁）でも述べましたが、システム開発や修正の不具合により生じる損害は、金額的に膨大になる可能性があります。そこで、ライセンサーとしては、民法の原則よりも損害賠償責任の範囲を絞る必要があります。絞りのかけ方は、①損害の範囲を絞る方法と②金額に上限を設ける方法があります。本条項例は、①の絞りをかけています。

第13条（損害賠償責任）

甲が乙に対して本契約に関連して負担する損害賠償額の範囲は、その原因如何にかかわらず、乙が直接かつ現実に被った通常の損害に限るものとする。

◆ライセンサーの立場から ……………………………………………………………

　ライセンサーの立場からは、①と②双方の絞りをかけた方が有利なので、以下の条項例が有利です。

第13条（損害賠償責任）

1　甲が乙に対して本契約に関連して負担する損害賠償額の範囲は、その原因如何にかかわらず、乙が直接かつ現実に被った通常の損害に限るものとする。

2　前項により甲が損害賠償責任を負う場合であっても、その損害賠償額は、本契約に基づき乙が甲に対して損害賠償時以前に支払った対価相当額を超えないものとする。

ユーザーの立場からは、損害賠償の制限はないに越したことはありません。以下、事実上ユーザーに有利な文例です。

第 13 条（損害賠償）

甲及び乙が本契約の履行に関し、甲又は乙の責めに帰すべき事由によって相手方に損害を及ぼした場合、損害を与えた者は相手方に対し、相手方が被ったすべての損害（合理的な弁護士費用を含む。）を速やかに賠償するものとする。

（14）権利義務の譲渡の禁止

契約書例 1 の第 26 条と同じです。151 頁を参照ください。

（15）反社条項

契約書例 1 の第 29 条と同じです。159 頁を参照ください。

（16）契約の変更

契約書例 1 の第 30 条と同じです。161 頁を参照ください。

（17）合意管轄及び準拠法

契約書例 1 の第 31 条と同じです。161 頁を参照ください。

（18）協議

契約書例 1 の第 32 条と同じです。162 頁を参照ください。

派遣基本契約書

※契約書例の全文を Word ファイルで Web 提供いたします。詳しくは、v 頁の「読者特典ダウンロードのご案内」をご覧ください。

1　本契約書例の対象

　「労働者派遣事業の適正な運営の確保及び派遣労働者の保護等に関する法律」（いわゆる「派遣法」）によれば、労働者派遣とは「自己の雇用する労働者を、当該雇用関係の下に、かつ、他人の指揮命令を受けて、当該他人のために労働に従事させることをいい、当該他人に対し当該労働者を当該他人に雇用させることを約してするものを含まないものとする。」と定義されています。

　労働者派遣には、派遣元企業、派遣先企業、派遣労働者の 3 者が登場しますが、以下では、派遣元企業と派遣先企業との基本契約例を示します。

　派遣法は、派遣労働者を保護することを目的とする法律なので、強行法規であるばかりか、罰則もあるので注意してください。

2　契約条項と解説

（0）タイトル＆前文

　前文では、派遣元企業と派遣先企業との間の契約であることを明確にします。

労働者派遣基本契約書

○○株式会社（以下「甲」という）と○○株式会社（以下「乙」という）は、乙がその雇用する労働者を「労働者派遣事業の適正な運営の確保及び派遣労働者の保護等に関する法律」（以下「労働者派遣法」という）に基づき、甲に派遣するにあたり、次のとおり労働者派遣基本契約（以下「本契約」という）を締結する。

---

(1) 目的

　派遣法第2条1項の定義によれば、労働者派遣とは「自己の雇用する労働者を、当該雇用関係の下に、かつ、他人の指揮命令を受けて、当該他人のために労働に従事させることをいい、当該他人に対し当該労働者を当該他人に雇用させることを約してするものを含まないものとする」とのことです。本来、雇用関係と指揮命令関係は同一ですが、それを分離する、つまりA社に雇用されながらB社の指揮命令を受ける点に、労働者派遣の特色があります。

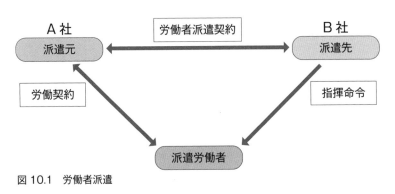

図 10.1　労働者派遣

　この労働者派遣は、派遣法により特別に認められるものなので、派遣法が定める要件を満たさないで行われた労働者派遣は違法です。派遣法とは別に（派遣法ができる前から）「職業安定法」という法律があり、労働者供給事業は禁止されていました。これを特定の要件の下に例外的に認めたのが、派遣法なのです。

　つまり、派遣法に則って適法に行われた労働者派遣以外では、他社の従業員に対して指揮命令を行ってはいけません。

第1条（目的）
本契約は、乙が、労働者派遣法に基づき、乙の雇用する派遣労働者（以下「派遣労働者」という。）を甲に派遣し、甲の指揮命令に従って甲のために業務に従事させることを約するにあたり、その基本的条件を定めることを目的とする。

（2）本契約の適用（基本契約）

　本契約は、労働者派遣契約の基本契約であること、ただし、紹介予定派遣には適用されないことを規定しています。紹介予定派遣とは、派遣先に直接雇用されることを前提に一定期間派遣スタッフとして就業し、派遣期間終了時に企業と本人が合意した場合に社員（正社員とは限らない）として採用される派遣スタイルをいいます。

　紹介予定派遣も労働者派遣の一種ですが、それも基本契約の対象とすると、そのための追加条項が必要となるため、本契約書例では紹介予定派遣は対象外としました。

第2条（本契約の適用）

本契約に定める事項は、本契約の有効期間中、特に定めのない限り、甲乙において別途締結する個別の労働者派遣契約に適用されるものとする。なお、本契約に定める事項は、労働者派遣法第2条第4号に定める紹介予定派遣（労働者派遣のうち、派遣元事業主が、労働者派遣の役務の提供開始前又は開始後に、派遣労働者及び派遣先について職業紹介を行い、又は職業紹介を行うことを予定してするものをいう。）には適用しない。

（3）個別契約

　派遣法第26条1項では、労働者派遣契約の締結に際し、以下の事項について定めなければいけないとしています。

①　派遣労働者が従事する業務の内容

②　派遣労働者が労働者派遣にかかる労働に従事する事業所の名称及び所在地その他派遣就業の場所並びに組織単位（労働者の配置の区分であって、配置された労働者の業務の遂行を指揮命令する職務上の地位にある者が当該労働者の業務の配分に関して直接の権限を有するものとして厚生労働省令で定めるものをいう。以下同じ。）

③　労働者派遣の役務の提供を受ける者のために、就業中の派遣労働者を

直接指揮命令する者に関する事項

④　労働者派遣の期間及び派遣就業をする日

⑤　派遣就業の開始及び終了の時刻並びに休憩時間

⑥　安全及び衛生に関する事項

⑦　派遣労働者から苦情の申出を受けた場合における当該申出を受けた苦
　　情の処理に関する事項

⑧　派遣労働者の新たな就業の機会の確保、派遣労働者に対する休業手当
　　等の支払に要する費用を確保するための当該費用の負担に関する措置
　　その他の労働者派遣契約の解除に当たって講ずる派遣労働者の雇用の
　　安定を図るために必要な措置に関する事項

⑨　労働者派遣契約が紹介予定派遣にかかるものである場合にあっては、
　　当該職業紹介により従事すべき業務の内容及び労働条件その他の当該
　　紹介予定派遣に関する事項

⑩　前各号に掲げるもののほか、厚生労働省令で定める事項

　そして、⑩は、「労働者派遣事業の適正な運営の確保及び派遣労働者の保護
等に関する法律施行規則」の第22条で以下の事項とされています。

⑦　派遣元責任者及び派遣先責任者に関する事項

④　労働者派遣の役務の提供を受ける者が法第二十六条第一項第四号に掲
　　げる派遣就業をする日以外の日に派遣就業をさせることができ、又は
　　同項第五号に掲げる派遣就業の開始の時刻から終了の時刻までの時間
　　を延長することができる旨の定めをした場合における当該派遣就業を
　　させることができる日又は延長することができる時間数

⑨　派遣元事業主が、派遣先である者又は派遣先となろうとする者との間
　　で、これらの者が当該派遣労働者に対し、診療所等の施設であって現
　　に当該派遣先である者又は派遣先になろうとする者に雇用される労働
　　者が通常利用しているもの（第三十二条の三各号に掲げるものを除
　　く。）の利用、レクリエーション等に関する施設又は設備の利用、制

　　服の貸与その他の派遣労働者の福祉の増進のための便宜を供与する旨
　　の定めをした場合における当該便宜供与の内容及び方法
　㋓　労働者派遣の役務の提供を受ける者が、労働者派遣の終了後に当該労
　　働者派遣にかかる派遣労働者を雇用する場合に、労働者派遣をする事
　　業主に対し、あらかじめその旨を通知すること、手数料を支払うこと
　　その他の労働者派遣の終了後に労働者派遣契約の当事者間の紛争を防
　　止するために講ずる措置
　㋔　派遣労働者を無期雇用派遣労働者（法第三十条の二第一項に規定する
　　無期雇用派遣労働者をいう。）又は第三十二条の五に規定する者に限
　　るか否かの別

　このように、労働者派遣を行う際は、この14項目を個別契約書で規定する
必要があります（個別契約書のサンプルは次頁を参照ください）。

　なお、②のうち「組織単位」は、平成27年の派遣法改正で追加されたもの
なので注意してください。平成27年の派遣法改正で、派遣元と無期雇用契約
の社員や60歳以上の社員等を除き「同じ事業所の同じ組織単位に同じ派遣社
員の派遣をすることができるのは最大で3年まで」というルールができました。
この組織単位とは「課」や「グループ」を指します。

第3条（個別労働者派遣契約）
甲及び乙は、乙が甲に労働者派遣を行う都度、労働者派遣法及び同法施行
規則等の定めに基づき、派遣労働者の従事する業務内容、就業場所、就業
する組織単位、就業期間、その他労働者派遣に必要な細目について労働者
派遣法第26条第1項に規定する労働者派遣契約（以下「派遣契約」とい
う。）を締結する。

労働者派遣個別契約書のサンプル

　個別契約書の例を以下に示します。一般には派遣元企業（派遣会社）の定型
の書式を使います。

労働者派遣個別契約書

　○○株式会社（以下、「派遣先」という。）と、○○株式会社（以下、「派遣元」という。）は、派遣先と派遣元との間に令和○年○月○日付け労働者派遣基本契約書に基づき、次のとおり個別契約を締結する。

派 遣 先 名 称	
所 在 地	
就業場所及び部署	○○株式会社　システム開発部　情報システム課
指 揮 命 令 者	TEL
派 遣 先 責 任 者	TEL
派 遣 元 責 任 者	（役職）　　　　　　　　　　　　　　TEL
業 務 内 容	システム開発業務
派 遣 期 間	令和○年○月○日　　　　〜　　　　○年○月○日
就業時間及び休憩時間	（就業時間）　9:00　〜　18:00　※双方合意の上、派遣先の就業時間に変更する場合がある。 （休憩時間）　12:00　〜　13:00　※双方合意の上、派遣先の休憩時間に変更する場合がある。 時間外の労働、休日労働は、派遣元の締結した時間外・休日労働協定の定めるところの範囲内とする。
休 日	土曜日・日曜日、祝日、12月30日〜1月3日
安 全 及 び 衛 生	労働安全衛生法の趣旨に沿って快適な作業環境の保持に努める。
福利厚生の便宜供与	食堂　無、休憩室　有、ユニフォーム　無、ロッカー　有 派遣先は派遣労働者に対し、派遣先の社員が使用する休憩室、その他福利厚生施設等について、利用できるよう便宜供与することとする。
苦情申出先（派遣先）	TEL
苦情申出先（派遣元）	代表取締役　　　　　　　　　　　　　TEL
苦 情 処 理	派遣労働者から苦情の申出があった場合には派遣先、派遣元の双方が連携し、適切かつ迅速な対応に努め、その結果を派遣労働者に通知する。
派遣契約解除の場 合 の 措 置	派遣先の事情による派遣契約満了前の派遣契約解除は、その理由を明らかにして、1か月以上の猶予期間をもって派遣元に解除の申入れを行うこととし、派遣先と派遣元で十分な協議のうえ、新たな就業機会の確保等適切な善後処理方策を講じるものとする。
派遣終了後の当事者間の紛争防止措置	派遣先が、労働者派遣の終了後に派遣労働者であった者を雇用する場合は、予め派遣元に通知しなければならない。
派 遣 人 員	○○○○ 合計：1名
派 遣 料 金	基本時間単価　　　　　　　円　　時間外　　　　　円　深夜　　　　　円 ※法定休日出勤割増＝基本時間単価　×　3割5分
支 払 い 方 法	料金は、末日締め翌月末日までに支払うこととする。
特 記 事 項	派遣労働者は、無期雇用派遣労働者に限る。

　　　　以上契約の証として本契約書2通を作成し、それぞれ署名捺印の上各1通を保有する。

　　　　○○年○月○日

　　　　（甲）派遣先　　　　　　　　　　　　　　　　　　　　　　（乙）派遣元

　　　　　　　　　　　　　　　　　　印　　　　　　　　　　　　　　　　　　　　　　　印
　　　　　　　　　　　　　　　　　　　　　　　　　　　　　　（許可番号　派○○−○○○○）

（4）派遣料金

①派遣料金

　派遣料金は、1時間いくらと定めても、1日いくらと定めても、月いくらと定めても構いません。しかし、1日いくらや月いくらと定めた場合において派遣労働者が残業をした場合、派遣元企業は派遣労働者に対し残業代を支払わねばならないので、派遣元企業は派遣先企業に対し残業にかかる分の派遣料を追加請求できるように個別契約で定めるのが一般です。その際、残業手当や休日出勤手当には割増金が加算されるので、その分を派遣先企業に請求できなければ、派遣元企業としては減収となってしまうため、それを請求できるようにしたものです。もちろん、そのような規定が個別契約にあれば問題ありませんが、個別契約で規定していなくても、割増金を請求できるようにしたのが本条項です。

第4条（派遣料金）

1　甲は、派遣契約に基づく派遣業務（以下「業務」という。）の対価として、乙に対し派遣料金を支払うものとする。派遣料金は業務の内容並びに技量によりその都度派遣契約により定めるものとする。なお、派遣労働者の就業が時間外労働、深夜労働、休日労働に及ぶ場合において、派遣契約に割増料金の定めがある場合には、その定めに従って算出される割増金を当該割増料金として、又、派遣契約に定めのない場合は、労働基準法に基づき算定される割増金相当額を当該割増料金として、乙は甲に請求することができるものとする。

②欠勤等

　派遣労働者が仕事に来ない場合は、派遣料を支払う必要はないとする条項です。欠勤や遅刻・早退は当然といえますが、有給休暇や特別休暇のように、派遣労働者は派遣元企業から給料を支払われる場合でも、派遣先企業へ仕事に来ない以上、派遣先企業は派遣元企業に対し派遣料を支払う義務はないとするものです。

> 2 派遣労働者が、欠勤、有給休暇、特別休暇、遅刻、早退等により、個
> 別契約で定める当該派遣労働者の就業日又は就業時間に就業しなかった場
> 合、甲は当該就業しなかった日又は時間に相応する派遣料を支払うことを
> 要しない。

③業務に従事できないのが派遣先の責による場合

　派遣先企業の責に帰すべき事由により派遣労働者を業務に従事させることが
できない場合は、当該業務は行われたものとして、派遣契約に基づく派遣料金
を派遣先企業は支払わなければならないとするものです。システム開発では、
派遣先企業が突然失注した場合や、プログラマーの派遣を受けたが要件定義が
固まらず、プログラミングに入れない場合などが想定されます。

> 3 甲の責に帰すべき事由により派遣労働者を業務に従事させることができ
> ない場合は、甲は乙に対し、当該業務は行われたものとして派遣契約に
> 基づく派遣料金を支払うものとする。

④支払方法

　以下、月末締翌月末払いの例です。

> 4 甲は、当月末日までの派遣料金の合計金額を翌月末日までに乙の指定
> する口座へ振込むものとする。

(5) 苦情処理

　例えば、派遣労働者が派遣先社員からセクハラまがいの行為をされたとしま
す。派遣労働者が苦情を訴える先は派遣元になりますが、顧客である派遣先に
対し派遣元は強い態度に出ることが容易ではありません。
　そこで、派遣法は第40条1項で以下の規定を設け、派遣元と派遣先が連
携して苦情処理にあたるよう求めています。

労働者派遣法第 40 条 1 項

派遣先は、その指揮命令の下に労働させる派遣労働者から当該派遣就業に関し、苦情の申出を受けたときは、当該苦情の内容を当該派遣元事業主に通知するとともに、当該派遣元事業主との密接な連携の下に、誠意をもって、遅滞なく、当該苦情の適切かつ迅速な処理を図らなければならない。

これを受けて規定したのが本条項です。

第 5 条（苦情処理）

1　甲及び乙は、お互いの緊密な連携の下に、苦情その他派遣労働者の就業に関し生ずる問題の適切かつ迅速な処理、解決に努めるものとする。

2　前項により苦情を処理した場合には、甲及び乙は、その結果について必ず派遣労働者に通知しなければならない。

（6）派遣労働者の選任

①選任は派遣元が行うこと

　派遣法第 26 条 6 項は「労働者派遣（紹介予定派遣を除く。）の役務の提供を受けようとする者は、労働者派遣契約の締結に際し、当該労働者派遣契約に基づく労働者派遣にかかる派遣労働者を特定することを目的とする行為をしないように努めなければならない。」と規定しています。さらに、厚生労働省が定める「派遣先が講ずべき措置に関する指針」の第 2 条 3 項では、「派遣先は、紹介予定派遣の場合を除き、派遣元事業主が当該派遣先の指揮命令の下に就業させようとする労働者について、労働者派遣に先立って面接すること、派遣先に対して当該労働者にかかる履歴書を送付させることのほか、若年者に限ることとすること等派遣労働者を特定することを目的とする行為を行わないこと。」と定められています。

　つまり、派遣先は、紹介予定派遣の場合を除き、派遣されてくる労働者を自分で選んではいけないこととされています。

これを契約書で、具体的に定めたのが本条項です。

第6条（派遣労働者の選任）

1　派遣契約に基づく派遣労働者の選任は乙が行うものとし、甲は派遣契約を締結するに際し、派遣労働者を特定することを目的とする行為（受入れる派遣労働者を選別するために行う事前面接、履歴書の送付要請、若年者への限定、性別の限定、派遣労働者の指名等）をしないよう努めなければならないものとし、又、乙は、これらの行為に協力してはならないものとする。

---

②派遣先からの要請

選任は派遣元が行うといっても、システム開発技術者の派遣を受ける場合、そのスキルは極めて重要です。また、システム開発業務は、顧客の機密事項を扱うことが多い業務ですので、コンプライアンス意識も極めて重要です。そこで、派遣された労働者のスキルやコンプライアンス意識に問題がある場合、派遣先は派遣元に対し、派遣労働者の交代まで求めることができるとしたのが本条項です。

2　派遣労働者が就業するにあたり、遵守すべき甲の業務処理方法、就業規律等に従わない場合、又は業務処理の能率が著しく低く労働者派遣の目的を達し得ない場合には、甲は乙にその理由を示し、派遣労働者への指導、改善、派遣労働者の交替等の適切な措置を要請することができるものとする。

3　乙は、前項の要請があった場合には、当該派遣労働者への指導、改善、派遣労働者の交替等適切な措置を講ずるものとする。

---

③派遣元企業から派遣労働者の交代を求める場合

派遣元企業から派遣労働者の交代を求める場合は、派遣先企業の承諾が必要とするものです。派遣契約で派遣労働者も特定されているので、5項は当然の

規定といえます。むしろ、「やむを得ない理由がある場合には、乙は甲に通知して、派遣労働者の交替を要請することができる」とする４項に意味があるといえます。

> ４　派遣労働者の傷病その他、やむを得ない理由がある場合には、乙は甲に通知して、派遣労働者の交替を要請することができるものとする。
> ５　乙及び派遣労働者の事情により派遣労働者の交替を要する場合、乙は甲に対し事前に当該理由を通知し且つ甲の当該交替（後任派遣労働者の選任を含まない。）についての承諾を得た上で、派遣労働者を交替することができるものとする。

（7）派遣労働者の雇用の禁止

　システム開発会社は“人”が資産です。スキルの高い技術者を雇用することが、企業価値の向上につながります。そこで、小規模なシステム開発会社から派遣された技術者のスキルが高い場合、派遣を受けた大規模なシステム開発会社はその技術者を直接雇用したいと考えることがあります。一方、その技術者としても、機会があるなら大規模なシステム開発会社の社員になりたいと思うかもしれません。これを禁じると派遣労働者の職業選択の自由を制限してしまうので、派遣法第33条２項は「派遣元事業主は、その雇用する派遣労働者にかかる派遣先である者又は派遣先となろうとする者との間で、正当な理由がなく、その者が当該派遣労働者を当該派遣元事業主との雇用関係の終了後雇用することを禁ずる旨の契約を締結してはならない。」と規定しています。すなわち、派遣労働者は派遣元企業を退職した後、派遣先企業の社員となることは原則自由なのです。しかし、派遣期間中に派遣先企業が派遣労働者に対し「ウチの社員にならないか」と勧誘ができるとしたら、派遣元企業としては派遣契約期間中に派遣契約が解約されることとなり、一方的な不利益を被ってしまいます。そこで、公平の観点から「派遣契約期間中は、派遣労働者を派遣先企業が引抜くのは勘弁してね！」というのが本条項です。

第 7 条（派遣労働者の雇用の禁止）
甲は、派遣契約期間中において、派遣労働者を甲又は甲の関連会社等に雇用する旨の勧誘をし、又は雇用してはならないものとする。

(8) 個人情報の保護

　派遣労働者のプライバシー保護の観点から、派遣元企業が派遣先企業に伝えることができる派遣労働者の個人情報について制約を課す条項です。なお、労働者派遣法第 35 条及び同法施行規則の規定により、派遣先企業に通知すべき派遣労働者の個人情報は以下のとおりです。

　①氏名
　②健康保険、厚生年金、雇用保険の資格ないし被保険者であることの有無
　③性別、45 歳以上の場合はその旨、18 歳未満である場合は年齢

第 8 条（個人情報の保護）
1　乙が甲に提供することができる派遣労働者の個人情報は、労働者派遣法第 35 条及び同法施行規則の規定により派遣先に通知すべき事項のほか、当該派遣労働者の業務遂行能力に関する情報に限るものとする。但し、利用目的を示して当該派遣労働者の同意を得た場合は、この限りではない。
2　甲及び乙は、業務上知り得た派遣労働者の個人情報、関係者の個人情報及び個人の秘密を正当な理由なく他に洩らし、又は開示する等してはならない。

(9) 営業秘密及び個人情報の守秘義務

　派遣労働者は、派遣先での仕事が終わった後、その派遣先のライバル企業に派遣されるかもしれません。また、派遣元企業は、別の労働者を派遣先企業のライバル企業に派遣しているかもしれません。そこで、派遣業務で知り得た営業秘密及び個人情報について、不当に漏えいしたり不正利用しないように派遣

労働者に厳しく制約を課す必要があります。しかし、派遣先企業と派遣労働者は雇用契約関係にないので、直接このような義務を課せません。そのため、本条項では、派遣元企業に対し、派遣労働者に徹底、遵守させる責任を負わせています。本条項により、万が一、派遣労働者が営業秘密等の漏えいを行った場合は、派遣先企業は派遣元企業に対して損害賠償請求等の責任追及ができます。

第9条（営業秘密及び個人情報の守秘義務）

1　乙は、派遣業務の遂行により、知り得た甲及び取引先その他関係先の業務に関する営業秘密について、不当に漏えいし、開示し、又は不正に利用する等してはならず、派遣労働者にもそれを徹底、遵守させる責任を負う。

2　乙は、派遣業務の遂行により、知り得た甲の役員、従業員等及び取引先その他関係者の個人情報について、不当に漏えいし、開示し、又は不正に利用する等してはならず、派遣労働者にもそれを徹底、遵守させる責任を負う。

3　乙は、乙宛に派遣労働者から前2項に定める守秘義務の履行に関する誓約書を提出させ、甲の機密保持の確保を図るものとする。

（10）損害賠償

　本条項は、派遣業務の遂行につき、派遣労働者が派遣先企業に損害を与えた場合の規定です。したがって、派遣元企業が派遣先企業に損害を与えた場合や、派遣先企業が派遣元企業に損害を与えた場合は、本条項の守備範囲外です。その場合は、民法の損害賠償にかかる規定が直接適用されます。

　本条項の意味は、派遣労働者が派遣先企業に損害を与えた場合に、派遣元企業が損害賠償責任を負うのを、派遣労働者に故意または重大な過失があった場合に限っている点にあります。すなわち、民法の原則では過失による行為で損害を被らせれば損害賠償責任を負いますが、派遣労働者の過失があったとしても、重過失でない限りは派遣元企業も派遣労働者も責任は負わないとするものです。システム開発にバグは付き物であるところ、過失でバグが組み込まれた場合に損害賠償請求ができるとしたら、システム開発技術者の派遣が成り立た

なくなってしまいます。なお、重過失とは、わずかの注意さえすればたやすく違法・有害な結果を予見することができたのに、漫然とこれを見すごしたようなほとんど故意に近い著しい注意欠如の状態をいいます。

第10条（損害賠償）

1　派遣業務の遂行につき、派遣労働者が故意又は重大な過失により甲に損害を与えた場合は、乙は甲に賠償責任を負うものとする。但し、その損害が、指揮命令者その他甲が使用する者（以下本条において「指揮命令者等」という。）の派遣労働者に対する指揮命令等（必要な注意・指示をしなかった不作為を含む。）により生じたと認められる場合は、この限りではない。

2　前項の場合において、その損害が、派遣労働者の故意又は重大な過失と指揮命令者等の指揮命令等との双方に起因するときは、甲及び乙は、協議して合理的に当該損害の負担割合を定めるものとする。

3　甲は、損害賠償請求に関しては、損害の発生を知った後、速やかに、乙に書面で通知するものとする。

（11）契約解除

①催告解除

　催告解除（催告をしても是正しない場合は解除できる）の要件を規定した条項です。一般に契約違反は催告が解除の要件ですが、本契約書例では、労働者派遣法その他の関係諸法令違反の場合も契約違反と同様としました。その他の関係諸法令とは、タイトルに"労働"という文字が入っている法律と政省令違反のうち、当該労働者派遣に関係するものすべてと考えてください。

第11条（契約解除）

1　甲又は乙は、相手方が正当な理由なく労働者派遣法その他の関係諸法令又は本契約若しくは個別契約の定めに違反した場合には、是正を催告し、相当な期間内に是正がないときは、本契約及び個別契約の全部又は一部を解除することができる。

---

②無催告解除

　無催告解除の要件を規定した条項です。5号が一般の契約の解除条項にはない派遣契約特有の条項ですが、当然といえます。

2　甲又は乙は、相手方が次の各号の一に該当した場合には、何らの催告を要せず、将来に向かって本契約及び個別契約を解除することができる。

(1) 支払の停止があった場合、又は仮差押、差押、競売、破産手続開始、民事再生手続開始、会社更生手続開始、特別清算開始の申立があったとき

(2) 手形交換所の取引停止処分を受けたとき

(3) 公租公課の滞納処分を受けたとき

(4) 営業を廃止し、又は清算に入ったとき

(5) 労働者派遣法等関係諸法令に違反して、労働者派遣事業の許可を取消され若しくは事業停止命令を受け、又はその有効期間の更新ができなかったとき

(6) その他前各号に準ずる行為があったとき

(7) 前各号に定めるほか、民法第542条1項で定める要件に該当するとき

---

③損害賠償

3　本条に基づく解除については、損害賠償の請求を妨げないものとする。

（12）派遣契約の中途解除

　第11条は、一定の要件を満たした場合、一方当事者からの意思表示でできる解除について定めたものですが、契約自由の原則から契約当事者双方の合意があれば、いつでも自由に契約を解除できるのが原則です。この原則に従えば、派遣先企業と派遣元企業が合意さえすれば、派遣契約もいつでも自由に解除できてしまいます。しかし、それでは派遣労働者が一方的に不利益を受けてしまいます。そこで、派遣労働者の保護を図ろうとするのが本条です。

第12条（派遣契約の中途解除）

1　甲は、自己のやむを得ない事情により個別契約期間が満了する前に契約の解除を行おうとする場合には、派遣労働者の新たな就業機会の確保を図ることとする。

2　甲は、前項に定める派遣労働者の新たな就業機会の確保ができない場合には、契約の解除を行おうとする日の少なくとも30日前に、乙にその旨を予告しなければならない。

3　甲は、前項の契約解除の予告日から契約の解除を行おうとする日までの期間が30日に満たない場合には、少なくとも契約の解除を行おうとする日の30日前の日から当該予告当日までの期間の日数分の派遣労働者の賃金に相当する額について、損害の賠償を行わなければならない。

4　甲の解除が信義則違反その他甲の責に帰すべき事由に基づく場合には、前項にかかわらず、甲は当該派遣契約が解除された日の翌日以降の残余期間の派遣料金に相当する額について賠償を行わなければならない。

（13）契約の有効期間

　本契約書は基本契約であり、個別の派遣契約（第3条）がなければ派遣は行われないので、契約期間は長くて良いと思われるかもしれません。しかし、派遣法は度々改正されやすいので、派遣法の改正による契約条項の見直しをしやすいように1年・自動更新としました。

第13条（契約の有効期間）

1　本契約の有効期間は、契約締結日から1年間とする。但し、本契約の期間満了の1ヶ月前までに甲乙いずれからも契約終了の意思表示のない限り、本契約はさらに1年間延長され、以降も同様とする。

2　本契約が有効期間満了又は解除により終了した場合といえども、既に契約した個別契約については、別段の意思表示のない限り当該個別契約期間満了まで有効とし、それに関しては本契約の定めるところによる。

（14）権利義務の譲渡の禁止

契約書例1の第26条と同じです。151頁を参照ください。

（15）反社条項

契約書例1の第29条と同じです。159頁を参照ください。

（16）契約の変更

契約書例1の第30条と同じです。161頁を参照ください。

（17）合意管轄及び準拠法

契約書例1の第31条と同じです。161頁を参照ください。

（18）協議

契約書例1第32条の解説（162頁）を参照ください。

労働者派遣が派遣法で特別に認められた制度であることに鑑み、「労働者派遣法、その他の法令を尊重し」との文言を加えています。

第18条（協議）

本契約に定めのない事項及び本契約の条項の解釈につき疑義を生じた事項については、労働者派遣法、その他の法令を尊重し、甲乙協議の上、円満に解決する。

---

11 秘密保持契約書

※契約書例の全文を Word ファイルで Web 提供いたします。詳しくは、v 頁の「読者特典ダウンロードの
ご案内」をご覧ください。

1 本契約書例の対象

　システム開発において、システム開発会社を選定するには、ユーザーは作ろ
うとするシステムの概要をシステム開発会社に説明しなければなりませんが、
その中には、外部に知れたら困る情報が含まれることがあります。

　守秘義務契約は、開発においては、ソフトウェア開発の契約書の１条項と
して盛り込めば問題ありませんが、ソフトウェア開発の契約書締結以前におい
ては、「秘密保持契約書」を締結することにより、守秘義務の対象を明確化し
ておくべきです。

　このような、ソフトウェア開発の契約書締結以前の段階における守秘義務を
定めた契約書が本契約書例です。

2 契約条項と解説

（0）タイトル＆前文

　秘密保持契約書（NDA）の前文では、秘密保持契約を締結する目的を掲げ、
その秘密保持契約の範囲を限定する場合と、特に限定せず２社間の基本契約
とする場合がありますが、本契約条項例は前者を前提としています。

秘密保持契約書

○○株式会社（以下、「甲」という。）と○○株式会社（以下、「乙」とい
う。）は、甲の○○○システムの開発にかかる検討（以下「本検討」とい
う。）を行うに際し、相互に開示する秘密情報の取り扱いについて、以下
の通りに秘密保持契約（以下「本契約」という。）を締結する。

（1）定義

①秘密情報

　秘密保持契約書締結にあたり一番重要な検討課題は、「秘密情報」の定義です。開示された情報すべてを「秘密情報」とするのか、それとも秘密情報であると明示された情報のみを「秘密情報」とするのか、その選択です。

　秘密の漏えい防止という観点からは、前者が無難です。

第1条（定義）

1　本契約において秘密情報とは、本検討のために、書面、口頭、電磁的記録媒体その他の媒体で相手方から開示を受けた情報及び資料（それらの複製物を含む）、及びこれらの情報及び資料を基に作成した情報及び資料をいう。

　しかし、これではユーザーからみれば、システム開発会社から得た情報を相見積に使えないというデメリットがあります。そこで、「秘密情報」の範囲を秘密情報であると明示された情報のみに限定した方が良い場合もあります。

第1条（定義）

1　本契約において秘密情報とは、本検討のために相手方から開示された情報であって、秘密情報である旨又は当該情報を秘密として保持すべき旨の指定が明白に記された書面又はその他の有形様式（電子データを含む。）の情報をいう。また、口頭又はプレゼンテーション等の無形様式により開示された情報については、開示の際に秘密である旨告知し、かつ当該開示から30日以内に秘密情報である旨及びその要旨が書面又は電子データで通告された情報をいう。

---

②適用除外

　もっとも、既に相手方が知っていた情報まで「秘密情報」として扱う必要はないので、以下の適用除外条項を設けます。

2　前項の規定にかかわらず、以下の各号のいずれかに該当する情報は秘密情報から除外する。

(1) 相手方から開示された時点で、既に公知となっているもの

(2) 相手方から開示された後に、秘密情報の開示を受けた者（以下、「受領者」という。）の責に帰すべき事由によらず公知となったもの

(3) 相手方から開示された時点で、既に情報の受領者が適法に保有していたもの

(4) 正当な権限を有する第三者から秘密保持義務を負うことなく開示を受けたもの

(2) 守秘義務

　第1条の秘密情報として定義された情報に関して、守秘義務を負うことを約します。もっとも、会社間の契約なので、会社の関係者のどこまでに開示を認めるかも重要です。全従業員に開示されたら、秘密情報が悪用される危険が高まりますし、その場合の情報漏えいルートの特定も困難になります。

第2条（守秘義務）

1　受領者は、秘密情報を開示した者（以下、「開示者」という。）から開示された秘密情報を善良なる管理者の注意をもって機密に取扱わなければならない。

2　受領者は、開示者から開示された秘密情報を本検討以外の目的に使用してはならない。

3　受領者は、開示者から開示された秘密情報を開示者の事前の書面による承諾なく、第三者に開示してはならない。但し、受領者は、開示者から開示された秘密情報を、当該秘密情報を知るべき必要性を有するその役員及び従業員、弁護士等に開示し又は使用させることができる。なお、受領者は、当該開示又は使用に先立ち、契約、指示その他の方法により、当該役員及び従業員、弁護士等に対して本契約に基づき自己が負う義務と同等

の義務を課すものとし、当該役員及び従業員、弁護士等が当該義務に違反した場合には、自己が本契約に違反したものとみなされるものとする。

4　前項の規定に拘らず、受領者は、開示者から開示された秘密情報について法令上の要請により開示が義務づけられた場合は、開示者の承諾なく、かかる義務に基づいて当該秘密情報を開示すべき者（以下「開示先」という。）に対し、かかる義務の範囲内で当該秘密情報を開示できるものとする。この場合、受領者は、可能な限り速やかに、その旨を開示者に通知するものとし、当該秘密情報が機密を保持すべきものであることを示して開示先に開示するものとする。

(3) 情報の複製

　情報が漏えいしたり、悪用されることを防ぐには、複製（コピー）を禁じることが有用です。しかし、電子ファイルをリネームしてパソコンやサーバーに保管することは複製ですが、これを禁じては業務が回りません。そこで、「但し、利用目的のために必要最小限の範囲で複写又は複製を行う場合は除く。」との規定を入れることにより、現実的な対応ができるようにしました。

第3条（情報の複製）

1　受領者は、開示者から開示された秘密情報を複写、複製してはならない。但し、利用目的のために必要最小限の範囲で複写又は複製を行う場合は除く。

2　前項の定めによる複写、複製物の取扱いについては、秘密情報と同様の方法をもって行うものとする。

(4) 情報の返還

第4条（情報の返還）

受領者は、次の各号のいずれかに該当するときは、開示者の指示に従い、秘密情報及びその全ての複写、複製物を直ちに開示者に返却するか、又は

破砕若しくは消去しなければならない。

(1) 開示者から書面により秘密情報の返却要求があるとき

(2) 本検討のために秘密情報を使用する必要がなくなったとき

(3) 本契約が終了したとき

(5) 損害賠償

　守秘義務違反の可能性や万が一事故が生じた場合の損害の大きさは、システム開発だからという特殊事情はなく、他のビジネスと変わらないので、損害賠償の上限条項等は定めないで、民法の認める範囲（相当因果関係のある損害）で損害賠償義務を認めるのが妥当であると思われます。

第5条（損害賠償）

受領者が故意又は過失により本契約に規定される義務に違反し（甲又は乙から秘密情報の開示を受けた者が違反した場合を含む）、これに起因して開示者に損害を発生させた場合、受領者は相手方に対し、当該損害を賠償する責任を負う。

(6) 期間

　秘密保持契約書には期間の定めを規定するのが一般的なので、以下の条項例としました。しかし、本秘密保持契約書は対象を「○○○システムの開発にかかる検討」に絞っていますので、期間を定める必要は必ずしもありません。

第6条（有効期間）

1　本契約の有効期間は本契約締結日より1年間とする。

2　前項に拘らず、本契約で規定する秘密情報の受領者としての義務は、本契約の終了日から3年間有効に存続する。

（7）権利義務の譲渡の禁止

契約書例 1 の第 26 条と同じです。151 頁を参照ください。

（8）契約の変更

契約書例 1 の第 30 条と同じです。161 頁を参照ください。

（9）合意管轄及び準拠法

契約書例 1 の第 31 条と同じです。161 頁を参照ください。

（10）協議

契約書例 1 の第 32 条と同じです。162 頁を参照ください。

契約書例 1

○○システム開発基本契約書

○○株式会社（以下、「甲」という。）と○○株式会社（以下、「乙」という。）は、甲が、甲の○○○システムのコンピュータソフトウェアの開発にかかる業務（以下「本件業務」という。）を乙に委託し、乙はこれを受託することに関し、以下のとおり、基本契約（以下、「本契約」という。）を締結する。

第1条（目的）

本件業務は、甲の受注担当者が受注見込み情報を入力することにより生産指示を甲の生産部門に行うとともに当該受注見込み情報により AI を活用した精度の高いマーケティング資料を還元するコンピューターソフトウェアを開発することを目的とする。

第2条（定義）

本契約で用いる用語の定義は、以下のとおりとする。

(1) 本件ソフトウェアとは、本契約及び個別契約に基づき開発されるソフトウェアであって、プログラム、コンテンツ、データベース類及び関連資料などをいう。

(2) 要件定義書とは、本件ソフトウェアの機能要件（甲の要求を満足するために、ソフトウェアが実現しなければならない機能にかかる要件。）及び非機能要件（機能要件以外のすべての要素にかかる要件。品質、性能、運用等に関する目標値及び具体的事項により定義される。）を定めた文書をいう。

(3) 外部設計書とは、要件定義書に基づき本件ソフトウェアの画面、帳票などのユーザインターフェース、他システムとの通信やデータ入出力等のインターフェースなど、本件ソフトウェ

アの入出力全般に関する仕様を定めた設計書をいう。

(4) 第三者ソフトウェアとは、甲乙以外の第三者が権利を有するソフトウェアであって、本件ソフトウェアのシステム機能の実現に必要なため、第三者からライセンスを受けるものをいう。

第3条（個別契約）

1　甲と乙は、本件ソフトウェアの開発を行う一定の作業項目ないし作業フェーズ毎に、個別契約を締結する。なお、本契約は、甲及び乙に個別契約の締結を義務付けるものではない。

2　個別契約には、作業項目・範囲、準委任契約・請負契約の別、作業分担、作業期間、作業場所、成果物（納品物）、納入場所、納期、委託代金その他必要な事項を定めるものとする。

3　個別契約は、甲と乙で前項記載の事項を定めた個別契約書を取り交わすか、甲が、前項記載の事項を記した注文書を乙に交付し、乙がその注文書に対応する請書を甲に交付することにより締結する。

4　個別契約において、本契約の条項と異なる記載がある場合は、個別契約の記載を優先する。

第4条（適用条項）

1　本契約書の第1条から第32条は、準委任契約・請負契約の別に関わりなく個別契約に適用する。

2　個別契約において、準委任契約と定められた場合、本契約書の第33条から第34条を適用する。

3　個別契約において、請負契約と定められた場合、本契約書の第35条から第38条を適用する。

第5条 （委託料及びその支払方法）

1 甲は乙に対し、本件業務の対価として、各個別契約で定めた委託料を、各個別契約で定める期限までに、乙の指定する銀行口座に振込む方法で支払う。但し、振込手数料は甲の負担とする。

2 本件業務の遂行に必要な旅費交通費、器具・備品、消耗品等にかかる費用はすべて乙が負担するものとし、乙は甲に対し前項で定めた委託料以外の費用を請求できないものとする。

第6条 （作業期間又は納期）

作業期間又は納期は、個別契約で定める。

第7条 （再委託）

1 乙は、事前の甲の書面による承諾がある場合に限り、本件業務の一部を第三者に再委託することができる。

2 甲が前項の承諾を拒否するには、合理的な理由を要するものとする。

3 乙が、第1項の承諾に関して、甲に対して当該再委託先の名称及び住所等を記載した書面による再委託承諾申請を行い、甲から当該申請後〇日以内に具体的理由を明記した書面による承諾拒否の通知がない場合、甲は当該再委託を承諾したものとみなす。

4 乙は再委託を行うとき、本契約に基づいて乙が甲に対して負担するのと同様の義務を、再委託先に負わせる契約を締結するものとする。

5 乙は、再委託先の履行について、自ら業務を遂行した場合と同様の責任を負うものとする。但し、甲の指定した再委託先の履行については、乙に故意又は重過失がある場合を除き、責任を負わない。

6 再委託先がさらに再委託をする場合も同様とする。

第8条 （協働と役割分担）

1 甲及び乙は、本件業務の円滑かつ適切な遂行のためには、乙の有するソフトウェア開発に関する技術及び知識の提供並びにプロジェクトマネジメントの遂行と、甲による要件定義書の確定が必要であり、甲及び乙の双方による共同作業及び各自の分担作業が必要とされることを認める。

2 甲と乙の作業分担は、各個別契約においてその詳細を定める。

3 甲及び乙は、共同作業及び各自の実施すべき分担作業を遅延し又は実施しない場合、相手方に対し、債務不履行として法的責任を負う。

第9条 （責任者）

1 甲及び乙は、それぞれ本件業務に関する責任者を選任し、本契約締結後速やかに書面により相手方に通知するものとする。

2 甲及び乙は、責任者を変更する場合は、事前に書面により相手方に通知しなければならない。

3 甲及び乙の責任者は、本契約及び個別契約に定められた甲及び乙の義務の履行その他本件業務の遂行に必要な意思決定、指示、同意等をする権限及び責任を有する。

第10条 （主任担当者）

1 甲及び乙は、責任者の下に連絡確認及び必要な調整を行う主任担当者を1名又は複数名選任し、書面により、相手方に通知するものとする。

2 甲及び乙は、主任担当者を変更する場合は、速やかに書面により相手方に通知しなければならない。

3 甲及び乙は、本件業務遂行に関する相手方からの要請、指示等の受理及び相手方への依頼、その他日常的な相手方との連絡、確認等は責任者又は主任担当者を通じて行うものとする。

第11条 （連絡協議会）

1 甲及び乙は、本件業務の進捗状況、未決定事項の解決等、必要事項を協議し、決定するため、連絡協議会を開催するものとする。

2　連絡協議会は、原則として、月〇回の頻度で定期的に開催するものとし、それに加えて、甲又は乙が必要と認める場合に随時開催するものとする。

3　連絡協議会には、甲乙双方の責任者、主任担当者及び責任者が適当と認める者が出席する。

4　甲及び乙は、本件業務の遂行に関し連絡協議会で決定された事項について、本契約及び個別契約に反しない限り、これに従う義務を負う。

5　乙は、連絡協議会の議事内容及び結果について、書面により議事録を作成し、甲乙双方の責任者が承認するものとする。

第12条（要件定義書）

1　要件定義書の作成に関する作業分担は個別契約で定める。

2　要件定義書の作成を完了した場合、甲及び乙は、要件定義書の記載内容が本件ソフトウェアの要件定義として必要事項を満たしていることを確認し、確認できた場合は、甲乙双方の責任者が承認するものとする。

第13条（外部設計書）

1　外部設計書の作成に関する作業分担は個別契約で定める。

2　外部設計書の作成を完了した場合、甲及び乙は、外部設計書の記載内容が本件ソフトウェアの外部設計書として適切であることを確認し、確認できた場合は、甲乙双方の責任者が承認するものとする。

第14条（課題管理）

1　甲及び乙は、本件ソフトウェアの開発において解決しなければいけない問題（以下、「課題」という。）が発生した都度、次の事項を記載した「課題管理表」を作成する。

(1) 課題の名称

(2) 年月日

(3) 課題の詳細事項

(4) 課題の発生原因

(5) 課題に対する対応スケジュール

(6) 対応責任者

(7) その課題が本契約及び個別契約の条件（作業期間又は納期、委託料、契約条項等）に与える影響

2　甲及び乙は、課題を連絡協議会で管理するものとする。

第15条（変更管理手続）

1　甲又は乙は、要件定義書又は外部設計書の確定後に、要件定義書又は外部設計書に記載された仕様等の変更を必要とする場合は、相手方に対して、「変更提案書」を交付する。変更提案書には次の事項を記載するものとする。

(1) 変更の名称

(2) 提案者

(3) 年月日

(4) 変更の理由

(5) 変更にかかる仕様を含む変更の詳細事項

(6) 変更のために費用を要する場合はその額

(7) 変更作業のスケジュール

2　甲又は乙が相手方に「変更提案書」を交付した場合、連絡協議会において当該変更の可否について協議するものとする。

3　前項の協議の結果、甲及び乙が変更を可とする場合は、甲乙双方の責任者が、変更提案書の記載事項を承認するものとする。

4　前項による甲乙双方の承認をもって、変更が確定するものとする。但し、本契約及び個別契約の条件に影響を及ぼす場合は、第30条（契約の変更）に基づき変更契約を締結したときをもって変更が確定するものとする。

第16条（資料の提供・管理等）

1　乙は、甲に対し、本件業務の遂行に必要な資料等について、開示を求めることができる。甲が資料等の提供を拒み、若しくは遅延したことにより、又は当該資料の内容に誤りがあったこ

とにより生じた本件業務の履行遅滞等の結果について、乙は一切の責任を負わないものとする。

2　乙は甲から提供された本件業務に関する資料等を善良な管理者の注意をもって管理、保管し、かつ、本件業務以外の用途に使用してはならない。

3　乙は甲から提供された本件業務に関する資料等を本件業務遂行上必要な範囲内で複製又は改変できる。

4　甲から提供を受けた資料等（前項による複製物及び改変物を含む。）が本件業務遂行上不要となったときは、乙は遅滞なくこれらを甲に返還又は甲の指示に従った処置を行うものとする。

5　乙は、乙の従業員にテレワークで本件業務を遂行させる場合は、甲から提供された本件業務に関する一切の資料及び成果物が、従業員の私物である情報機器に書き込まれないようにしなければならない。

第17条（開発環境の提供）

1　甲は、本件業務の遂行のために必要なソフトウェア及びハードウェア（以下、「開発環境」という。）を、乙に提供することができる。

2　乙は、開発環境を、本件業務の遂行以外の目的で使用してはならない。

3　乙は、前項のほか、開発環境の使用にあたり、甲の指示に従わなければならない。

4　開発環境の提供に関する詳細条件は、各個別契約その他の書面で定めるものとする。

第18条（秘密情報）

1　甲及び乙は、本件業務において相手方から開示された文書、写真、口頭及びその他形態を問わずあらゆる情報及び資料（それらの複製物を含む）並びにこれらの情報及び資料を基に作成した情報及び資料（以下「秘密情報」という。）についてはこれを厳重に管理するものとし、第三者に開示・漏えいしないものとする。但し、次の各号のいずれかに該当するものについては

この限りでない。

(1)　相手方から知り得た時点で既に公知又は公用であるもの。

(2)　相手方から知り得た時点で既に自己が所有していたもの。

(3)　正当な権限を有する第三者から、秘密保持義務を負わずに適法に知り得たもの。

(4)　相手方から知り得た後に自己の責めによることなく公知又は公用となったもの。

(5)　秘密情報に依拠せず独自に創出したもの。

2　甲及び乙は、秘密情報につき、裁判所又は行政機関から法令に基づき開示を命じられた場合は、開示を命じられた部分に限り、当該裁判所又は行政機関に対して当該秘密情報を開示することができる。

3　本条の規定は、本契約終了後、〇年間存続する。

第19条（個人情報）

1　乙は、本件業務の遂行に際して甲より取扱いを委託された個人情報（個人情報の保護に関する法律に定める個人情報をいう。以下本条において同じ。）を適切に管理し、他に漏えいし又は公開してはならない。

2　乙は、個人情報について、本契約及び個別契約の目的の範囲内でのみ使用し、本契約及び個別契約の目的の範囲を超える複製、改変が必要なときは、事前に甲から書面による承諾を受けるものとする。

3　個人情報の提供及び返却等については、第16条（資料の提供・管理等）を準用する。

4　本条に基づく義務は、本契約終了後も存続する。

第20条（納入物の所有権）

乙が本契約及び個別契約に従い甲に納入する納入物の所有権は、甲の乙に対する委託料の支払と同時に、乙から甲へ移転する。

第 21 条（納入物の特許権等）

1　本件業務遂行の過程で生じた発明その他の知的財産又はノウハウ等（以下あわせて「発明等」という。）にかかる特許権その他の知的財産権（特許その他の知的財産権を受ける権利を含む。但し、著作権は除く。）、ノウハウ等に関する権利（以下、総称して「特許権等」という。）は、当該発明等を行った者が属する当事者に帰属するものとする。

2　甲及び乙が共同で行った発明等から生じた特許権等については、甲乙共有（持分は貢献度に応じて定める。）とする。当該共有にかかる特許権等については、それぞれ相手方の同意及び相手方への対価の支払なしに自ら実施し、又は第三者に対し通常実施権を実施許諾することができるものとする。

3　乙は、第 1 項に基づき特許権等を保有することとなる場合、甲に対し、甲が本契約及び個別契約に基づき本件ソフトウェアを使用するのに必要な範囲について、当該特許権等の通常実施権を許諾するものとする。なお、かかる許諾の対価は、委託料に含まれるものとする。

4　乙は従前より保有する特許権等を納入物に適用した場合、甲に対し、甲の業務に必要な範囲について、当該特許権等の通常実施権を許諾するものとする。なお、かかる許諾の対価は、委託料に含まれるものとする。

第 22 条（納入物の著作権）

1　納入物に関する著作権（著作権法第 27 条及び第 28 条の権利を含む。以下同じ。）は、乙又は第三者が従前から保有していた著作物の著作権を除き、甲より乙へ当該個別契約にかかる委託料が完済された時に、乙から甲へ移転する。なお、かかる乙から甲への著作権移転の対価は、委託料に含まれるものとする。また、乙は甲に対して著作者人格権を行使しない。

2　甲は、著作権法第 47 条の 3 及び第 47 条の 6 に従って、前項により乙に著作権が留保された著作物につき、本件ソフトウェアを自己利用するために必要な範囲で、複製、翻案することができるものとし、乙は、かかる利用について著作者人格権を行使しないものとする。

第 23 条（知的財産権侵害の責任）

1　甲が納入物に関し第三者から著作権又は特許権等の侵害の申立を受けたとき、速やかに乙に対し申立の事実及び内容を通知するものとする。

2　前項の場合において、甲が第三者との交渉又は訴訟の遂行に関し、乙に対して実質的な参加の機会及びすべてについての決定権限を与え、並びに必要な援助を行ったときは、第 28 条（損害賠償）の規定にかかわらず、乙はかかる申立によって甲が支払うべきとされた損害賠償額及び合理的な弁護士費用を負担するものとする。但し、第三者からの申立が甲の帰責事由による場合には、乙は一切責任を負わないものとする。

3　乙の責に帰すべき事由による著作権又は特許権等の侵害を理由として納入物の将来に向けての使用が不可能となるおそれがあるとき、乙は、乙の判断及び費用負担により、権利侵害のない他の納入物との交換、権利侵害している部分の変更、継続使用のための権利取得のいずれかの措置を講じることができるものとする。

第 24 条（第三者ソフトウェアの利用）

1　乙は、本件業務遂行の過程において、システム機能の実現のために、第三者ソフトウェア（フリーソフトウェア及びオープンソースソフトウェアを含む）を利用するには、甲の承諾を得なければならない。

2　前項に基づいて、甲が第三者ソフトウェアの利用を承諾する場合、甲は、甲の費用と責任において、甲と当該第三者との間で当該第三者ソフトウェアのライセンス契約及び保守契約の締結等、必要な措置を講じるものとする。但し、乙が、当該第三者ソフトウェアを甲に利用許諾する権限を有する場合は、甲乙間においてライ

センス契約等、必要な措置を講ずるものとする。

3　乙は、第三者ソフトウェアに関して、著作権その他の権利の侵害がないこと及び瑕疵のないことについて必要十分な調査を行わなければならない。

第25条（セキュリティ）

1　甲及び乙は、セキュリティ対策について、その必要性の程度、具体的な機能、管理体制及び費用負担等を協議のうえ、セキュリティ仕様を確定させ、書面で定めるものとする。

2　セキュリティ仕様に関する協議においては、乙は甲に対し、本件ソフトウェアが稼働する環境やネットワーク構成に関するセキュリティ上のリスクとその対策について説明しなければならない。

3　確定したセキュリティ仕様は、要件定義書の一部を構成するものとし、その変更が必要となった場合は、第15条（変更管理手続）によってのみこれを行うことができる。

4　甲は、本件ソフトウェアに関してセキュリティインシデントが生じないことを保証するものではない。

第26条（権利義務の譲渡の禁止）

甲及び乙は、互いに相手方の事前の書面による同意なくして、本契約及び個別契約上の地位を第三者に承継させ、又は本契約及び個別契約から生じる権利義務の全部若しくは一部を第三者に譲渡し、引き受けさせ若しくは担保に供してはならない。

第27条（解除）

1　甲又は乙は、相手方に次の各号のいずれかに該当する事由が生じた場合には、何らの催告なしに直ちに本契約及び個別契約の全部又は一部を解除することができる。

(1) 支払の停止があった場合、又は仮差押、差押、競売、破産手続開始、民事再生手続開始、会社更生手続開始、特別清算開始の申立があっ

たとき

(2) 手形交換所の取引停止処分を受けたとき

(3) 公租公課の滞納処分を受けたとき

(4) 背信的行為があったとき

(5) その他前各号に準ずるような本契約又は個別契約を継続し難い重大な事由が発生したとき

(6) 前各号に定めるほか、民法第542条1項で定める要件に該当するとき

2　甲又は乙は、相手方が本契約又は個別契約のいずれかの条項に違反し、相当期間を定めて催告をしたが、相当期間内に、相手方の債務不履行が是正されない場合は、本契約及び個別契約の全部又は一部を解除することができる。但し、その期間を経過した時における債務の不履行がその契約及び取引上の社会通念に照らして軽微であるときは、この限りでない。

3　前2項により解除が行われたときは、解除をされた当事者は、相手方に対し負担する一切の金銭債務につき当然に期限の利益を喪失し、直ちに弁済しなければならない。

4　第1項又は第2項による解除が行われたときは、解除を行った当事者は、相手方に対し、損害賠償を請求することができる。

第28条（損害賠償）

1　甲及び乙は、債務不履行又は不法行為を理由として、相手方に対して、損害賠償を請求することができる。但し、相手方が第18条又は第19条に違反した場合を除き、損害賠償の累計総額は、個別契約に定める委託料の合計金額を限度とする。

2　前項但し書きは、損害賠償義務者の故意又は重大な過失に基づく場合には適用しないものとする。

第29条（反社会的勢力の排除）

1　甲及び乙は、それぞれ相手方に対して、次の各号の事項を確約する。

(1)　自ら若しくはその子会社が、暴力団、暴力

団関係企業、総会屋若しくはこれらに準ずる者又はその構成員（以下、併せて「反社会的勢力」という。）ではないこと

(2) 自ら若しくは子会社の役員（業務を執行する社員、取締役、執行役又はこれらに準ずる者をいう。）が反社会的勢力ではないこと

(3) 反社会的勢力に自己の名義を利用させ、本契約を締結するものでないこと

(4) 本契約が終了するまでの間に、自ら又は第三者を利用して、本契約に関して次の行為をしないこと

ア 相手方に対する脅迫的な言動又は暴力を用いる行為

イ 偽計又は威力を用いて相手方の業務を妨害し、又は信用を毀損する行為

(5) 反社会的勢力が経営に実質的に関与していないこと

(6) 反社会的勢力に対して資金の提供等の利益の供与、又は便宜を供与するなどの関与をしていないこと

2 甲又は乙の一方について、次のいずれかに該当した場合には、その相手方は、何らの催告を要せずして、本契約を解除することができる。

(1) 前項第1号又は第2号の確約に反する申告をしたことが判明した場合

(2) 前項第3号の確約に反し本契約を締結したことが判明した場合

(3) 前項第4号の確約に反した行為をした場合

(4) 前項第5号又は第6号の確約に反する事実が判明した場合

3 前項の規定により本契約が解除された場合には、解除された者は、解除により生じる損害について、その相手方に対し一切の請求を行わない。

第30条（契約の変更）

本契約及び個別契約は、甲及び乙の代表者が記名捺印した書面をもって合意した場合に限り、その内容を変更することができる。

第31条（合意管轄及び準拠法）

1 本契約に関する訴えは、〇〇地方裁判所を第一審の専属的合意管轄裁判所とする。

2 本契約の成立及び効力並びに本契約に関して発生する問題の解釈及び履行等については、日本国の法令に準拠するものとする。

第32条（協議）

本契約及び個別契約に定めのない事項又は疑義が生じた事項については、信義誠実の原則に従い甲乙協議し、円満に解決を図るものとする。

【準委任契約】

第33条（業務完了報告）

1 乙は、個別契約に定められた本件業務の完了後、速やかに乙所定の形式による業務完了報告書を作成し、甲に対し、個別契約に定められた納入物とともに交付する。

2 甲は、前項の業務完了報告書を受領後〇日以内に、その内容を確認し、業務完了確認書を乙に対し、交付する。

3 前項に基づいて甲が乙に業務完了確認書を交付した時に本件業務が完了したものとする。

第34条（任意解除の禁止）

個別契約が準委任契約であっても、甲及び乙は第27条によらなければ、本契約及び個別契約は解除できない。

【請負契約】

第35条（納入）

乙は甲に対し、個別契約で定める期日までに、個別契約所定の成果物を納入する。

第36条（検収）

1 甲は、納入物を受領後、個別契約に定める期間（個別契約に定めのないときは30日とする。以下、「検査期間」という。）内に検査仕様書に基づいて、納入物を検査する。

2　甲は、納入物が前項の検査に合格する場合、検査合格書を乙に交付するものとする。又、甲は、納入物が前項の検査に合格しないと判断する場合、乙に対し不合格となった具体的な理由を明示した書面を速やかに交付し、修正を求めるものとし、乙は不合格理由が認められるときには、甲と乙で協議の上定めた期限内に無償で修正して甲に納入するものとする。

3　検査合格書が交付されない場合であっても、検査期間内に甲が書面で具体的かつ合理的な理由を明示して異議を述べない場合は、納入物は、本条所定の検査に合格したものとみなされる。

4　本条所定の検査合格をもって、納入物の検収完了とし、納入物の引渡しが完了したこととする。

第37条（契約内容不適合の場合の修正義務）

1　前条の検査完了後、納入物についてシステム仕様書との不適合（以下本条において「不適合」という。）が発見されたとき、甲は乙に対して不適合の修正を請求することができ、乙は、不適合を修正するものとする。但し、乙がかかる修正責任を負うのは、甲が不適合を知った時から1年以内に甲から通知がなされた場合に限る。

2　甲は、前項の不適合の修正の請求に代えて、乙に対し、その不適合の程度に応じて代金の減額を請求することができる。

3　第1項に基づく請求は、損害賠償の請求及び解除権の行使を妨げない。

第38条（甲が受ける利益の割合に応じた委託料）

次に掲げる場合において、乙が既にした仕事の結果のうち可分な部分の給付によって甲が利益を受けるときは、仕事が完成していない個別契約について、乙は甲が受けた利益の割合に応じて委託料を請求することができる。

(1) 甲の責めに帰することができない事由によって仕事を完成することができなくなったとき。

(2) 本契約又は個別契約が仕事の完成前に解除されたとき。

参考：正当な業務請負と偽装請負の判定

労働者に対する業務の遂行方法に関する指示その他の管理を自ら行っているか？ — No

Yes

労働者の業務の遂行に関する評価等にかかる指示その他の管理を自ら行っているか？ — No

Yes

労働者の始業及び終業の時刻、休憩時間、休日、休暇等に関する指示その他の管理(これらの単なる把握を除く。)を自ら行っているか？ — No

Yes

労働者の労働時間を延長する場合又は労働者を休日に労働させる場合における指示その他の管理(これらの場合における労働時間等の単なる把握を除く。)を自ら行っているか？ — No

Yes

労働者の服務上の規律に関する事項についての指示その他の管理を自ら行っているか？ — No

Yes

労働者の配置等の決定及び変更を自ら行っているか？ — No

Yes

業務の処理に要する資金につき、すべて自らの責任の下に調達し、かつ、支弁しているか？ — No

Yes

業務の処理について、民法、商法その他の法律に規定された事業主としてのすべての責任を負っているか？ — No

Yes

自己の責任と負担で準備し、調達する機械、設備若しくは器材(業務上必要な簡易な工具を除く。)又は材料若しくは資材により、業務を処理しているか？ — No → 自ら行う企画又は自己の有する専門的な技術若しくは経験に基づいて、業務を処理しているか？ — No

Yes　　　　Yes

正当な業務請負　　　　偽装請負

索 引

著者紹介

池田 聡 (いけだ さとし)

弁護士（東京弁護士会所属）
システム監査技術者、中小企業診断士試験合格

● 職歴

日本興業銀行・みずほ銀行に通算約24年勤務。営業店9年、IT部門8年、業務企画部門7年。IT部門では、みずほ統合のシステムトラブルを現場で経験する。最後の3年間は支店長を務める。銀行勤務の傍ら司法大学院に通学し司法試験に合格。その3年後弁護士となる。都内中堅法律事務所を経て、2014年KOWA法律事務所を開設。

● 学歴

埼玉県立浦和高等学校、早稲田大学法学部、成蹊大学法科大学院卒。

KOWA 法律事務所

https://kowa-law.net/

装　　　丁　　結城亨（セルフスクリプト）
本 文 組 版　　株式会社明昌堂

ＩＴ システム開発「契約」の教科書 第 2 版

2018 年 1 月 17 日　初版 第 1 刷発行
2023 年 1 月 23 日　第 2 版 第 1 刷発行
2024 年 2 月 20 日　第 2 版 第 2 刷発行

著　　者　　池田 聡
発 行 人　　佐々木 幹夫
発 行 所　　株式会社 翔泳社（https://www.shoeisha.co.jp）
印刷・製本　　株式会社加藤文明社印刷所

ISBN978-4-7981-7738-0　　　　　　　　　　　　Printed in Japan